ANDRE BAZIN

**Cahiers du cinéma/Editions de l'Etoile
Cinémathèque française**
*(sous la direction
de Jean Narboni)*

DUDLEY ANDREW

ANDRE BAZIN

*Traduction
par Serge Grünberg*

ISBN 2-86642-006-3

Titre original :
André Bazin by Dudley Andrew

©1978 by Oxford University Press Inc.

©1983 Editions de l'Etoile

Avertissement

La présente édition du livre de Dudley Andrew diffère en plusieurs endroits de celle publiée par Oxford University Press en 1978. L'auteur a en effet été conduit, à la suite d'un certain nombre de commentaires et de compléments d'informations suscités par sa première version, et d'un second voyage en France en 1979, à modifier ou à compléter certains passages du livre, concernant particulièrement la vie et les activités de Bazin entre 1945 et 1950. Au cours de l'établissement de l'édition française, nous avons été de plus en mesure de préciser un certain nombre de points de détail, et nous avons préféré intégrer ces précisions au texte plutôt que de l'alourdir d'un appareil de notes d'éditeur. Dans ce travail, nous avons bénéficié de l'aide constante de Janine Bazin, Jacques Doniol-Valcroze, Guy Leger, Jean-Charles Tacchella et François Truffaut. Qu'ils en soient ici remerciés.

Jean Narboni

ANDRE BAZIN NOUS MANQUE

par François Truffaut

Il y a une quinzaine d'années, un dessin humoristique dans le *New-Yorker* montrait l'état-major d'une compagnie hollywoodienne réuni autour d'une table ovale ; le stylo suspendu, une main se grattant le front, chaque administrateur regarde vers un tableau noir sur lequel on peut lire : « La vie extraordinaire de... ? ».

S'il est vrai que les Américains sont plus doués que nous pour les biographies, il ne faut pas attendre du livre de Dudley Andrew la reconstitution d'une « vie extraordinaire », simplement le portrait scrupuleux d'un homme remarquable par sa bonté, son intelligence et son humour.

Bazin n'aurait évidemment pas imaginé que sa vie et son œuvre feraient l'objet d'un livre, que ce livre serait écrit par un jeune Américain, professeur de cinéma, qui ferait des milliers de kilomètres pour venir interroger ceux qui l'ont connu, pourtant je ne puis m'empêcher de voir dans cette biographie spirituelle une extension de ce qu'a été le projet-Bazin et qu'il définissait déjà en 1943 : « *Nous avons déjà une histoire du 7ᵉ art par un professeur en Sorbonne, nous aurons bien un jour une thèse de huit cents pages sur le comique dans le cinéma américain entre 1905 et 1917 ou quelque chose d'approchant. Et qui oserait soutenir que ce n'est pas sérieux ?* »

Si, plutôt que de Bazin critique, je préfère souvent parler de Bazin « écrivain de cinéma », c'est qu'il ne s'agissait pas pour lui d'un job. Même s'il avait pu vivre de ses rentes ou toucher un héritage, Bazin aurait écrit sur le cinéma. C'était un plaisir qu'il éprouvait, un plaisir et une nécessité liés à sa vocation pédagogique. Ses meilleurs articles sont généralement les plus longs et, apportant vingt ou trente feuillets à *Esprit* ou aux *Cahiers du cinéma*, il disait en souriant : « *Je n'ai pas eu le temps de faire court.* »

Bazin n'a évidemment pas été seul à analyser la valeur de l'image, sa nature. Par contre, il me semble seul à s'être réellement interrogé sur la fonction de critique. Lorsque Janine Bazin et moi avons regroupé ses premiers textes de 1943-1944-1945 dans le recueil *Le Cinéma de l'Occupation et de la Résistance,* nous avons été surpris d'en dénombrer cinq ou six consacrés au rôle de la critique. Plus tard, alors que sera accomplie la prédiction de Pierre-Aimé Touchard : « *Dans dix ans, Bazin sera le meilleur critique de cinéma* », il continue assez régulièrement à écrire ce genre d'article qui culmine peut-être avec le texte fameux « Du Festival considéré comme un Ordre ».

Dès qu'il commence à écrire en 1943, dans *L'Echo des étudiants,* Bazin est choqué de voir que, dans la grande presse, les films ne sont examinés que dans leur anecdote : « *On chercherait en vain dans la plupart de nos chroniques de films une opinion sur le décor ou sur la qualité de la photographie, des jugements sur l'utilisation du son, des précisions sur le découpage, en un mot sur ce qui fait la matière même du cinéma... On dirait que cet art singulier n'a pas de passé, pas d'épaisseur, comme les ombres impondérables de l'écran. Il est grand temps d'inventer une critique cinématographique en relief.* »

C'est Bazin lui-même qui mettra en pratique cette *critique en relief.* Ceux qui possèdent la collection des vingt numéros de *La Revue du cinéma* ont remarqué que les choses sérieuses commencent au n° 9, avec la première contribution de Bazin : « Le mythe de M. Verdoux. » Quand un film le déroute ou le passionne, Bazin revient dessus deux fois, trois fois, n'hésitant pas à remettre en question ses propres jugements.

En effet, certains films se laissent aimer dès la première vision parce qu'ils brassent avec bonheur des éléments qui nous étaient connus mais qui se trouvent ici ajustés plus harmonieusement qu'auparavant, de telle sorte que nous sommes émus avant d'être étonnés. Le beau moyen métrage de Renoir, *La Partie de campagne,* répond à cette définition. D'autres films, et ceux-là ne sont ni moins bons ni meilleurs, brassent des éléments nouveaux ou des éléments connus ajustés de façon nouvelle et alors nous sommes surpris avant d'être touchés. A cette définition correspond un autre film de Renoir : *Le Journal d'une femme de chambre,* qui va donner à Bazin l'occasion de mêler critique et autocritique.

Qui, à part Bazin, a eu le courage — pas une fois, mais dix — de revenir sur ses premiers jugements et de les reconsidérer non pas au

gré de changements d'humeur mais à la faveur d'une analyse approfondie ? Le 15 juin 1948, consterné par *Le Journal d'une femme de
chambre* de Jean Renoir, son metteur en scène favori, Bazin écrit
dans *L'Ecran Français* : « *Renoir a fait d'énormes et dérisoires
efforts pour recréer autour de ses héros le monde français dans
lequel ils vivent et meurent. Mais on sent les sunlights sur les
rosiers de Burgess Meredith, le film entier baigne dans cette
lumière d'aquarium caractéristique des studios hollywoodiens et
tout, les acteurs compris, y fait figure de fleurs japonaises dans un
bocal.* » Quelques années plus tard, Bazin revoit *Le Journal* et il est
ébloui. Il écrit un nouveau texte et cite loyalement son premier
article : « *J'ai eu la curiosité un peu malsaine de relire ce que
j'avais écrit dans* L'Ecran Français ». Il continue et commente sa
nouvelle vision : « *Puis la projection du* Journal d'une femme de
chambre *commença, et ce fut en effet la pénible impression que
j'éprouvais pendant les premières minutes, le temps de comprendre enfin mon erreur et combien il était absurde de persister à
vouloir voir du réalisme manqué dans le film le plus onirique et le
plus délibérément imaginaire de l'œuvre de Renoir... Quant à cette
lumière d'aquarium qui me choquait si fort, je l'ai bien sûr
retrouvée, mais elle m'est apparue comme celle d'un enfer intérieur, une sorte de phosphorescence tellurique, comme celle imaginée par Jules Verne pour éclairer ses voyageurs au centre de la
terre... C'est peut-être la première fois que nous discernons dans
l'œuvre de Renoir non plus le théâtre mais la théâtralité à l'état
pur.* »

Cette confrontation de deux articles, voulue par Bazin lui-même,
ne nous fait pas assister à une révision déchirante mais à un approfondissement enthousiaste et stimulant. Cela ne montre pas seulement l'intégrité de Bazin, mais aussi la qualité de sa perception car,
si on laisse de côté l'erreur du premier jugement, la description du
film de Renoir dans le compte-rendu défavorable est certainement
supérieure à celle que les inconditionnels de Renoir, comme nous
l'étions, mes amis des *Cahiers* et moi, aurions pu faire. On voit que
je ne suis pas loin d'appliquer à Bazin une politique des auteurs-critiques qui se résumerait ainsi : un article négatif par Bazin décrivait
mieux le film qu'un article élogieux par l'un d'entre nous.

Cette « *lumière d'aquarium* » est une trouvaille d'importance,
elle met l'accent sur le contraste le plus saisissant du cinéma
d'après-guerre : les films d'Hollywood et le néo-réalisme. C'est bien
pour fuir cette « *lumière d'aquarium* » qu'Ingrid Bergman, boule-

versée par *Rome ville ouverte*, va quitter Hitchcock pour rejoindre Rossellini.

Cette découverte par Bazin des vertus d'une certaine théâtralité amplifiant et embellissant l'imagerie d'un film comme le passage dans une chambre d'écho intensifie la voix humaine, stylisation supérieure à un réalisme de surface pour peu que l'homogénéité soit maintenue tout au long de la production, va lui inspirer plusieurs de ses meilleurs textes, par exemple sur Welles *(Macbeth)*, sur Cocteau *(Les Parents terribles)*, sur Pagnol *(Les Lettres de mon moulin)*. Je crois que bien des producteurs et metteurs en scène d'aujourd'hui auraient intérêt à lire ces textes vieux de trente ans. Voici ce que Bazin écrit d'une adaptation cinématographique du *Médecin malgré lui*, ratée par la volonté de « faire cinéma » : « *Le texte de Molière ne prend son sens que dans une forêt de toile peinte, et de même le jeu des acteurs. Les feux de la rampe ne sont pas ceux d'un soleil d'automne. A la limite, la scène des fagots peut se jouer devant un rideau, elle n'existe plus au pied d'un arbre... Il (le metteur en scène) essayait de mettre un peu de réalité alentour, il tentait de nous ménager un escalier pour nous faire monter sur la scène. Ses ruses maladroites avaient malheureusement l'effet contraire : accuser définitivement l'irréalité des personnages et du texte.* »

L'exemple de bonne adaptation d'un texte théâtral, Bazin le trouve dans *Les Parents terribles*, dont la version filmée ne comporte pas un seul plan d'extérieur, même quand les personnages se déplacent d'un immeuble (le leur) à un autre (celui de Madeleine) : « *Cocteau cinéaste a compris qu'il ne fallait rien ajouter à son décor, que le cinéma n'était pas là pour le multiplier mais pour l'intensifier... L'essentiel étant ici le fait dramatique de la claustration et de la cohabitation, le moindre rayon de soleil, une autre lumière qu'électrique eussent détruit cette fragile et fatale symbiose... Jeu ou célébration, le théâtre ne peut par essence se confondre avec la nature, sous peine de s'y dissoudre et de cesser d'être.* »

Même si l'industrie du cinéma hausse les épaules devant les analyses critiques qui dépassent le niveau du « Allez-y » ou « N'y allez pas », on peut voir que ces remarques de Bazin sur la théâtralité, bien lues, bien comprises et bien observées, auraient permis à la société Gaumont de tourner *Don Giovanni* de Mozart pour deux milliards de centimes au lieu de trois et peut-être même d'en rapporter un au lieu d'en perdre deux, puisque nous avions ici l'exemple flagrant d'un film qui a échoué, non par sa théâtralité, mais au contraire par la destruction brouillonne, ruineuse et naïve de sa nécessaire convention scénique.

Deux ans plus tôt, loin de chercher à « faire cinéma », Ingmar Bergman filmait *La Flûte enchantée* dans un théâtre ancien, nous offrant ainsi non la mise en scène pseudo-réaliste d'un opéra, mais la mise en scène d'une *représentation* d'un opéra. Initialement destiné à la télévision suédoise, le film fut projeté avec succès dans le monde entier ; nous pouvons qualifier de bazinienne la démarche de Bergman.

o
o   o

L'expression « intellectuel de gauche » prête souvent à rire aujourd'hui et pas seulement parmi les nostalgiques de l'Algérie française ; que penser alors de l'expression « catholique de gauche » ? Eh bien, Bazin était un intellectuel catholique de gauche, et aucun de ceux qui l'ont connu ne contesterait la permanente adéquation qu'il réussissait entre ses pensées et ses actes.

Lorsque, partant en voyage avec Janine, il téléphonait à des amis moins bien logés pour leur prêter sa maison, lorsqu'au château de Vincennes, il arrêtait sa voiture pour charger trois personnes qui attendaient l'autobus sous la pluie et qu'il les déposait ensuite dans Paris, était-ce le Bazin catholique ou le Bazin de gauche ? Je ne sais pas, c'était Bazin, mais je me dis parfois que deux bonnes raisons de croire à l'égalité des hommes valent mieux qu'une.

Le livre de Dudley Andrew m'a révélé que Bazin, à la fin de son adolescence, avait été assez désemparé et angoissé au point de consulter un psychanalyste. J'ignorais cela et ne pouvais le soupçonner, probablement parce que mes relations avec lui furent assez égoïstes de mon côté, même si je l'aimais profondément, et aussi parce qu'à l'époque où je l'ai connu, il était stabilisé, heureux dans sa vie privée grâce à Janine et rassuré dans sa vie professionnelle, déjà reconnu et respecté internationalement. Bazin était dans son travail de critique cinématographique comme un poisson dans l'eau. Vous ne trouverez jamais, dans son œuvre, un article « féroce », un de ces papiers d'humeur dont l'esprit peut se résumer par « chouette c'est mauvais » mais, au pire, c'est-à-dire au plus sévère : « *Le propos était intéressant, malheureusement c'est raté et voici pourquoi...* »

Quand Bazin est mort, il était critique de cinéma depuis quinze ans, jamais blasé, jamais sceptique. Social, il l'était et il avait écrit en 1943 : « *L'esthétique du cinéma sera sociale ou le cinéma se passera d'esthétique* », mais on n'aurait trouvé en lui aucune trace de vanité sociale, parce qu'il n'avait pas le désir d'être quelqu'un d'autre ni de faire autre chose. Le très grand naturel qui était le sien le faisait se trouver de plain-pied avec les cinéastes les plus fameux et dans un rapport d'égalité qui s'établissait automatiquement. Ceci explique les relations chaleureuses qu'il noua, non seulement avec Jean Renoir, mais aussi avec Rossellini, Cocteau, Fellini ou Orson Welles.

Mon premier travail aux côtés de Bazin, vers 1947, consistait à l'accompagner dans des usines où, dans la demi-heure qui suivait le déjeuner des ouvriers et précédait leur retour à l'atelier, il présentait deux courts métrages de Chaplin. Là encore, il se trouvait de plain-pied avec son auditoire et, n'ayant plus rien à découvrir dans ces films qu'il connaissait plan par plan, il étudiait les réactions du public et y trouvait la confirmation de ce qu'il avait écrit quatre ans plus tôt : « *Toute esthétique d'élite est radicalement incompatible avec les lois fonctionnelles du cinéma. Le cinéma a besoin d'une élite, mais cette élite n'aura d'influence que dans la mesure où elle comprendra avec réalisme les exigences sociologiques du septième art.* »

Un de ses premiers articles, consacré à un film boudé par le public, mais à la mode dans les milieux de Saint-Germain-des-Prés, *Adieu Léonard*, mis en scène par Pierre Prévert sur un scénario de son frère Jacques, illustre bien l'anti-snobisme de Bazin : « *Qu'on ait pu s'extasier sur ce scénario prouve à quel point on a oublié les possibilités du cinéma : car enfin, s'il y avait là-dedans une idée, elle ne pouvait valoir que par le style de son exécution, cette satire fantaisiste et légèrement loufoque ne pouvait vivre que dans un univers où le rythme et la poésie des images nous eussent imposé une vraisemblance supérieure de l'invraisemblance ; or, jamais ici nous ne nous sentons libérés des contingences logiques, jamais nous n'acceptons librement le monde qui nous est imposé.* » Bazin montre, à la fin de son article, qu'il ne nourrit aucune animosité personnelle contre le nom de Prévert : « *Pour l'oublier, nous sommes allés revoir pour la quatrième fois* Le jour se lève : *Bonjour Prévert !* »

Ici, il n'est pas inutile de rappeler qu'à l'époque de Bazin, les critiques voyaient les films en salle, le premier jour, avec le

public. Le critique n'écrivait pas son article à partir d'un « dossier
de presse », il devait reconstituer lui-même le résumé du scénario,
deviner les intentions des auteurs, évaluer le décalage entre les
intentions et le résultat. D'être mêlé au public payant n'empêchait pas Bazin de se sentir solidaire du film, lorsque celui-ci était
injustement reçu ou incompris, comme dans le cas des *Dames du
Bois de Boulogne* par exemple.

Suis-je toujours d'accord avec Bazin ? Sûrement pas. Contrairement à lui, je suis hostile au cinéma documentaire, dont Renoir
dit quelque part qu'il est *« le genre le plus faux du cinéma »*. Je
n'adhère pas davantage à cette idée qu'il exprime, surtout au
début de sa carrière, sur la hiérarchie des genres : « *Goupi Mains
Rouges est une œuvre quasiment parfaite tandis que* Les Visiteurs *du soir ont des défauts, mais le genre auquel appartient le
film de Becker est esthétiquement inférieur à celui de M.
Carné.* » Suivre Bazin sur ce terrain aboutirait à considérer
l'œuvre de King Vidor supérieure à celle de Lubitsch. Maintenant, on pourrait trouver dans des écrits postérieurs de Bazin des
remarques qui s'opposent à cette hiérarchie des genres, par
exemple lorsqu'il écrit en 1948 : « *Contrairement aux apparences, la comédie était le genre le plus sérieux d'Hollywood, en
ce sens qu'elle reflétait sur le mode comique les croyances
morales et sociales de la vie américaine.* »

o
o   o

Que s'est-il passé depuis que Bazin n'est plus là ? D'abord et
avant tout, la télévision a pulvérisé les mythes, détruit les stars et
rompu le charme. La généralisation de la couleur a fait régresser
la qualité moyenne des images, elle a rendu la « lecture » des
films à la fois plus simple et moins envoûtante. Enfin, il y a eu
l'inversion du pourcentage de films alimentaires et de films ambitieux et cela, c'est le bouleversement que Bazin appelait de ses
vœux.

Malheureusement, la critique d'aujourd'hui, en tout cas dans
son exercice quotidien, a presque tout perdu de son influence,
principalement à cause de la télévision. A l'époque où le cinéma
avait le monopole des images qui bougent, la fonction du critique
était d'évoquer ces images avec des mots, mais si un film attirait
irrésistiblement le public, aucune unanimité critique défavorable
ne l'aurait dissuadé d'aller juger sur pièces, simplement parce que

tout film constituait un mystère visuel. Aujourd'hui, il suffit de trois extraits mal choisis, montrés à la télévision dans une de ces émissions dont le Ministre de la Communication nous assure qu'elles font la « promotion » du cinéma, pour dissiper le mystère visuel et couler la carrière d'un film. Dans ces conditions, et sans donner l'impression d'en avoir pris conscience, la critique en est arrivée à tenir, dans le jeu cinématographique, le même rôle que le mouvement écologique dans le jeu politique : théorique, inefficace et moralement indispensable.

À l'époque de Bazin, la moyenne des films manquait d'ambition. Le rôle d'un critique était de stimuler les metteurs en scène en attirant leur attention sur des possibilités qui existaient en eux-mêmes et dont ils n'étaient pas conscients. Aujourd'hui, c'est le contraire et l'on voit le plus souvent des films ambitieux, mutilés et cloués au sol par la faiblesse de leur exécution. Ce phénomène n'est pas français, il est mondial, et Bazin, s'il vivait aujourd'hui — après tout il n'aurait que soixante-cinq ans —, serait le plus capable de nous aider à établir une meilleure harmonie entre nos projets, nos attitudes, nos buts et notre style.

Au terme de cette préface, autant l'avouer, je me suis efforcé de parler de Bazin avec distance, comme s'il s'agissait pour moi d'un homme comme un autre, alors qu'André a été l'homme que j'ai le plus aimé. Janine et lui m'ont adopté au moment où je me trouvais en pleine détresse, ils ont mis fin à la période la plus lamentable de ma vie. Je n'ai pas voulu évoquer cela en détail, peut-être parce que je l'ai écrit déjà, ailleurs, mais à travers le livre de Dudley Andrew, le lecteur verra quel homme merveilleux était Bazin, son extraordinaire bonne foi et son amour pour tout ce qui vit. Bazin n'avait pas d'ennemi et ne pouvait pas en avoir, puisque son tour d'esprit l'amenait à re-formuler, avec plus de profondeur, le point de vue de son adversaire, avant de lui proposer sa propre argumentation. Au contact de Bazin, chacun s'améliorait. Si nous avions des divergences, nous les constatons avec tendresse.

André est mort il y a vingt-cinq ans, on pourrait penser que le passage du temps a adouci le sentiment de son absence, ce n'est pas le cas.

Bazin nous manque.

François Truffaut, février 1983.

REMERCIEMENTS DE L'AUTEUR

L'écriture de ce livre m'a tout naturellement conduit en France, où de nombreux amis et parents d'André Bazin, très concernés par le sujet du présent ouvrage, ont partagé avec moi leur temps et leurs souvenirs. C'est sans doute la chaleur de leur accueil qui m'a donné l'image la plus claire de l'homme dont ils avaient tant envie de se souvenir et de discuter. Je crois que le portrait que j'ai tracé de lui est fidèle à leur attitude.

Il était inévitable que je me retrouve face à des jugements ou à des récits contradictoires ; il fut souvent difficile de corroborer de vagues souvenirs émanant d'une seule personne. Dans ce cas, mon guide fut avant tout le bon sens, ainsi que les avis toujours éclairés de Chris Marker et surtout de Janine Bazin, dont la passion pour l'exactitude et la pondération m'ont plus d'une fois confondu.

J'éprouve une grande gratitude envers Guy Leger et François Truffaut pour leur amitié et les encouragements qu'ils m'ont prodigués. Je tiens également à remercier, pour les fréquentes et stimulantes interviews qu'ils m'ont accordées : Eric Rohmer, Chris Marker, Alain Resnais, Jacques Doniol-Valcroze, Jean-Louis Tallenay, Janick Arbois, Pierre-Aimé Touchard, Françoise Burgaud, Denise Palmer, Joseph Rovan, Benigno Cacerès, Edmond Humeau, Jules Gritti, Jean-Marie Domenach, Roger Leenhardt, Claude Beylie et Mme Aimé Bazin, la mère d'André. Ce fut une délicieuse entreprise.

J'ai aussi joui, aux Etats-Unis, d'une aide appréciable. J'ai été très peiné par le récent décès de Paul Ronder qui m'initia aux écrits de Bazin, il y a dix ans, à Columbia University. Paul savait à quel point cette première prise de contact fut importante et comme elle me détermina à étudier le travail de Bazin sous un angle spécifique. C'est à Angelo Bertocci et John Clarke que je dois l'idée de restituer les écrits de Bazin dans la vie intellectuelle de son époque, et cet élan fut réactivé à certains moments-clés par William Gilcher, Donald Crafton et Ellen Evans. Au terme de cette recherche, j'ai été très redevable aux connaissances de plusieurs membres du département français de l'Université de l'Iowa, en particulier pour leur intelligence de la langue de Bazin et du pays, ainsi qu'au travail de Chris Brenneman, qui corrigea et prépara le manuscrit. Une grande part de la clarté, de l'exactitude et de l'exhaustivité auxquelles tend le présent ouvrage revient aux infatigables efforts de recherche de Pamela Falkenberg. A tous et à James Raimes, d'Oxford University Press, qui eurent assez de foi en ce projet pour le susciter et assez d'intelligence pour en rectifier plus d'un tour maladroit, j'adresse mes plus sincères remerciements.

D.A., Iowa City,
novembre 1977

INTRODUCTION

Le 14 novembre 1958, l'église Saint-Saturnin de Nogent-sur-Marne, petite ville de la banlieue parisienne, était pleine de cinéastes, d'acteurs, de critiques, de philosophes et de poètes français. Ils s'étaient rassemblés pour enterrer André Bazin. Quand l'entrepreneur de pompes funèbres vit la montagne de fleurs qu'avaient apportée tant de gens bien mis, il essaya de discuter l'enterrement modeste qui avait été organisé et payé par les *Cahiers du cinéma*. Jacques Doniol-Valcroze, co-fondateur des *Cahiers* avec Bazin, expliqua que les vingt ans que cet homme avait passés à enseigner, à organiser et à écrire, ne l'avaient pas enrichi.

Le ton montait ; mais ce fut finalement Doniol-Valcroze qui eut gain de cause.

On ne peut blâmer les employés des pompes funèbres d'avoir eu quelque doute sur la pauvreté de celui qu'on portait au tombeau avec tant de prodigalité. Guy Leger, le plus ancien et proche ami de Bazin, célébra une Grand-Messe de Requiem ; à la fin du service, alors que les participants s'apprêtaient à sortir dans le doux soleil d'automne, Claude Bellanger, fondateur et rédacteur en chef du principal quotidien français *Le Parisien Libéré*, se leva pour faire un panégyrique dont le caractère poignant impressionna tout le monde :

« Qui dira jamais assez ce don de lui-même qu'il faisait en chaque instant ? Il était à la fois passion et lucidité, recherche et analyse, curiosité et certitude. Il savait se faire entendre sans élever ni le ton ni la voix, fort de sa vérité intérieure.

Son œuvre, si tôt interrompue, il l'accomplissait comme une mission. C'est bien cela. Il nous apparaît bien aujourd'hui comme le missionnaire d'un art jeune, dont il mesurait en même temps les responsabilités. Tout lui était consacré, de ses forces morales immenses et de ses forces physiques limitées.

Son visage reparaît devant nous, lumineux, tranquille, n'admettant que la sincérité, rêveur pour un instant, enfiévré du besoin de comprendre et d'exprimer. Il est de ceux qu'on n'oublie pas...

Toute une équipe, qu'une collaboration sans faille de quatorze années liait fraternellement à André Bazin, pleure en ce jour. Elle pleure avec les siens, avec tous ceux qui l'ont connu et aimé ; elle pleure l'un de ces êtres d'exception, l'un de ces rares hommes dont on peut dire, dont on sait qu'on peut dire : c'était un maître.[1] »

Ensuite Roger Regent, président de l'Association de la Critique et Jacques Flaud, directeur du Centre National du Cinéma, firent des discours. Aucun de ces trois hommes n'avait été particulièrement proche de Bazin de son vivant, mais chacun représentait un secteur de la culture qui voulait rendre hommage au rôle constructif que le travail critique de Bazin avait joué dans le développement du cinéma.

Quelques jours plus tard, des amis intimes ajoutèrent une note personnelle à ces éloges funèbres, tout spécialement dans les journaux et magazines où Bazin avait exercé son talent.

Dans *France-Observateur*[2], par exemple, Luchino Visconti, Marcel Carné, René Clément, Alexandre Astruc et un Robert Bresson sortant pour une fois de sa réserve, témoignèrent de l'importance de Bazin pour leur œuvre. Claude Autant-Lara loua Bazin pour son intégrité et sa droiture — en dépit du fait que ces qualités ne s'étaient jamais mieux exercées que dans le traitement cruel qu'il réserva aux propres films d'Autant-Lara. Une semaine plus tard, l'hebdomadaire imprima un texte aussi remarquable que tendre de Jean Renoir, où le grand cinéaste disait que Bazin, seul, lui avait appris qu'il y avait une tradition purement française du cinéma et qu'il y occupait une place bien définie. « *André Bazin en « formulant » les données du cinéma français a contribué à créer un art national... Il m'est arrivé de modifier certains projets en pensant à l'attitude de Bazin devant... le produit achevé.* »[3]

Le n⁰ 91 des *Cahiers du cinéma* du mois de janvier 1959 fut entièrement consacré à Bazin. Doniol-Valcroze demanda à des amis proches de Bazin huit courts articles qu'il publia de manière à ce qu'ils forment une étude chronologique de la personnalité et de la mission de Bazin, telles qu'elles se développèrent. D'autre part, il ajouta une sorte de florilège d'hommages, dans lequel se trouvaient d'étonnants textes de Bresson, Buñuel, Cocteau, Fellini, Gance, Langlois et de nouveau Jean Renoir. Ce numéro reste dans l'ensemble un témoignage remarquable et émouvant. Il y eut d'autres hommages rendus à Bazin, en particulier dans *Esprit*[4], et au festival de Venise. Roberto Rossellini dédia la Mostra à Bazin deux années de suite : après tout, c'était lui qui avait été le premier à faire reconnaître l'importance du cinéma italien d'après-guerre, en France et dans le monde.

Derrière tous ces témoignages, éloges funèbres et autres souvenirs, on a le sentiment qu'il s'agit moins d'une simple adulation que de la prise de conscience par une grande partie de l'intelligentsia française qu'elle venait de perdre plus qu'un homme : une époque. L'article de Truffaut dans les *Cahiers* portait pour titre « Il faisait bon vivre ». Il n'était pas le seul à croire qu'avec Bazin, non seulement une certaine vision, mais un projet de culture mourait. Ce 14 novembre, une importante frange de l'intelligentsia française regardait vers les années soixante, et un monde qui s'annonçait sinon aussi morose que celui des deux dernières décennies, du moins beaucoup plus complexe.

L'année de la mort d'André Bazin fut effectivement remarquable pour les Français. En cette fin 1958, presque tous les groupes que Bazin avait aidé à animer avaient atteint une position significative, par le prestige mais inévitablement aussi par le compromis. Mais surtout, ce fut cette année-là que les critiques des *Cahiers* se lancèrent dans la production cinématographique. Bazin s'était battu sans relâche pour qu'un nouveau genre de films puisse voir le jour, et la date de naissance en fut le Festival de Cannes 1959, quand on salua sous le nom de « Nouvelle Vague » *Les 400 coups* et *Hiroshima mon amour*. Bazin ne vécut pas assez longtemps pour assister à ce triomphe, bien qu'il ait dû en pressentir le caractère inévitable. C'est lui qui avait encouragé Chabrol à réaliser *Le Beau Serge* ; il avait assisté aux premières douleurs de l'enfantement du *Paris nous appartient* de Rivette ; patiemment, il avait écouté Godard faire des discours sans fin sur les films qu'il allait faire à tout prix.

La mort de Bazin ne pouvait donc pas survenir à un moment plus crucial. Truffaut venait non seulement de filmer les premières séquences des *400 coups*, mais en ce même 14 novembre, le public des Champs-Elysées avait été scandalisé par la première séance des

Amants de Louis Malle. Une nouvelle ère cinématographique s'inaugurait : les jeunes Turcs des *Cahiers* se retrouvaient à présent derrière des bureaux, marchandant au téléphone avec des producteurs. Quand l'enthousiasme initial de la Nouvelle Vague retomba en 1961, nombreux furent ceux qui se demandèrent ce qu'il était advenu de ce simple esprit révolutionnaire ; qu'était-il arrivé à cette transparence morale ? Etait-elle morte et enterrée à Nogent ?

Les années 1958 et 1959 ne furent pas, bien entendu, uniquement marquées par l'ascension d'une nouvelle génération de cinéastes ; ce furent également celles de l'instauration d'un nouveau pouvoir politique. Charles de Gaulle venait aux affaires publiques, portant sa propre vague d'espoirs et de promesses culturels. Ce fut André Malraux, un des modèles de Bazin dans les années quarante, qui prit le poste de ministre de la Culture. Mais l'homme de la Résistance n'était plus, et la simple foi en la culture de la Libération semblait tout à coup naïve, dans le contexte de compromissions politiques de la Cinquième République.

La politique d'*Esprit*, la revue dont Bazin s'était toujours senti proche, changeait elle aussi. Elle se consacrait de plus en plus aux grandes options politiques et s'éloignait de cette ligne philosophique abstraite qu'elle avait suivie de 1950 à 1958 sous la direction du grand critique Albert Béguin. Béguin avait précédé de quelques mois Bazin dans la mort ; *Esprit* se trouvait donc à présent dirigé par Jean-Marie Domenach, qui espérait exercer une influence directe sur un gouvernement qui pouvait être sensible à une telle revue. En fin de compte, les idéaux élevés, tant en matière politique que sociale, de l'ère de Bazin s'écroulèrent sous le poids des complexités des années soixante, jusqu'à ce que les événements de mai 68 viennent apporter leur nouveau lot d'idées et une vision différente de la culture.

La mort de Bazin coïncida également avec la fin d'un certain âge d'or de la critique cinématographique. Avec son *Qu'est-ce que le cinéma ?*[5], dont le premier volume parut deux mois après sa mort, ce fut une nouvelle vision érudite et rigoureuse qui s'inaugura et que les œuvres de Jean Mitry et de Christian Metz, publiées au milieu des années soixante, cantonnèrent aux seuls milieux cultivés. Les autres théoriciens du cinéma, y compris ceux qui lui étaient opposés, tenaient Bazin en admiration qui, en 1958, possédait une vision complète, cohérente et profondément humaniste du septième art. Aujourd'hui, on considère le cinéma comme un sujet si vaste que le théoricien peut, au mieux, s'en tailler une petite partie à étudier.

Bazin disparut peu avant que le cinéma n'entre dans les universités. Il avait dispensé son enseignement dans des ciné-clubs, en faisant des conférences et en publiant des articles. Alors qu'à présent
beaucoup gagnent leur vie (et bien mieux que Bazin) en enseignant
le cinéma, la plupart des professeurs pensent avec nostalgie à cet âge
où la réflexion sur les films avait lieu dans un environnement
naturel, plutôt que dans ces laboratoires un peu froids que sont les
universités. La théorie cinématographique est devenue une discipline reconnue et non une activité spontanée, et l'on étudie le
cinéma plus comme un champ de recherches que comme une réalité humaine.

Comment Bazin aurait-il réagi à ces « succès » apparents — à
l'apothéose de la critique des *Cahiers* dans les réalisations de la Nouvelle Vague, à la « culturalisation » de la France sous Malraux, à
l'orientation politique d'*Esprit* et à la naissance de départements
d'études cinématographiques dans les universités ? On est tenté de
voir en Bazin un être essentiellement différent de nous et de se
sentir comme secrètement soulagé que sa disparition prématurée ait
empêché une inimaginable collision entre son innocence et les compromissions si complexes des années soixante, dans tous les domaines
qui l'intéressaient. En fait, certains voyaient bien Bazin de cette
façon, sorte de nouvel Adam ou de moderne Saint-François, libéré
du péché originel qui déforme notre vision des choses et nos actions.
Renoir le définissait comme une créature spéciale, un « être utile »[6]
dans un monde désordonné et égoïste. Claude Beylie allait encore
plus loin et ne craignait pas de citer Giraudoux, en disant que Bazin
faisait partie de ces rares êtres humains « *qui n'acceptent pas le
poids du monde, ni sa contrainte physique, en vertu d'une poche
aérée qui leur permet de se mouvoir à l'aise dans cette vie sans
espace, et qui est l'Esprit. Pour remettre un pneu, il fallait qu'il
appuyât de tout son poids sur le cric, avec une obstination d'autant
plus touchante qu'elle n'y suffisait pas. Il était trop léger pour l'espace.* »[7] Image séduisante que cette petite poche d'air propre, qui
plane sans effort à travers les épais miasmes de la civilisation
contemporaine. Mais c'est une image que Bazin n'aurait certainement pas appréciée. Sa simplicité et sa bonté étaient le produit de la
conception du monde et de la compréhension pour lesquelles il avait
dû lutter. Il avait combattu, comme tout le monde, pour dépasser
l'ignorance, les doutes et la confusion. Et il s'était battu dans la
société. Ce fut sa chance de découvrir tôt dans la vie que l'« apesan-
teur » n'était possible que si l'on s'aidait des très pesants projets

qu'étaient l'art, la science, la politique, la philosophie, l'économie, et tout ce que la société désigne sous le terme de « culture ».

On a dit que *L'Enfant sauvage* était un hommage à l'influence civilisatrice de Bazin sur le marginal qu'était Truffaut. Mais cet enfant sauvage est également une image de Bazin lui-même, dont l'amour irrépressible de la nature et la secrète solitude personnelle ne pouvaient exister que dans la communauté des hommes. Cette lutte pour parvenir à la communauté fut un effort de l'œil, de l'esprit et de la langue. Bazin fut forcé de s'apprendre à voir, à penser et à parler. Son bégaiement très réel était le symptôme de la bataille générale qu'il avait engagée pour clarifier sa vie et en faire bon usage dans la société.

L'histoire de la vie de Bazin ne prend sens qu'au sein de l'histoire plus vaste de cette société où il a vécu. Bazin devint adulte au point zéro d'organisation de la vie politique et cinématographique française. Le gouvernement de l'époque avait été imposé par l'Allemagne nazie. Les films étaient imprégnés d'une mentalité de studio à peine moins restrictive que celle de la politique vichyssoise. Sa libération personnelle de ses premiers doutes et de l'indécision fut contemporaine du grand mouvement de libération nationale de 1944. De même, la conscience grandissante qu'il avait de lui-même et de son potentiel s'élargit en même temps que l'idée d'un cinéma personnel — idée qu'il avait propagée plus que n'importe qui de sa génération, et qui finirait par donner tous ses fruits dans l'apparition de la Nouvelle Vague. Bazin ne concevait les progrès qu'il faisait que comme liés à ceux du cinéma et, à travers le cinéma, à ceux de la société française dans son ensemble. Notre siècle n'a pas souvent permis l'éclosion d'une vie si riche et si heureuse.

Bazin a souvent été décrit comme l'Aristote du cinéma parce qu'il a été le premier à tenter de formuler des principes généraux dans tous les secteurs de ce champ inexploré. Ses idées sont à présent à la portée de tous et, dans bien des cas, largement diffusées. Comme toutes les idées, on les discute et on les défend. Mais il est une chose qui n'est pas très bien connue et qui se situe au-delà de toute discussion : c'est la relation organique de ses idées avec son milieu. A cet égard, il a été justement comparé à Socrate[8], à cause de son incomparable talent de dialecticien et d'une logique mise au service de toute situation qui pouvait se présenter. Ce livre tente de cerner ses idées dans le contexte précis de son existence et de la vie culturelle de son époque ; et c'est la vitalité de cette époque, la force de ces idées et de cette vie, qui donnent sa perspective à une telle recherche.

1 — Claude Bellanger, « Allocution de Claude Bellanger aux obsèques d'André Bazin », église Saint-Saturnin, Nogent, le 14 novembre 1958.

2 — « Adieu à André Bazin », *France-Observateur*, n° 445 (13 novembre 1958).

3 — « André Bazin, notre conscience », *France-Observateur*, n° 446 (20 novembre 1958).

4 — « Souvenir d'André Bazin », *Esprit* (mai 1959), incluant un poème d'Edmond Humeau, « Je me souviens » pp. 838-42. Ainsi que deux articles : « Cet homme qui parle », de Georges Suffert pp. 835-38 et « Une méthode critique », de Michel Mesnil, pp. 842-51.

5 — André Bazin, *Qu'est-ce que le cinéma ?* 4 volumes (Editions du Cerf, Paris, 1958, 1959, 1961, 1962). Editions du Cerf, 2ᵉ édition, 1 volume, 1981.

6 — Jean Renoir, « Témoignages », *Cahiers du cinéma*, n° 91 (janvier 1959) p. 34.

7 — Claude Beylie, « Tombeau d'André Bazin », *Education et Cinéma*, no 15-16 (octobre-novembre 1958), pp. 338-40.

8 — Roger Leenhardt, « Du côté de Socrate », *Cahiers du cinéma*, n° 91 (janvier 1959), pp. 15-18.

I. LES ANNEES DE FORMATION

Les bases

André Bazin naquit dans la cité médiévale d'Angers le 18 avril 1918 ; la Grande Guerre se terminait et ce que nous appelons la culture française moderne était en train de naître. Son père, employé dans une banque, trouva un travail mieux rémunéré à La Rochelle, où il fit venir sa famille en 1923. Bazin revint souvent à Angers rendre visite à sa grand-mère, qui semblait l'apprécier plus que ses parents. La maison de La Rochelle était rustique et se trouvait près d'un ruisseau. Bazin l'aimait beaucoup et se fit un plaisir, bien des années plus tard, d'en montrer les charmes à ses camarades parisiens, au grand dam de ses parents qui aspiraient à pouvoir se payer quelque chose de « plus moderne et fonctionnel. »

Dès son plus jeune âge, Bazin montra une passion pour les livres et les idées, ainsi qu'un amour sans borne de la nature et des animaux. Il apprit à lire seul ; sa chambre était recouverte de revues et de livres de bibliothèque, alors qu'il avait à peine atteint l'âge d'aller à l'école. Ses lectures trahissaient surtout son intérêt pour la nature et les animaux. La Rochelle est une région où abondent les sites topographiques et géologiques. Bazin, fils unique, passait ses journées à errer dans la forêt, les collines, le long des rivières et des plages de la région, collectionnant pierres et fossiles.

Il retenait le nom de chaque acquisition nouvelle, de chaque découverte, pratique qu'il appliqua plus tard à ses collections d'animaux. Sa mère se souvient que le zoo local ne put le satisfaire très longtemps et qu'il transforma vite son balcon en jungle miniature[1].

Il mettait de petites plantes en pots et rangeait ses pierres, puis faisait entrer ses trésors, les minuscules rongeurs et les lézards qu'il avait ramassés durant ses randonnées. La plupart étaient dans des boîtes, mais il y avait toujours des tortues en liberté. Dans les dernières années de sa vie, il se fit remarquer des directeurs de l'ORTF pour ses nombreux appels téléphoniques qui les réprimandaient d'avoir laissé s'insinuer des inexactitudes dans leurs émissions sur la vie des animaux. Pour Bazin, l'utilisation d'un terme populaire, qui ne parvenait pas à distinguer un animal aussi précisément que son nom zoologique, constituait une inexactitude majeure.

Bazin garda des animaux près de lui toute sa vie. Dans le Paris de l'occupation, il devait se contenter de petits chats, mais fréquentait le zoo du Jardin des Plantes et s'était rendu célèbre en organisant des sorties à la campagne. Une de ses premières petites amies se souvient qu'il était venu la chercher un jour pour une excursion, un serpent enroulé autour du corps et un sourire aux lèvres. Après son mariage, Bazin resta plus souvent chez lui, à cause de sa maladie. Mais il remplit son pavillon de banlieue de créatures de toutes sortes — chiens et chats bien sûr, mais aussi diverses espèces d'oiseaux. Bazin avait, en matière animale, le goût exotique ; les visiteurs étaient horrifiés de voir Florent, son jeune fils, ramper à côté de l'iguane de la maison. Quand Florent fut un peu plus agé, père et fils allèrent à la chasse aux papillons, aux insectes et à ce qui semblait être une inépuisable variété de lézards.

Une nuit d'hiver 1954, alors que sa femme Janine préparait le dîner, Bazin se rua dans la maison en compagnie de Jean-Marie Domenach, son collègue d'*Esprit*. Janine, habituée aux invités de dernière minute, les accueillit fort bien, jusqu'à ce que Bazin lui présente le troisième convive : un bébé-crocodile tout mouillé, de trente centimètres de long. Janine, qui ne parvenait pas à aimer l'invité-surprise, fut étonnée quand Bazin la quitta presque immédiatement pour se rendre dans un Festival cinématographique au Brésil, car elle devait non seulement s'occuper de son fils, mais aussi de celui qu'elle appela toujours « *ce repoussant reptile*». Quand Bazin revint, une perruche brésilienne sur l'épaule, il se mit à construire une boîte (qui est censée être la seule contribution de sa vie au bricolage) pour le crocodile à la rapide croissance. Plus tard, quand il fut contraint d'aller dans le sud pour sa santé, Bazin voulut emmener son fils, son chien et son chat, mais également son crocodile. Or celui-ci devenait assez gros et était affecté d'un caractère dangereusement imprévisible. Finalement, il fut envoyé au Musée de la

France d'Outre-Mer, « en pension ». Quand famille et animaux domestiques revinrent du midi, Bazin fut bien forcé d'admettre qu'il valait mieux que le crocodile reste où il était. Tout fut effectivement pour le mieux, pour les Bazin et pour le crocodile, qui avait plus d'espace pour traîner, mais pas pour les autres reptiles du musée. Pendant les années qui suivirent, on pouvait aller admirer le plus féroce des crocodiles de France derrière une vitre où l'on avait laissé une plaque : « Don de M. et Mme André Bazin. »

On est tenté de voir dans l'amour de Bazin pour les animaux une clef de sa personnalité. Ils représentaient pour lui le vivant symbole de l'opposition entre liberté et nécessité qu'il ressentait si profondément dans sa propre vie. Ils paraissaient libres et pourtant étaient limités par les modèles prédestinés de leurs instincts. En captivité, sous son œil analytique mais non dépourvu de sympathie, ils pouvaient tour à tour surprendre ou se conformer à ce qu'on attendait d'eux. Il n'était pas rare que Bazin, après avoir étudié un lézard assez longtemps, le relâchât dans son champ de captivité « naturel ». Sa conception de la liberté et de ses limites, héritée des Frères qui furent ses premiers maîtres, s'avérait très complexe. Le monde était une grammaire de lois si merveilleusement intriquées qu'elle pouvait étonner à jamais l'observateur averti. Le cinéma allait être pour lui autant un moyen d'observation qu'une source particulière d'émerveillement. Mais le monde et ses créatures semblaient également animés d'une liberté d'autant plus merveilleuse qu'elle était incompréhensible. Des lois nouvelles se créaient quotidiennement et l'observateur ne pouvait que réviser et parfois abandonner ses théories au contact renouvelé d'un univers en évolution. Dans ce domaine aussi, le cinéma permit à Bazin d'être constamment « en contact ».

Les animaux, minéraux et plantes qui entouraient Bazin lui donnaient une sorte de force et d'inspiration primitives. Il détestait les environnements trop « pensés », que ce soient des appartements-modèles ou des expositions d'art. Il n'était cependant pas un avocat du chaos : ce qu'il cherchait, c'était le fortuit, cette organisation provisoire de l'environnement, qui conserve la possibilité d'autres organisations et recèle des surprises et des découvertes à accomplir. Ce fut cette qualité qu'il devait encenser si généreusement dans les films néo-réalistes, et vers quoi, en tant que critique, il se sentait attiré. Bazin avait la capacité de ressentir le souffle de vie particulier de tout ce qu'il rencontrait. Janine a déclaré que c'étaient les reptiles qui le fascinaient plus que tout car, malgré une vie passée à les étudier, il n'avait jamais vraiment pu imaginer de quelle façon ils éprouvaient le monde[2]. Il les regardait pendant des heures et allait même jusqu'à s'interroger sur ce qu'ils ressentaient et ce qu'ils voyaient. Ce génie d'une disposition empathique était le secret de sa puissance critique : pour un homme qui est prêt à entrer dans la conscience d'un iguane, la psyché d'un Buñuel n'est plus un problème démesuré. Il regardait les films comme des animaux en captivité temporaire. Il leur donnait la dignité d'une existence indépendante et pourtant se glissait à l'intérieur de ladite existence jusqu'à, dans ses meilleurs moments, prendre possession du monde de cette conscience autre, et être capable d'en décrire la structure et les lois. Comme le dit Claude Roy : « ...*Mais cette générosité n'était ni brouillonne, ni vague, ni confuse... Je retrouve dans les essais de Bazin ce que j'admire dans ceux de Sartre... Il avait une immense culture... Mais toujours il cherchait, devant une œuvre, à se dépouiller des habitudes et des préjugés, à se faire vierge dans son attention, et partant son amour.* »[3]

Durant ses premières années d'école, chez les Frères, à La Rochelle, le jeune Bazin fut très attiré par les mathématiques et les sciences (encore faut-il préciser qu'il était excellent dans toutes les matières). Docile et studieux, il prit l'habitude de discerner des implications théologiques et philosophiques derrière tous les problèmes. A l'âge de douze ans, Bazin et sa famille déménagèrent pour la banlieue nord-ouest de Paris. Les lycées de la région parisienne étaient plus sélectifs que ceux du reste de la France et ce fut, en partie, pour donner aux talents prometteurs de leur fils une chance de s'épanouir dans le rigide système scolaire français que ses parents quittèrent la côte atlantique pour vivre en banlieue.

Avant la Seconde Guerre Mondiale, la grande bourgeoisie envoyait ses enfants dans des écoles et lycées d'où les plus brillants sortaient pour aller à la Sorbonne ou à l'Ecole Normale Supérieure de la rue d'Ulm. Bazin, qui méprisa toujours le faux chic d'un tel type d'enseignement, fit ses armes par la filière ouvrière du système éducatif. On y offrait un enseignement scientifique et technique, au lieu du latin et du grec des lycées. Les plus doués des élèves étaient prédestinés à l'Ecole Normale Supérieure de Saint Cloud ; c'était à cela qu'aspirait Bazin quand il entra, avec quelque appréhension, à l'école de Courbevoie. Et il avait effectivement quelques bonnes raisons d'être inquiet : cet établissement était non seulement parisien, mais laïc, et la compétition était censée y être beaucoup plus rude que chez les Frères. Bazin se fraya très vite son chemin dans ce milieu et reçut, dès la première année,une bourse ; pendant les trois ans qu'il y passa, il resta en tête du classement général. Il fit une telle impression sur l'un de ses professeurs, que son école lui offrit un voyage en Italie, pendant l'été 1933. Ce fut durant ce voyage qu'il prit ses premières photographies, surtout à Venise, ville où il aima toujours retourner. Mais surtout ce fut cet été-là qu'il décida, sous l'influence d'un professeur, de consacrer sa vie à l'enseignement.

A quinze ans, Bazin obtint brillamment son diplôme à Courbevoie, avec mention, et décida d'entrer dans une Ecole Normale d'Instituteurs. Les quatre-vingt-quatre départements de l'époque en possédaient chacun une et Bazin revint à La Rochelle où ses parents s'étaient installés. Il se montra aussi brillant qu'avant — et même plus. La dissertation qu'il remit pour son examen final de français fut utilisée, pendant des années, comme le modèle à suivre. Sa mère se souvient qu'il en fut très surpris, dans la mesure où le français était la matière qui l'intéressait le moins. Il est caractéristique qu'il se soit fait des reproches pour ses résultats moins brillants dans les autres matières, et se soit inquiété du sort de ses camarades qu'on découragea, au vu des résultats de cet examen, de se présenter à l'Ecole Normale Supérieure de Saint-Cloud. Ils allaient tous devenir instituteurs à La Rochelle et dans les environs, alors que Bazin irait à Saint-Cloud, après quoi il deviendrait soit professeur dans le secondaire, soit administratif à un poste élevé. Il avait en effet déjà commencé à se passionner pour la réforme de l'éducation et espérait, avec autant de ferveur que de modestie, pouvoir un jour effectuer des changements importants dans le vaste et homogène système éducatif français.

Quand il se présenta à Saint-Cloud, on lui en refusa l'accès. Il était plus jeune que tous les autres, lui dit-on, et sa santé n'était pas bonne. On lui conseilla d'attendre un an et de préparer le concours de l'Ecole Normale de Versailles. Que lui reprochait-on exactement au sujet de sa santé ? On ne le sait pas vraiment. Bazin n'avait jamais été un athlète ; il était de constitution délicate, mais à l'époque il n'avait jamais eu de maladies graves ni même de symptômes inquiétants.

Quoi qu'il en soit, ce retard ne le découragea nullement, et l'année que Bazin passa à Versailles lui permit de s'intéresser de plus près aux arts. Il lut des bibliothèques entières de philosophie et de littérature. Il se mit à fréquenter assidûment les théâtres parisiens et lisait toutes les revues d'art et de culture. Ce fut cette nouvelle passion qui lui permit de supporter une année de préparation intense à l'examen d'entrée qui avait lieu au printemps.

Bazin s'accordait lui-même peu de chances de réussir ce concours, dans la mesure où les meilleurs étudiants des quatre-vingt-quatre écoles normales de France rivalisaient pour entrer à Saint-Cloud. Il était rare qu'on réussisse l'examen du premier coup et, en fait, quand il s'assit à la table de travail, il ressentit une immense morosité. Quelques jours plus tard, quand la liste, par ordre de mérite, fut affichée à l'extérieur de l'école, il se faufila tout seul, dans l'espoir de lire son nom. Il commença par lire les noms un à un, en partant du bas, recouvrant les autres de sa main. Quand il arriva au vingtième, puis au quinzième et que le sien n'était toujours pas apparu, il s'en alla, découragé mais nullement surpris. Quelques heures plus tard, un camarade vint le féliciter. Bazin se rua vers l'affiche et eut la surprise de voir qu'il avait été classé septième. Sa « chance » l'étonna ; il passa la nuit à remonter le moral de camarades qu'il considérait comme les plus brillants de Versailles, et qui avaient été recalés pour la seconde fois de suite.

Ainsi, en cet automne 1938, l'avenir de Bazin semblait assuré. La bourse, automatiquement accordée en cas de succès au concours, lui garantissait une sécurité financière pour trois ou quatre ans. Cette bourse lui permit de vivre près de Paris ; il savait déjà que son intérêt grandissant pour l'art et la culture ne pouvait se développer que dans la capitale. Il poursuivit, à Saint-Cloud, ce que l'on appelait à l'époque des études « modernes », pour les distinguer de l'enseignement classique de la rue d'Ulm. Il continua ses études en Lettres Modernes et étudia de manière approfondie la littérature, l'art, la philosophie et les sciences.

Entre les deux guerres, les buts et les méthodes de l'enseignement supérieur français étaient pénétrés de « positivisme ». Dans le domaine littéraire, par exemple, on apprenait à compléter la formule rigide de l'« explication de texte » par la fameuse méthode lansonienne d'histoire littéraire factuelle, par les vertus de laquelle chaque texte était classé dans sa petite case socio-biographique propre. Saint-Cloud, bastion de cette idéologie, fit naître sans le vouloir toute une génération d'étudiants qui se rebellèrent contre cet enseignement froid et pseudo-scientifique. En dehors des cours, on discutait passionnément ; et c'étaient des groupes d'études, des revues et des conférences qui nourrissaient directement ce mouvement, et indirectement les mouvements littéraires, artistiques et philosophiques du moment.

On n'exagère nullement en attribuant ce contre-courant à la pensée et à l'autorité d'un seul homme, Henri Bergson. En 1938, Bergson se trouvait à la fin de sa carrière, mais il pouvait regarder en arrière et voir, dans ces revues et autres groupes d'études, l'effet de maturation intense des idées qu'il avait développées au début du siècle. Bergson était présent, pour Bazin, dans la vie de chaque jour, car Bazin faisait partie de cette élite de Saint-Cloud pour qui la vie intellectuelle se vivait surtout hors des cours, et qui avait reçu, non-officiellement, une éducation plus bergsonienne que positiviste.

Bergson et les bergsoniens

Même s'il est toujours possible de retrouver la pensée d'une génération dans les prémonitions de la génération précédente, il ne fait aucun doute que la continuité de la vie intellectuelle française fut absolument bouleversée par l'entrée d'Henri Bergson sur la scène philosophique. Comme ses disciples et ses ennemis aiment à le rappeler, Bergson plaisait à une frange importante du public. Il invoquait, à contre-courant du positivisme dominant, une science d'un ordre plus élevé qui pourrait comprendre non seulement les faits, mais l'expérience de la nature. Ainsi réunit-il autour de lui certaines fractions du monde scientifique, la plupart des artistes et un courant de théologiens, qui tous cherchaient un vocabulaire philosophique capable de décrire l'homme dans un univers animé et en devenir.

Bergson affirmait qu'il y avait trois modes d'appréhension de l'univers : la perception, la raison et l'intuition. Au niveau le plus bas se trouve la simple et instinctuelle perception. Notre corps, comme objet, rencontre d'autres objets dans un champ au flux perpétuel. La raison, qui n'est qu'une fonction de la mémoire, organise les perceptions en plans compréhensibles. Et l'intuition, transcendant à la fois la perception brute et l'organisation rationnelle, réunifie une expérience que l'intelligence a fragmentée. C'est un retour final au flux, par une réflexion suprarationnelle plus que par l'instinct, qui capture la signification et la direction de ce flux. Dès que nous « saisissons » une mélodie, nous effectuons une opération intuitive selon Bergson. Nous ne nous contentons pas d'entendre des notes isolées comme autant d'objets perçus : nous ne nous faisons pas non plus une carte générale qui rendrait compte de la structure de la mélodie ; nous « saisissons » des flux de significations, en tant qu'expérience globale.

Les implications de ces premiers principes de la pensée bergsonienne s'appliquent à tous les domaines — art, religion, science — et suscitèrent, dans les années qui précédèrent la Seconde Guerre Mondiale, un climat culturel où certains principes étaient tenus pour implicites : la nature vivante et évolutive du cosmos ; la faillite dernière de l'analyse ; et, au contraire, le pouvoir qu'avait la réflexion (combinée à d'autres modes suprarationnels comme l'art, la foi et la sexualité) de saisir la signification et la direction du flux. Aujourd'hui, il est plus facile de voir l'héritage bergsonien dans la phénoménologie française.

« L'intuition, comme Bergson l'a souligné, a un rapport très étroit avec une réalité complexe ou, comme le dirait Merleau-Ponty « ambiguë » ; une réalité dans laquelle esprit et matière ne sont pas différenciables... De Bergson à la phénoménologie, il n'y a qu'un pas : la formule de Bergson « expliciter l'implicite » trouve sa contrepartie dans la définition que donnait Merleau-Ponty de la philosophie : « une réflexion sur le non-réfléchi ».[4]

En 1938, quand Bazin entrait à Saint-Cloud, Merleau-Ponty en arrivait juste à sa phénoménologie, tandis que l'influence de Bergson pénétrait des mouvements philosophiques aussi populaires que la « Philosophie de l'Esprit » de Louis Lavelle et le « Personnalisme » de Mounier. La phénoménologie française se développa dans l'atmosphère que Bazin recherchait, comme antidote à l'air raréfié des salles de cours de Saint-Cloud. Et Bazin fut effectivement présent quand le flambeau bergsonien fut transmis à la phénoménologie. Ainsi, sa vie tout entière devait être éclairée à la lueur de cette torche — et se dérouler dans les ombres par elle projetées.

Bazin rendit un hommage explicite à Bergson dans un essai qui explorait les relations du cinéma avec le flux du temps : « Un film bergsonien : *Le Mystère Picasso* »[5]. Il se servit aussi directement de Bergson pour plusieurs de ses essais sur Chaplin[6], trouvant dans le personnage du clochard la parfaite illustration de la thèse de Bergson, pour qui la comédie résulte d'une débâcle de notre réponse « automatique » au monde, et produit, dans ses meilleurs moments, une intuition que la raison avait primitivement bloquée[7]. La comédie n'est que l'exemple le plus simple d'un projet autrement vaste que Bergson exigeait des hommes ; Bazin vit dans le fait photographique un pas en avant dans le sens de l'injonction à dénuder l'objet *« des habitudes et des préjugés, de toute la crasse spirituelle dont l'enrobait [la] perception »*.[8]

Mais ce qui fut le plus important, c'est que Bergson donna à Bazin le sentiment profond de l'unité absolue du flux de l'univers. Grâce à cette attitude, Bazin fut capable, par exemple, de faire l'économie du concept de plan qui n'est, après tout, qu'une notion analytique destinée à nous faire voir le monde comme fragmenté. Dans le grand cinéma « *seul subsiste le "cadrage", cristallisation passagère d'une réalité dont on ne cesse de sentir la pensée environnante* »[9]. Bazin associe le montage à la tendance analytique et spatialisante de l'homme ; il lui oppose l'attitude « globale » qui consiste à saisir la réalité intuitivement, attitude qu'on associe plus volontiers à l'art qu'à la science.

En fait, la philosophie de Bergson a souvent été considérée comme celle des artistes par excellence, tout comme la logique serait celle des mathématiciens. Il inspira de nombreux artistes et leur donna de précieux alliés : les critiques. Bazin voyait son rôle de critique à la lumière de cette préférence qu'il avait pour le global et l'intuitif. Les critiques qu'il connaissait et admirait étaient tous marqués par la pensée bergsonienne et il n'est pas inutile de rappeler que Bazin connaissait plus Bergson par ces critiques que par une lecture directe de l'homme ou de son œuvre.

Ses lettres font plus souvent référence à Charles Du Bos, par exemple, qu'à Bergson, et l'on peut discerner une correspondance directe entre la méthode de Du Bos et celle que Bazin n'allait pas tarder à adopter. La méthode critique selon Du Bos procédait par petites intuitions libres qui tentaient de découvrir ces moments de l'art où l'homme rencontre un au-delà de soi, une « seconde réalité » que l'« antenne » de l'artiste parvient à toucher, et que le lecteur ou le spectateur éprouve dans un instant précognitif d'« exaltation ».[10] La critique de Du Bos fait intervenir l'éthique dans l'esthétique et confère à ces dernières un climat de mysticisme religieux qui attira certainement beaucoup le jeune Bazin des années 1938-39.

De même, les écrits de Charles Péguy inspirèrent-ils Bazin, comme toute sa génération. Péguy était le saint patron de la Résistance, écrivain et lecteur pour qui la littérature était un projet héroïque qui valait qu'on lui sacrifiât sa vie. Péguy donna naissance à de nombreux critiques, dont l'un devait jouer un grand rôle dans la formation intellectuelle de Bazin : Albert Béguin.

Béguin était le critique littéraire le plus en vue d'*Esprit* quand Bazin commença à lire cette revue. Plus tard, en tant que rédacteur en chef d'*Esprit*, il allait travailler avec Bazin. Il écrivit même dans les *Cahiers du cinéma* en une occasion[11] ; il anticipa aussi le fameux essai de Bazin sur le *Journal d'un curé de campagne* de Bresson par un excellent et long article[12]. Béguin fit ses armes de critique par son étude devenue classique du Romantisme allemand, *L'Ame romantique et le rêve*[13], et toute sa vie, il se consacra à l'impulsion mystique dans l'imagination littéraire. Comme Du Bos, il voyait en la poésie une tentative de donner au lecteur « *la certitude de communiquer soudain avec quelque chose de réel, réel* en un autre sens.[14] »

Sarah Lawall a explicité la vision de Béguin d'une manière très concise :

« *La double réalité qu'un auteur perçoit est le sens de quelque chose dans la réalité apparente et au-delà. Béguin insistait sur le fait que le premier niveau de la réalité était le présent et refusait que le poète perde la sensation de ce monde dans des abstractions intellectuelles "classiques"... Le nouveau "réalisme" qu'il tente de définir et qui pourrait bien avoir ses racines dans la tradition médiévale, devient, pour Béguin, la révélation de l'existentialisme chrétien. C'est le "sentiment pour les choses d'ici-bas dans leur rapport naturel au mystère et à l'esprit" que représentent si bien Claudel et Péguy.* »[15]

Après sa conversion au catholicisme en 1940, Béguin se spécialisa dans la littérature religieuse de son pays. Il écrivit longuement sur Péguy, l'associant, dans un essai célèbre, à leur maître commun, Bergson.[16] Béguin nous rappelle que Bazin, lui aussi, s'intéressa beaucoup aux films qui possédaient une dimension religieuse. Mais, contrairement à Béguin, Bazin n'abandonna jamais la logique précise et le détachement qu'il avait puisés dans son amour de la science.

Esprit devint un des hauts-lieux de la critique bergsonienne, telle celle de Béguin, et servit de point de rencontre à maints critiques et artistes de même sensibilité. La plus fructueuse de ces rencontres fut certainement celle de Georges Rouault et de Jacques Maritain. On peut difficilement définir Maritain comme un bergsonien, mais nous ne devons pas oublier que le fondateur du Néo-Thomisme n'atteignit sa propre position philosophique que dans un débat avec Bergson, qui avait été son professeur. Maritain maintint toujours un dialogue ouvert avec les disciples de Bergson. Ce débat enflamma et illumina la pensée catholique française dans les décennies qui précédèrent la Seconde Guerre Mondiale. Et de fait, Maritain fut à l'origine de la création d'*Esprit*, tentant de faire évoluer la revue vers des positions catholiques orthodoxes, dans les articles qu'il y publia et dans sa correspondance personnelle avec Mounier.

Malgré leur perpétuel débat sur presque tous les sujets, ces deux grands intellectuels catholiques partageaient des vues identiques sur l'art, grâce à un homme qui leur paraissait l'artiste idéal, Georges Rouault. Rouault était l'ami intime de Mounier comme de Maritain ; son expressionnisme marqué au fer rouge et sa piété enfantine leur faisaient un effet irrésistible. Maritain, qui écrivit de gros volumes sur la théorie de l'art, vit en Rouault le représentant de la tendance la plus vivante de l'art moderne et rendit compte de son œuvre et de sa conception du réalisme dans des termes qui anticipent les écrits de Bazin d'une manière extraordinaire :

« *Chaque tableau de Rouault est un idéogramme du* mystère *des choses — d'une qualité intérieure et d'une signification enfermées dans la réalité du monde visible, dont les formes, les apparences, avant d'être refondues sur la toile, sont soumises à l'implacable examen de son œil sensible aux signes et aux nuances les plus fugaces.* L'humilité *et la hardiesse du peintre sont trop puissantes pour qu'il se détourne du "spectacle que nous offre le* Pater Omnipotens aeternae Deus" *dont parle Cézanne. Aucune peinture, aujourd'hui, ne s'attache plus à la substance secrète de la réalité visible que celle de Rouault; elle est là, présente, inévitable, vivant de son existence propre, souvent de manière agressive*».

Et il continue, dans un style qui nous fait encore davantage songer à Bazin:

«*Cette sorte de "réalisme" n'est nullement celui des apparences matérielles ; c'est le réalisme du sens spirituel de ce qui existe (et qui bouge, souffre, aime et tue) ; c'est un réalisme imprégné des signes et des rêves qui se mêlent à l'essence des choses. Le réalisme de Rouault est celui de la transfiguration, ainsi que du pouvoir révélateur et du dynamisme d'une peinture obstinément rivée au sol, tout en se nourrissant de foi et de spiritualité. On n'y trouve d'autre abstraction que celle qui fait ressortir des choses les significations dont elles sont fécondes ; cette abstraction recrée sur la toile l'essentiel et rien que l'essentiel de ses éléments signifiants.* »[17]

Qu'on se reporte à l'essai de Bazin sur Bresson pour retrouver des accents familiers. Encore n'est-il pas surprenant de constater de telles similarités.[18] Après tout, Rouault, en tant qu'ami intime de Mounier, fut également un des co-fondateurs d'*Esprit*. Quant à Maritain, il ne fut pas seulement le mentor de Mounier, mais de toute une génération que connaissait Bazin. Et de fait, l'un des professeurs que Bazin préférait, Daniel-Rops, fut l'étudiant de Mari-

tain ; quand Bazin le rencontra, vers 1940, il était en train d'achever
un livre sur Péguy et des écrits esthétiques néo-thomistes.[19] Bazin ne
se référa jamais ni à Rouault, ni à Maritain et, durant l'Occupation,
il rejeta explicitement l'influence de Daniel-Rops ; ces hommes et
leurs idées sont pourtant les symboles de l'état d'esprit bergsonien
qui entoura Bazin au cours de ses premières années d'études de l'art.
Les questions qu'ils posent (sur le rapport de l'art à la réalité et celle
de la réalité à une signification transcendante) devinrent également
les siennes.

Marcel Legaut et le militantisme chrétien

Esprit fut incontestablement l'influence déterminante sur la
vision du monde du jeune Bazin, mais quand ce dernier arriva à
Saint-Cloud, il n'y avait pas encore de groupe d'étude *Esprit*. Ce fut
d'ailleurs lui qui se chargea d'en former un, une année plus tard. En
1938, l'atmosphère différente qu'il recherchait pouvait se trouver
dans le groupe d'étude Marcel Legaut qui commençait à obtenir un
certain succès. Il y rencontra des étudiants passionnés, qui discutaient de sujets qu'on n'abordait pas en cours (surtout la théologie) et
qui cherchaient les moyens d'utiliser leur éducation pour changer la
culture. Ces étudiants étaient des militants chrétiens, mais des militants d'un genre encore inconnu en France. Depuis 1900, le système
éducatif français était laïc, gratuit et universel — d'une laïcité mili-
tante. L'Ecole Normale de Saint-Cloud était l'un des bastions de
l'anticléricalisme français. Le groupe Legaut se composait d'étudiants qui, comme Bazin, avaient reçu une forme d'enseignement
religieux et que ne passionnaient pas seulement les discussions théologiques ; ils cherchaient une approche « moderne » aux différentes
disciplines, qui leur permettrait d'y inclure une dimension morale et
religieuse. Ce sentiment devint vite un intérêt pour l'éducation en
France, dans la mesure où tous ces étudiants étaient destinés à enseigner. Leur but était une réforme éducative et la réintroduction de la
religion dans le monde des idées. Ils attendaient impatiemment
l'avènement d'une utopie dans laquelle la science, dirigée par des
êtres préoccupés du social et sensibilisés par l'art, servirait une communauté soudée par des valeurs universelles.

Marcel Legaut, source de leurs idéaux et de leur engagement,
était et reste une personnalité fascinante. En 1938, il était professeur
de mécanique industrielle et passait le plus clair de son temps à atta-

quer le milieu universitaire à l'esprit étroit où il vivait. Legaut faisait partie d'un plus vaste mouvement, l'Action Catholique, qui avait commencé à faire parler de lui à la fin des années vingt. Pour la première fois dans l'histoire contemporaine, des laïcs se sentirent concernés par la direction de l'Eglise. Peu satisfaits de se contenter d'écouter le curé du dimanche ou de suivre les formes d'action sociale que leur proposait le clergé, ces laïcs se mirent, individuellement puis par groupes, à créer leur propre mouvement social. Les livres que Legaut publia en 1937 et 1938[20] (années durant lesquelles Bazin se mit à militer à l'Action Catholique), montrent clairement la nature révolutionnaire de son projet. *La Condition chrétienne*, son livre le plus complet à ce jour, était dédié à Karl Marx ; ce seul fait montre à quel point il se séparait des positions communes de l'Eglise. Legaut est pénétré de la notion d'un univers en évolution. Il voit en l'individualisme un premier pas, nécessaire pour donner à l'homme les outils qui lui permettront de dépasser cet individualisme. La technologie moderne et la communication (le cinéma en étant un exemple privilégié) poussent les hommes vers une destinée commune, qu'elle soit utopique ou tragique. L'essentiel du livre de Legaut est un appel à la conscience personnelle et au sacrifice, car, pour Legaut, la révolution ne peut advenir que par une révolution de la conscience. Nous devons, dit-il, faire échec à l'athéisme, qui avilit les gains spirituels par sa dévotion pour la science et la technologie, mais nous devons lui faire échec, ajoute-t-il, en révisant nos conceptions religieuses. Les Chrétiens doivent se concentrer sur la participation à une communauté spirituelle en évolution, au lieu de se vouer à la réalisation individualiste du salut personnel. Legaut cite fréquemment Teilhard de Chardin, qui prédit une destinée sociale de l'homme. Avant, la société était soit l'esclave de l'homme, soit la mère d'individus qui recherchaient individuellement le bonheur et la sainteté ; maintenant, c'est la société elle-même qui est devenue le but, le seul moyen par quoi l'individu moderne peut atteindre l'humanité. Selon Legaut, la tendance actuelle à l'individualisme ne peut être changée que par une révolution systématique, une révolution qui prendrait ses sources dans l'individu, mais qui s'étendrait ensuite, et seulement quand elle aurait trouvé une communauté qui la soutiendrait aussi bien spirituellement que matériellement.

Legaut appuyait ses idées par les formes d'action les plus radicales. Il commença par organiser des groupes tels que celui que Bazin découvrit à Saint-Cloud, puis quitta son poste d'enseignant à

Rennes. Ce nouveau pas ne le satisfaisant pas encore, il partit pour le midi de la France avec ses disciples les plus convaincus, pour établir ce que l'on ne peut appeler qu'une commune. Derrière ses idéaux élevés, il y avait une connaissance très concrète de l'économie, de l'agriculture et de la dynamique sociale. Legaut vit toujours dans une zone rurale de la France méridionale, « principalement comme berger »[21], et brûle toujours de réinstaurer l'esprit des premiers chrétiens qui vivaient dans de petites unités auto-suffisantes et auto-gérées, avant qu'on les incorpore à l'Eglise Romaine.

La force de la personnalité et des idées de Legaut devait inspirer Bazin toute sa vie, même si les deux hommes ne se rencontrèrent que rarement. Les lettres de Bazin font souvent allusion au dynamisme et au pouvoir de Legaut ; elles suggèrent également que les petites communautés qu'il avait fondées perdaient leur orientation dès que Legaut partait dans sa commune du midi. Même si Bazin ne mit jamais en pratique la résolution qu'il avait prise d'aller vivre dans cette commune, sa vie reste un témoignage de fidélité à l'enseignement de Legaut, selon qui un être humain ne peut se réaliser que dans et pour la communauté. Legaut prêchait pour le caractère *naturel* de la communauté et fondait sa politique sur une vision agrarienne où les hommes pouvaient vivre ensemble en relation avec la terre qui nous nourrit tous. Dans une lettre pleine de force, Bazin devait écrire : « *Dans la révolution à venir (car elle me paraît presque inéluctable), il y aurait tout de même, au moins de notre point de vue, des conquêtes positives ; la suppression de la puissance de l'argent, la plus grande hérésie moderne, l'importance donnée à des valeurs morales perdues dans notre civilisation abstraite : celle de la terre. Je ne veux pas dire que j'accepte en bloc cette révolution ; je veux seulement dire que dans un contexte que nous rejetterons sans doute, il y aura tout de même des réalités que nous réclamons depuis longtemps, et que ces réalités pourront peut-être bourgeonner individuellement, servir demain de point de greffe.* »[22] Il continue ainsi à se lamenter sur le départ de Legaut, mais il est clair qu'il gardait en lui le rêve que Legaut concevait d'un changement radical, tant social que spirituel, rêve qui exigeait un souverain dédain pour les compromis du libéralisme. Dans une autre lettre, il dit clairement, par exemple, que dans toute charité et autre aide sociale provisoire, il y a de l'« hypocrisie »[23] ; dans une autre, que toute réforme superficielle de l'éducation n'est que « pharisaïsme »[24]. Bazin ressentit toujours le besoin d'aller plus loin, et Legaut fut pour lui, comme pour beaucoup d'autres, le modèle même de l'homme qui avait été le plus loin possible.

Esprit *et le personnalisme*

Le respect dans lequel Bazin tenait l'œuvre de Legaut ne lui permettait cependant pas de se sentir absolument à l'aise dans le groupe d'étude du même nom. Même s'il défendait le renouveau des valeurs spirituelles dans l'éducation et la société, il affirmai n'avoir que peu de sympathie pour la piété de la plupart de ses membres. Il se sentait plus attiré, personnellement, par la revue culturelle *Esprit* que par les diverses branches de l'Action Catholique.

Fondée en 1932 dans l'esprit qui avait poussé des laïcs comme Legaut à entrer dans le débat public en tant que chrétiens indépendants, *Esprit* était tout à la fois une source de fierté et d'embarras pour la hiérarchie de l'Eglise. Au départ, ce fut une revue intellectuelle de haut niveau, très bien acceptée, comme elle l'est restée aujourd'hui ; pourtant, ses positions politiques et économiques s'avéraient beaucoup trop radicales pour que l'Eglise pût les soutenir. Sous la direction de son fondateur, Emmanuel Mounier, la revue devint bientôt la conscience libérale du catholicisme français ; elle lutta, dans son champ propre, pour donner un exemple de la culture intégrée qu'elle défendait.

Le format de chaque numéro permettait que coexistent, côte à côte, plusieurs longs articles de fond, de politique, littérature ou philosophie ; on y trouvait des commentaires sur les évènements politiques ou culturels les plus marquants, y compris dans le domaine des arts ; plus un résumé de tables-rondes hebdomadaires que tenaient tous les membres de la rédaction ; on y débattait vivement sur tous les sujets. Bazin se sentait attiré par tous les champs couverts dans *Esprit* (art, politique, philosophie, théologie, économie). Mais surtout, il appréciait l'approche globale de la revue.

La largeur de vue et l'élégance de style de l'un des collaborateurs d'*Esprit*, Roger Leenhardt, plut tout particulièrement à Bazin. Leenhardt, jeune homme enthousiaste originaire de Montpellier, commentait tous les mois dans *Esprit* les évènements politiques ; il n'avait pas obtenu ce poste à cause de quelque intelligence particulière des sciences politiques, mais parce qu'il travaillait au Ministère de l'Intérieur, et y avait appris à voir clair dans ce domaine. En 1934, Leenhardt commença à écrire régulièrement et sérieusement sur le cinéma. Deux intellectuels chrétiens, également passionnés du septième art, le rejoignirent bientôt : Maurice Jaubert et Valéry Jahier[25]. Ces trois hommes publièrent à eux seuls les critiques les plus originales et les plus avancées de la décennie. Les premières réflexions sérieuses de Bazin sur le cinéma vinrent directement de ses réactions aux critiques mensuelles publiées dans *Esprit*. En 1938-39, Bazin n'avait qu'un intérêt modéré pour le cinéma, aussi lisait-il les articles de Leenhardt d'abord parce qu'ils étaient imprimés dans sa revue favorite. Leenhardt resta pourtant le seul modèle de critique cinématographique à quoi il pût se référer. Bazin considérait Leenhardt, ainsi que Louis Delluc et Germaine Dulac, *comme l'un des rares* [critiques] *qui... ont fait que le cinéma français ait une conscience.* »[26]

Les écrits de Leenhardt dans *Esprit* formèrent le noyau originel des théories que Bazin allait développer dix ans plus tard. Dans ses critiques et ses écrits « occasionnels » sur le cinéma, Leenhardt fait montre de la même tendance réaliste qui allait plus tard être l'apanage de Bazin. Sa plus grande contribution à la théorie du film fut un essai en cinq parties intitulé *La Petite école du spectateur*[27]. Dans ce texte, Leenhardt cherche à abolir la distance qui sépare les producteurs du public en démystifiant la technologie du film, espérant qu'une fois perdu le respect craintif du médium et de ses productions, le profane exigerait des films nouveaux faits avec conscience. Leenhardt lui-même proférait déjà de telles exigences. Contrairement à la plupart des autres intellectuels français, il voyait dans le développement du son un gain majeur dans l'histoire du septième art ; le procédé mettait en effet en valeur plutôt le sujet filmé que la qualité de l'image. Leenhardt méprisait les techniques ostentatoires. Il attaqua Eisenstein comme étant un « *grand rhétoricien du cinéma* », et insista sur le fait que la photographie n'avait pas pour but la manipulation rhétorique, mais la « *transcription de la réalité* » et l'obligation d'un sujet digne d'intérêt.[28]

Leenhardt n'était pas le premier théoricien à insister sur la proximité du cinéma à la réalité, mais avant Bazin, il fut incontestablement le plus subtil d'entre eux. Vers la fin de cette *Petite école*, il remet directement en question la relation du cinéma à l'art, d'une manière qui anticipe parfaitement les théories dont Bazin allait bientôt se faire le chantre.

« *L'objectif livre au cinéaste une matière brute. Que le sujet soit là aussi imaginaire, qu'on ait tourné des acteurs n'y change rien. Ceux-ci doivent d'ailleurs jouer de la façon la plus naturaliste, car la puissance de la réalité que dégage l'écran est telle que la moindre stylisation détonerait.*

Et le rôle propre de la mise en scène, de la "réalisation", sera de donner l'impression que ce n'est pas mis en scène. Non la recherche, par le jeu ou le décor, d'une "signification", mais un simple travail de "rendu". Non une volonté artistique d'expression, mais un effort technique de description. A cause même de ce réalisme primordial, ce n'est pas dans le matériau cinématographique, si je puis dire, que peut être l'art, mais seulement dans l'assemblage, le rapprochement, l'ellipse. »[29]

Leenhardt soulève ici un problème de toute première importance : à savoir que le cinéma n'atteint toute sa signification qu'en s'adaptant aux choses telles qu'elles sont et non en tendant à devenir un art. Nous ne devons pas « signifier » à travers le cinéma (c'est de la rhétorique, le mode de notre discours et de l'art conventionnel) ; nous devons au contraire « rendre ». Leenhardt insiste sur l'humilité du metteur en scène, qui ne devrait pas être l'enseignant des hommes, mais l'élève de l'univers, par le biais du cinéma. Quand Leenhardt affirme que la figure centrale du cinéma est l'ellipse et non la métaphore, il met l'accent sur le fait que le cinéma n'est pas un système symbolique où l'on substituerait un ensemble de signes à un autre (comme le croit l'esthétique classique du cinéma), mais une vision toujours partielle d'une signification qui tente d'apparaître à travers elle.

Si Leenhardt devint un modèle pour Bazin, ce ne fut pas tant à cause de ses positions sur le cinéma, que parce que sa vision du cinéma dérivait d'une véritable vision du monde. Et de fait, l'article le plus long que Leenhardt écrivit pour *Esprit* fut un essai purement philosophique, dans lequel il attaquait l'étroitesse d'esprit et l'orthodoxie religieuse de Maritain[30]. Leenhardt voulait qu'*Esprit* renonçât à son orientation chrétienne et jetât les bases d'un agnosticisme qui, affirmait-il, était le meilleur fondement possible du personnalisme, dans la mesure où son unique but est la révolution de l'esprit humain et qu'il caractérise le monde comme « mystérieux » et plein de « risques ». Il suggérait, pour avoir une action créative ici-bas, que l'on ne se sente pas un simple personnage d'un roman écrit par Dieu ; on devait au contraire se chercher par une humilité constructive envers le mystère de l'être. Les critiques de film de Leenhardt englobent ses croyances sur la vie. S'il attaque le cinéma rhétorique, c'est parce qu'il conçoit l'homme comme un être en quête et non proclamatif. S'il défend l'ellipse contre la métaphore, c'est parce qu'il conçoit le monde comme mystérieux, jamais pleinement donné. Il condamne le cinéma de son temps, parce qu'il refuse de prendre des risques dans son exploration de la condition de l'homme et de la nature.

La proximité de l'œuvre critique de Bazin et de la vision de Leenhardt est surprenante. Par exemple, si nous faisons la liste des réalisateurs que Bazin a admirés, nous découvrons que nous sommes entrés dans le monde personnaliste de Leenhardt. Orson Welles exprimait le mystère du cosmos ; Rossellini prêche la révolution personnelle par l'auto-effacement ; et Jean Renoir, réalisateur humaniste par excellence, observe avec affection les interactions de l'homme avec l'homme et celles de la société avec la nature. En écrivant sur ces réalisateurs, Bazin reprit la position du Leenhardt critique d'*Esprit*, apportant à l'étude du cinéma la philosophie personnaliste ou, plus exactement, lui apportant la pensée d'Emmanuel Mounier, le prolifique porte-parole du mouvement personnaliste, fondateur et rédacteur en chef d'*Esprit*, la plus grande influence sur la vision du monde d'André Bazin.

Mounier reçut une éducation dans la tradition de Bergson et Blondel, tradition qui se méfie de la métaphysique abstraite, et compte sur l'action humaine pour définir le monde dans son mouvement. Mounier soutint toujours que le personnalisme n'était pas un système mais une perspective et une méthode. C'est une aptitude qui situe l'homme entre les deux tendances opposées de la philosophie : la systématisation et le solipsisme. Contrairement aux schémas grandioses d'Hegel, Marx ou Saint-Thomas, le personnalisme réclame pour l'homme plus de liberté et plus d'action.

Mounier ne combat pas la métaphysique par des arguments — ceux-ci tomberaient dans le piège de la philosophie traditionnelle. En revanche, il s'attaque à toute pensée abstraite systématique. La métaphysique, dit-il, édulcore la nature de tout son mystère, de toute spontanéité, la réduisant à la terne réalisation de quelque idée prédéterminée. De plus, elle fait de l'homme un objet, un pion dans un plan d'ensemble, lui déniant ainsi toute liberté et le définissant de manière absolue : « *Devant cette Raison impersonnelle, la personne se réduit à un point de vue limité, destiné à disparaître. Ces philosophies sont émouvantes et fécondes par leur passion d'universalité... mais l'universalité qu'elles poursuivent n'est pas l'universalité d'un monde de personnes...* »[31]

Les existentialistes se sont, depuis Pascal, opposés aux systèmes ; certains ont tellement combattu une telle auto-définition qu'ils ont fini par s'isoler dans le silence. Mais Pascal, Kierkegaard, Nietzsche, Heidegger et le jeune Sartre payèrent leur liberté du prix de leur espérance. Ils rejetèrent à tel point les possibilités qu'offre la nature à autrui que les plus religieux d'entre eux invoquaient une lueur surnaturelle pour faire éternellement triompher leur négation héroïque des choses. Alors que les existentialistes athées contemporains proclamaient leur triomphe, non seulement malgré le nihilisme, mais au nom même du nihilisme.

Mounier considérait comme exagérées ces réactions héroïques à la schématisation. Le pessimisme et le solipsisme lui semblaient pareillement romantiques, qui faisaient à leur manière injustice à la situation dans laquelle nous nous trouvons tous, en remplaçant la lumière éternelle des schématistes par des ténèbres éternelles. Pour Mounier, ces deux réponses au monde sont également présomptueuses, car toutes deux se précipitent sur des conclusions qui ont trait à la nature finale des choses. En refusant d'aboutir à de telles conclusions, le personnalisme veut rester fidèle aux ambiguïtés et aux espoirs confus de la vie. Le personnalisme, parce qu'il refuse nettement toute position métaphysique, devient une sorte de programme éthique par quoi les êtres peuvent pleinement réaliser leur humanité dans le contexte d'un monde indéfini et mystérieux. L'action est nécessaire, parce que l'homme se la doit à lui-même et au monde qu'il construit avec les matériaux qu'il trouve à sa portée ; il ne scrute les ténèbres qu'avec les seules lumières qu'il peut rassembler et diriger.

Bazin se sentit concerné par l'appel de Mounier à une action constructive en réponse à un univers obscur et apparemment insensé ; il allait finir par transcrire cet appel en termes de cinéma, la caméra devenant le fanal avec lequel le réalisateur scrute les ténèbres, espérant y trouver une étincelle de sens. Le vrai réalisateur, selon Bazin, ne trouve la pleine mesure de sa puissance qu'à travers le « style » qui, comme la personne, n'est pas chose à être exprimée, mais une orientation intérieure qui permet une quête.

De toutes les idées personnalistes qu'adopta Bazin, aucune n'a eu plus d'importance dans sa théorie du cinéma que celle d'« orientation propre ». Quand un réalisateur a trouvé son orientation, il a atteint son style. Le style lui garantit une stabilité dans la méthode. Le style n'est pas donné ; c'est un stade qu'on atteint, une conscience de soi qui se gagne, comme se gagne le calme intérieur après une retraite temporaire du monde. Pourtant, le style, comme le moi intime dont parle Mounier, ne trouve son existence que dans l'immersion dans l'activité. Il peut se développer et se clarifier dans la retraite, mais ce sera « pour le monde » et non « pour soi-même ». Le style et la conscience sont des puissances mystérieuses qui (un peu comme la lumière), bien que littéralement insubstantielles, sont capables de révéler et de transformer la substance du monde. Pour Mounier et Bazin, comme pour Sartre, l'homme n'épuise ni ne discrédite la nature ; il s'adapte à elle, la maîtrise, l'humanise. *« L'homme s'appuie sur la nature pour la vaincre, comme l'aéroplane s'appuie sur l'air pour s'envoler. »*[32]

Mais dans cette fin d'avant-guerre, Bazin n'avait pas encore commencé à penser aux ramifications du personnalisme qui lui permettraient de construire une théorie du cinéma. Il trouvait les idées de Mounier fascinantes en elles-mêmes, parce qu'elles récapitulaient d'une manière brillante cette tradition que nous avons définie comme bergsonienne, et parce qu'elles mettaient cette tradition au service d'une régénération personnelle et politique. Dans l'atmosphère de dissolution morale qui précéda la chute de la société française dans le nazisme, la largeur de vue et la fermeté d'esprit de Mounier convainquirent complètement Bazin, comme beaucoup de jeunes intellectuels.

Bazin en vint à écrire des lettres de critiques ou de commentaires à *Esprit*, lettres auxquelles Mounier répondait toujours. Finalement, Bazin fut encouragé à lancer un « groupe *Esprit* », pour discuter et populariser les idées de la revue. Un certain nombre de ces groupes étaient nés, parmi lesquels les membres de la rédaction circulaient régulièrement pour faire de petites conférences ou répondre à des questions. Au printemps 1939, Bazin invita Mounier en personne à un rassemblement dans un café de la forêt de Saint-Cloud. Ce fut la première de toute une série de rencontres, et Mounier y justifia le soutien que lui apportait Bazin, comme celui de milliers d'autres, par l'énergie et la clarté de ses convictions. Si Bazin avait toujours eu une fierté personnelle telle qu'il ne devint jamais vraiment l'esclave de la pensée d'un autre, Roger Leenhardt pense qu'*« avec Mounier, ce fut différent. Ce fut la rencontre et la fusion de deux fortes personnalités ; mais comme toujours, ce fut Mounier le plus fort. »*[33]

La fidélité de Bazin envers *Esprit* ne se démentit jamais, même après la mort de Mounier en 1949. *Esprit* lui donnait le parfait contexte — théologique, philosophique, politique et esthétique — pour tout ce qu'il avait décidé d'entreprendre. Quand il se préparait à devenir professeur, il se battit pour la réforme de l'enseignement dans le « groupe *Esprit* » qu'il dirigeait. Quand il devint ensuite critique de cinéma, ce fut avec le soutien d'*Esprit* qu'il porta ses jugements. Il n'est donc pas étonnant qu'il ait réservé ses meilleurs articles à cette revue.

1 — Mme Aimé Bazin, interview avec l'auteur, Nice, mai 1974.
2 — Janine Bazin, interview avec l'auteur, Nogent-sur-Marne, novembre 1973.
3 — Claude Roy, « Il rendit heureux », *Cahiers du cinéma* n° 91 (janvier 1959) : p. 18.
4 — I.W. Alexander, *Bergson, Philosopher of Reflection* (London, Bowes and Bowes, 1957), p. 16.
5 — In *Le Cinéma et les autres arts, Qu'est-ce que le cinéma ?* vol. 2, pp. 133-42. Nouvelle éd. pp. 193-202.
6 — Voir l'article « Charlot et le temps » dans *Qu'est-ce que le cinéma ?* vol. 1, pp. 101-102 et *Charlie Chaplin* p. 16.
7 — Henri Bergson, *Le Rire.*
8 — André Bazin, « Ontologie de l'image photographique », in *Qu'est-ce que le cinéma ?* vol. 1 pp. 11-19. Nlle éd. pp. 9-17.
9 — André Bazin, « Théâtre et cinéma, 1ie partie », in *Qu'est-ce que le cinéma ?* vol. 2, pp. 69-89. Nouvelle édition pp. 129-149.
10 — Angelo Bertocci, *Charles Du Bos and English Literature : A Critic and his Orientation* (New York, King's Crown Press, 1949).
11 — Albert Beguin, « Lettres de Benarès », *Cahiers du cinéma*, n° 10 (mars 1952), pp. 47-48.
12 — Béguin, « Bernanos au cinéma », *Esprit*, février 1951, pp. 248-52.
13 — Béguin, *L'Ame romantique et le rêve ; essai sur le romantisme allemand et la poésie française* (Paris, Corti, 1939).
14 — Béguin, *Gérard de Nerval,* suivi de *Poésie et mystique* (Paris, Stock, 1937) p. 102.
15 — Sarah Lawall, *Critics of Consciousness* (Cambridge : Harvard University Press, 1958).
16 — Béguin, *L'Eve de Péguy* (Paris, Labergerie, 1948).
17 — Jacques Maritain, *Rouault* (New York, Abrams, 1954 ; réimprimé en 1969).
18 — On trouve un écho à la pensée de Jacques Maritain dans des passages tels que ceux-ci, extraits de l'essai de Bazin « *Le Journal d'un curé de campagne* et la stylistique de Robert Bresson » in *Qu'est-ce que le cinéma ?* vol. 2, pp. 42 et 44 : « *Comme Dreyer, Bresson s'est naturellement attaché aux qualités les plus charnelles du visage qui, dans la mesure même où il ne joue point, n'est que l'empreinte privilégiée de l'être, la trace la plus lisible de l'âme... ce n'est pas à une psychologie, mais plutôt à une physiognomonie existentielle qu'il nous convie...*
...Ainsi, pour la première fois sans doute, le cinéma nous offre non point seulement un film dont les seuls événements véritables, les seuls mouvements sensibles sont ceux de la vie intérieure, mais, plus encore, une dramaturgie nouvelle, spécifiquement religieuse, mieux, théologique : une phénoménologie du salut et de la grâce... nous avons le visage de l'interprète débarrassé de toute symbolique expressive, réduit à l'épiderme, entouré d'une nature sans artifice. »
19 — Henry Daniel-Rops, *Péguy et la vraie France* (Montréal, Editions Serge, 1944).
20 — Marcel Legaut, *La Condition chrétienne* (Paris, Grasset, 1937) et *La Communauté humaine : essai de spiritualité sociale* (Paris, Aubier, 1938).
21 — D'après une note biographique à un article de Marcel Legaut, « A Glimpse at Tomorrow's Church », *Cross Currents*, n°1 (printemps 1973).
22 — Lettre d'André Bazin à Guy Leger, La Rochelle, 6 octobre 1940.
23 — Lettre de Bazin à Leger, Saint-Cloud, 14 mars 1942.
24 — Idem.

25 — Les nazis mirent un terme à l'avenir brillant qui attendait ces deux hommes. Jahier, qui venait de fuir l'Italie fasciste pour se réfugier en France, se suicida à la veille de l'invasion nazie. Jaubert, qui était capitaine dans l'armée française, fut tué d'une balle dans la tête quelques heures avant l'armistice. Pour commémorer sa mort, cinq ans plus tard, Bazin écrivit un de ses premiers essais à être publié, « Maurice Jaubert et le cinéma français » : « *Il est de cette même race d'artistes, si rares, dont l'œuvre, jusque dans ses formes les plus objectives, reste toujours l'expression de la vie spirituelle profonde.* » Cet essai a été repris dans *Le Cinéma de l'occupation et de la résistance*, rassemblé et préfacé par François Truffaut (Paris, Union Générale d'Editions, 1975) pp. 136-40. On entend les musiques de Jaubert dans les films de Jean Vigo et de Marcel Carné ; plus près de nous, Truffaut utilisa sa musique dans *Adèle H.*

26 — Bazin, *Cinéma et sociologie*, vol. 3 de *Qu'est-ce que le cinéma ?* p. 35. Nlle éd., p. 209.

27 — Roger Leenhardt écrivit personnellement quatre des cinq parties de *La Petite école du spectateur* : l'introduction générale de la série, « Où l'on ouvre l'école du spectateur », « Le rythme cinématographique » (janvier 1936) : pp. 627-32 ; « La Photo », *Esprit*, mars 1936, pp. 977-79 ; « La prise de vues », *Esprit*, mai 1936, pp. 254-56. Maurice Jaubert termina la série avec son article « La Musique », *Esprit*, avril 1936 : pp. 114-19.

28 — Leenhardt, « Films russes », *Esprit*, septembre 1935, p. 818.

29 — Leenhardt, « Le rythme cinématographique », pp. 631-32.

30 — Leenhardt, « Une mesure humaine de la personne », *Esprit*, octobre 1935, p. 71-87. Cet article figurait aux côtés de deux contributions de Maritain dans le même numéro, « Le sens de l'athéisme marxiste », pp. 89-101, et « Deux chances historiques d'une nouvelle chrétienté », pp. 101-117.

31 — Emmanuel Mounier, *Le Personnalisme*, Paris, Que sais-je ?

32 — Idem.

33 — Roger Leenhardt, interview avec l'auteur, Paris, mars 1974.

André Bazin (au premier rang, au milieu) au Lycée Jean-Baptiste Say en 1944.

II. LES ANNEES DE GUERRE

Bazin grandit sous l'influence de maints penseurs, mais Mounier et Legaut furent les seuls qu'il assimila complètement. C'est d'une façon très significative qu'il vint à eux dans sa vingt et unième année. Ce fut avec eux qu'il commença, par des groupes d'études, des lettres et des conférences, à prendre une part active à la culture de son pays. Est-ce que Bazin aurait pu connaître l'influence d'autres maîtres à penser ? Nous ne le saurons jamais, car il se retrouva, comme la plupart des jeunes Français dans cette deuxième moitié de l'année 1939, en train de faire son paquetage pour rejoindre son régiment. Ses années de formation furent donc interrompues brusquement. Et ce fut tout aussi brusquement que furent réduits à peu de choses la discipline et l'espoir qu'il avait lutté pour acquérir. Dans la caserne de Xaintrailles à Bordeaux, non loin de la maison de La Rochelle, il assista à la lente chute de son moral et de celui du pays, comme si tout le monde prévoyait la débâcle à venir. C'était la *drôle de guerre*, et pour la première fois, Bazin fut aux prises avec un étouffant malaise intellectuel.

Bazin fut désespéré quand il constata qu'il avait cessé de lire et que les idées qui avaient tant compté pour lui quelques mois auparavant n'avaient pas leur place dans les sombres couloirs de Xaintrailles. Les visages qu'il croisait quotidiennement, les discussions qui se tenaient à la caserne, tout lui était étranger. Puis un jour, en passant devant un jeune conscrit, il remarqua que celui-ci portait le sigle de la J.E.C. accroché à son revers. Bazin, très timide d'ordinaire, se présenta immédiatement à l'homme qui devait rester son meilleur ami, Guy Leger.

La J.E.C. était le bras étudiant de l'Action Catholique. Bien qu'inspirée des mêmes idées que celles de Legaut et Mounier, elle était plus inclinée vers le renouvellement personnel et la piété que vers l'action sociale. Pourtant, la J.E.C. apportait des perspectives intéressantes aux recherches universitaires, tant du point de vue culturel que religieux. Bazin ne se trompait pas en estimant que Leger et lui avaient beaucoup de choses en commun.

Ils lancèrent presque immédiatement leur propre groupe de discussion ; pour en élargir l'audience, ils firent appel à des intellectuels de renom qui étaient à Bordeaux à l'époque, tels que Louis Lavelle et Daniel-Rops. Bazin se sentait d'autant plus attiré par ce dernier qu'il s'intéressait de plus en plus aux techniques narratives contemporaines, et que Daniel-Rops venait de publier plusieurs romans qui avaient fait grande impression. Ils se rencontraient fréquemment en cet hiver 1939 et au printemps 1940.

Bazin et Leger, pour se distraire, allaient au cinéma à Bordeaux, bras dessus bras dessous. Leur fréquentation obsessionnelle des salles obscures n'était possible que parce que les parents de Leger possédaient une chaîne de salles de cinéma où il pouvait aller gratuitement; cette faveur s'appliquait également à « un invité »: Bazin. Après chaque séance, les deux amis discutaient pendant des heures. Leger avait vu beaucoup plus de films que Bazin; il essaya de donner à son nouvel ami le sens de l'histoire du cinéma en comparant tous les films qu'ils voyaient à ceux dont ils pouvaient se souvenir. Dans le même temps, Bazin tentait déjà de trouver un sens à cette histoire en préparant un essai sur la théorie du cinéma, d'ailleurs plus sociale qu'esthétique. A cette époque déjà, il faisait montre d'un tempérament iconoclaste qui, plus tard, ne manquerait pas d'écorcher au passage maintes vaches sacrées du septième art. Il semblait toujours préférer quelque film « mineur » de metteurs en scène comme Carné, Clair ou Renoir, y trouvant invariablement la confirmation de l'idée qu'il défendait. Il apprécia tout de suite profondément les produits hollywoodiens qu'on considérait, en ces temps, comme indignes d'estime. Bazin éprouvait son premier flux d'énergie critique, énergie qui ne le quitterait plus jusqu'à sa mort; à cette époque, dit Leger, il l'utilisait sur absolument n'importe quel film.[1] Les deux compères avaient, grâce au cinéma, transformé la *drôle de guerre* en un des chapitres les plus heureux et les plus créatifs de leur vie ; mais l'invasion allemande mit un terme à tout cela.

En mai 1940, les deux amis furent séparés, quand Leger réussit et Bazin échoua à un examen d'entrée dans une école d'officiers.

Leger fut dirigé sur l'Ecole Militaire d'Administration de Vincennes repliée à Bourguenais, tandis que Bazin fut envoyé dans la garnison de Pau. Il écrivit à Leger qu'il se sentait coupable d'être si loin du front, mais avouait que ce désir de sacrifice de soi n'était pas entièrement patriotique. Il lui venait, disait-il, d'un sentiment massif d'inutilité. Son inactivité, une légère maladie et l'effondrement rapide du front plongèrent Bazin dans un état dépressif aigu dont même la religion ne put le sortir. Il fut forcé de confesser à son ami, très pratiquant, qu'il était même dans l'impossibilité de prier. L'afflux de réfugiés belges et de français du Nord au début du mois de juin aggrava encore son sentiment d'inutilité. Chaque jour apportait son lot d'incroyables nouvelles sur la rapidité de l'avance allemande.

Bazin, désespéré, demanda de l'aide à un psychiatre. Ce fut une rencontre importante, puisque son échec laissa à Bazin une méfiance qui ne se démentirait jamais envers la psychologie comme voie vers la santé et la vérité. Quand on lui dit d'éviter les livres déprimants, il rit. « *Cet éminent psychiatre te demande de renoncer aux lectures jugées déprimantes (pratiquement la littérature moderne) comme il te demanderait de cesser de fumer. Au fond, cet homme très intelligent est obtus. Il ne voit lui, du coup, que le côté psychologique. Je rêve d'un directeur de conscience qui serait un prêtre intelligent, courageux, cultivé, docteur et un peu psychiatre.* »[2] Pendant ce temps, sa maladie empira et le service postal s'effondra, exacerbant ce qui était pour lui le côté le plus intolérable de cette époque — le sentiment d'isolement moral.

La victoire allemande totale eut pour effet sa démobilisation dans la mi-été 1940 ; la crise de culpabilité de Bazin cessa car il put de nouveau mettre son intelligence aiguë à l'abri de ses troubles intérieurs et du nouveau régime qui venait de s'établir sans vergogne à Paris et à Vichy. Les lettres de Bazin à Leger décrivent la duplicité et l'hypocrisie patente des quelques institutions culturelles qui restaient en France. Sa colère était avant tout dirigée vers la presse et le clergé qui, tous deux, ne parlaient que d'« accommodements ». Mais son analyse allait plus loin, car il ne les considérait que comme de simples pions du vrai ennemi, cette démocratie bouffie d'orgueil et ce capitalisme rapace qui ne s'étaient pas contentés d'affaiblir le pays et de le plonger dans la défaite, mais qui mendiaient à présent des strapontins dans le nouveau régime. Bazin n'était à La Rochelle que depuis une quinzaine de jours qu'il refaisait fonctionner un « groupe *Esprit* » ; cette fois, il comprenait un pasteur protestant et le révolutionnaire Abbé Barbot. Ils tentèrent tous

ensemble de rassembler des gens pour comprendre le désastre politique, philosophique et moral qui venait d'écraser leur pays et que
tout un chacun paraissait accepter avec une dégoûtante mollesse.

Leur petit groupe se renforça quand l'un des rédacteurs d'*Esprit*, le critique dramatique Pierre-Aimé Touchard, vint se réfugier
dans un endroit proche de La Rochelle, durant l'exode qui vit, cet
été-là, les intellectuels parisiens s'installer dans le sud du pays. Bazin
venait souvent à bicyclette se réfugier près de lui. Touchard se souvient des conversations qu'ils avaient, tandis qu'ils fauchaient
l'herbe pour nourrir les lapins ; elles s'écartaient progressivement de
la politique pour se concentrer sur leur passion commune, la littérature.[3] Touchard pensait que Bazin devrait se mettre à écrire des
romans, doué qu'il était pour les amples descriptions et comprenant
de façon si subtile les théories littéraires. Mais Bazin savait qu'il
manquait du don de fabulation. Il voulait en revanche approfondir
sa capacité de comprendre et d'exprimer les subtilités de l'art et de
la culture. Cela le contraignait à parfaire une éducation philosophique que Saint-Cloud avait un peu négligée. Touchard s'irritait
du vocabulaire prétentieux de Bazin et de son insistance à n'utiliser
les termes que dans leur sens précisément étymologique. Tout se
passait comme s'il s'était préparé à une mission.

Au début du mois de novembre, Bazin reprit le cours de ses
études dans ce qu'il restait de l'Ecole Normale de Saint-Cloud. Les
Allemands avaient déjà commencé à renvoyer certains professeurs.
Puis, le 9 novembre, un « incendie mystérieux » détruisit plus de la
moitié de la bibliothèque de Saint-Cloud. Bazin, au milieu de tous
ces désastres, devait en outre vivre dans un lycée où, à part le
moment du couvre-feu, son emploi du temps était réglé à la minute.
Les Allemands qui logeaient à Saint-Cloud avaient envahi les cafés,
les salles de réunions et la plupart des chambres des étudiants. Ils
avaient également confisqué les notes et les livres de Bazin. Mais le
pire fut que, par des pressions officielles et officieuses, ils empêchèrent que se reconstituent les groupes Legaut et *Esprit*.

Bazin avait toujours considéré que le système éducatif français
était inefficace, et l'Occupation ne fit que renforcer sa colère. Il
voyait dans l'enseignement en France une institution débilitante et
gaspilleuse d'énergie qui ne récompensait que l'adhésion aveugle à
la bureaucratie et à la « tradition ». Ceux qui réussissaient à Saint-
Cloud et qui devenaient les grands professeurs et les grands commis
de l'Etat n'étaient, disait Bazin, que les candidats les plus ternes, des
hommes qui n'avaient jamais remis en question l'autorité de leurs

supérieurs et dont le seul but était de « réussir dans le système ». Les changements qu'effectuèrent les Allemands institutionnalisèrent la pourriture que Bazin avait toujours perçue. Aussi fuyait-il souvent Saint-Cloud pour trouver un refuge dans tous les groupes un peu périphériques qu'il parvenait à découvrir dans la région parisienne. Mais Paris était une ville décimée. Legaut était parti pour travailler tranquillement en Suisse. Mounier avait été contraint d'installer *Esprit* dans la zone dite « libre » où on lui dit qu'on tolérerait sa revue dans certaines limites (permission qui ne dura que le temps de six numéros et qui se termina par l'emprisonnement de Mounier). Bazin fut forcé de se rabattre sur la J.E.C., à laquelle appartenait Leger avant la guerre et que les Allemands toléraient, sans doute parce que l'estimant politiquement peu dangereuse. Bazin écrivit à Leger une longue lettre détaillée sur le mouvement, où il exprimait sa déception devant son absence de but. La Jeunesse Etudiante était, selon lui, consciemment bigote et plus interessée par le « style » de l'« intellectuel catholique chic » que par ce qui pouvait avoir de l'importance. Bazin avait soif de discipline, de force, de passion et de préoccupations sociales. Il avait, selon son expression, « *besoin de Legaut* ». Il n'était plus honteux de son manque de foi et confessait qu'il n'avait jamais connu le luxe de « *ce sens de la grâce, "ce mystérieux protagoniste" que je n'ai jamais remarqué en moi.* »

Bazin rencontra, dans une réunion de la J.E.C., le Père Maydieu, prêtre dominicain dont l'esprit aigu et la force personnelle l'impressionnèrent. Maydieu avait fait partie de la rédaction d'une importante revue, *La Vie intellectuelle*, que les nazis avaient interdite en 1940. Lors de leur rencontre, il tentait d'en maintenir la tradition et il demanda à Bazin de l'aider à combattre les effets de la propagande vichyssoise. Maydieu ne s'intéressait pas seulement à la propagation de l'esprit de résistance, mais à stimuler un discours intellectuel engagé en cette période sombre et silencieuse. Les seules revues qui paraissaient à Paris étaient celles qu'autorisaient les Allemands, ce qui les rendait, de fait, littéralement illisibles. Maydieu renforça la conviction que Bazin eut toute sa vie : une pensée disciplinée et passionnée menait inévitablement à l'action moralement correcte et à la « vie bonne ». Et effectivement, les nazis avaient supprimé une telle pensée, ou alors l'avaient rendue invisible ; c'est ce qui poussa Maydieu, Bazin et quelques autres à former un « groupe Legaut » pour démontrer que cet état d'esprit survivait malgré tout.

Le premier mouvement de Bazin fut, avec l'aide de Maydieu, de créer un bulletin qui faisait état de la vie culturelle et artistique de Paris pour ceux qui vivaient dans la France de Vichy. Tout le monde savait qu'à cause de la peur qu'avait Pétain d'irriter les Allemands, la répression intellectuelle dans la zone non-occupée dépassait de beaucoup ce qui pouvait avoir lieu à Paris. Bazin espérait inciter les intellectuels qui avaient fui les nazis à revenir à Paris ou à organiser au moins des activités productives dans le midi.

On abandonna ce plan idéaliste pour des raisons pratiques, ce qui apprit beaucoup à Bazin sur l'édition. Il regardait les rédacteurs de *Temps Nouveaux*, grand mensuel catholique qui s'honorait de la participation d'hommes tels que François Mauriac, Daniel-Rops et Georges Hourdin, faire revivre leur revue sous le nom de *Temps Présents*. Ils échappaient à la censure nazie en sortant de façon irrégulière, sans sanction officielle. Maydieu, Bazin et leur groupe Legaut avaient prévu de faire revivre *La Vie intellectuelle* en usant des mêmes procédés. Pendant l'hiver et le printemps 1941, ils rassemblèrent la matière des premiers numéros d'un magazine qu'ils nommèrent *Rencontres*. Ces numéros devaient avoir pour thèmes successifs la vie spirituelle, la vie culturelle et les fondements techniques de la vie sociale.

Bazin fut nommé rédacteur en chef du troisième numéro qui devait être consacré à la réforme de l'enseignement. C'est dans ce petit périodique de la Résistance qu'il devait publier le premier des centaines d'articles qui allaient jalonner sa carrière, mais le plaisir d'être enfin publié fut atténué par l'obligation de signer André Brassich, pour se protéger des conséquences de l'article, particulièrement à Saint-Cloud. Ses craintes étaient sans doute fondées, puisqu'il se livrait, dans l'article, à une attaque en règle contre le type d'éducation qu'on prodiguait à l'Ecole Normale. Mais l'article allait plus loin, trahissant le respect sans borne qu'avait Bazin pour la vie et le travail de l'enseignant. En hommage à Charles Péguy, il cite l'hymne paradoxal que celui-ci entonna en l'honneur de l'enseignant comme garant et destructeur à la fois de la tradition, comme défenseur de la société et révolutionnaire le plus implacable de ladite société. Si Saint-Cloud fonctionnait convenablement, affirme Bazin, chaque enseignant devrait revenir dans sa ville natale pour partager le savoir culturel qui donne le sens de l'identité et de la continuité à une communauté humaine. Mais il devrait également revenir pour exiger des changements de cette identité, afin que la communauté puisse se débarrasser de l'aveugle servitude de l'habitude et se mouvoir avec intelligence vers l'avenir. Bazin appellait les professeurs à être des experts dans tous les champs, car ce n'est que par la diversité des intérêts qu'on peut se protéger de l'adhésion dogmatique ou du rejet du passé. Le bon professeur, continuait-il, doit être préparé au labeur morne et sans récompense qui peut souvent le détacher de cette communauté qu'il tente d'améliorer.

Bazin prépara son article et l'intégralité du numéro à La Rochelle, durant la Semaine Sainte de 1941. Il décrivit cette période comme celle d'un travail très intense, accompli dans une sorte d'indifférence spirituelle. Ce travail venait de la préparation aux examens de sortie qui devaient avoir lieu en automne. L'indifférence spirituelle était due, au moins en partie, à l'isolement qu'il s'imposait quand il était loin de Paris. On peut percevoir dans ses lettres l'angoisse croissante que la peur de ces examens projetait sur sa vie, tandis qu'il se préparait à se soumettre à une logique éducative en laquelle il n'avait aucune foi. Il ne vit personne de tout l'été ; il resta même à l'écart de ses amis parisiens et de ses groupes d'étude quand il revint dans la capitale, fin septembre.

Le 3 octobre 1941, Bazin gribouilla un mot presque illisible à son ami Leger : « *Il m'est arrivé une catastrophe à laquelle je n'étais pas habitué : j'ai échoué à l'oral du professorat. Plus exactement, on me l'a refusé parce que j'avais bégayé à ma lecture expliquée.* » Malgré un écrit brillant, sa nervosité l'avait pratiquement paralysé à l'oral, alors qu'il tentait de parler de Racine et Baudelaire. Le jury, quoique partagé, fut intraitable et refusa de prendre en considération la tension bien naturelle dans ce type de circonstances ; Bazin eut toujours le soupçon que c'était son franc-parler sur Saint-Cloud qui expliquait leur attitude.

Il avait, bien entendu, la possibilité de se représenter à l'examen l'année suivante. D'ailleurs, l'échec au concours pour une première tentative est chose commune ; il s'agit un peu d'un rite d'initiation que tout le monde doit passer. Mais ce faux-pas avait de graves conséquences matérielles et psychologiques, puisqu'il signifiait la perte immédiate de sa bourse et la fin possible de son séjour à Paris. Grâce au manque de main-d'œuvre qui sévissait durant l'Occupation, Bazin réussit malgré tout à trouver un poste de pion au lycée Jean-Baptiste Say, rue d'Auteuil, dans le 16ᵉ arrondissement. Là, contraint quotidiennement de faire réviser à de riches élèves des leçons qu'il trouvait souvent absurdes, il eut le loisir de considérer l'éducation sous son jour le plus sombre. Confronté à l'humiliation de son échec et aux réalités d'un système qu'il avait toujours condamné, Bazin prit la décision de ne jamais plus se mettre à la merci de « *cette hydre de bêtise qui s'appelle "jury"* ». C'est ainsi qu'au Nouvel An 1942, Bazin renonça définitivement à la carrière à laquelle il avait cru vouer son existence. Cela ne voulait aucunement dire qu'il comptait cesser toute étude, car il était toujours inscrit à Saint-Cloud, terminant une thèse sur les aspects religieux de la poésie de Baudelaire. Mais il avait à présent l'impression d'être sur une autre voie et d'étudier pour lui-même et non pour des raisons professionnelles.

Les années 1942-1944 furent, pour Bazin, des années de crise. D'abord, sa santé s'altéra de façon notable. Il souffrait d'angines continuelles que le manque de chauffage, de nourriture et de vêtements rendait encore plus pénibles. A Paris, le marché noir s'était fermement installé et la hiérarchie naturelle des choses avait mis Bazin, petit pion sans relations, tout en bas des listes de ravitaillement. Il n'était pas non plus homme à se battre ou à mendier pour obtenir plus.

Il n'y eut pas grand-chose pour lui remonter le moral dans cette période. Son seul ami intime, Guy Leger, décida, à l'automne 1942, d'entrer chez les Dominicains. Bazin considéra son geste comme une petite trahison, car s'il respectait la spiritualité confiante et le sens moral de son ami, il ne pouvait accepter une décision qui séparait Leger de ses frères, ne serait-ce que de façon temporaire. Les lettres de Bazin sur ce sujet sont pleines d'enseignement. « *Nous travaillons pour les autres, pour trouver une preuve tangible à notre existence, parce que l'action nous met en relation avec nous-mêmes* ». Vivre de façon monacale comme Leger le propose, renoncer à la vie de l'intellect, même pour le service de Dieu, exige une croyance « *en des choses invisibles* », croyance, dit Bazin, qu'il ne pourrait jamais atteindre. On discerne nettement l'impact de Sartre quand Bazin parle du moi comme n'étant « rien ».

La vision que Bazin, isolé, avait de lui-même, s'assombrit. Il méditait de façon morbide sur sa carrière gâchée, et même après que l'humiliation du concours eut disparu, il ne ressentit pas moins le poids de son inutilité. Il s'était défini lui-même dans son travail pour les autres et à présent ce travail avait été réduit à néant. Pendant les deux années qui suivirent, Bazin lutta contre sa crise intime dans un Paris qui, lui-même, apprenait à s'accommoder de l'occupation militaire, du rationnement et de l'incertitude de l'avenir. Il ne fut capable de tenir qu'en faisant revivre cette atmosphère de camaraderie intellectuelle dans laquelle il s'était toujours senti pleinement vivant. Plus précisément, ses amis l'attirèrent une fois de plus avec sollicitude dans des conversations, des réunions et, plus tard, des organisations.

Le retour de Guy Leger à Paris eut une importance cruciale pour Bazin, car même s'il était cloîtré, on lui donnait la permission d'aller voir son ami, en raison des « problèmes spirituels » de ce dernier. Mais surtout, Pierre-Aimé Touchard, que Bazin avait perdu de vue depuis l'invasion allemande, lui proposa de se joindre à un projet de construction d'un centre culturel, la Maison des Lettres, qui mena Bazin de manière presque inévitable aux discussions et aux amitiés dont il était si avide.

La Maison des Lettres était l'avatar d'un engouement de jeunesse importé d'Allemagne. Depuis la fin des années trente en France, une centaine de groupes comme celui-là avaient pris corps. Beaucoup, et à vrai dire la plupart, étaient d'idéologie fasciste, destinés à donner une « direction » à l'énergie des jeunes gens. En 1941, le maréchal Pétain institua « Les Jeunes du Maréchal », pour que les étudiants de la zone non-occupée restent dans les limites admises et sous bonne surveillance. Les directeurs de l'éducation à la Sorbonne décidèrent de créer des groupes semblables en zone occupée ; ils créèrent ainsi quatre « maisons » de réunion et d'activités culturelles pour les lettres, les arts, les sciences et le droit. Touchard désirait vivement diriger la Maison des Lettres pour éviter l'influence fasciste. Il établit comme règle que chaque nouveau membre présentât deux autres membres plus âgés répondant de lui politiquement. Cette politique et les opinions progressistes de Touchard firent rapidement de la Maison des Lettres un nid de résistance ; beaucoup de ses membres finirent par se concentrer dans la région de Grenoble, un des principaux centres d'opposition.

Bazin compta parmi les vingt premiers membres qui durent organiser la maison. Durant les deux ans et demi qui suivirent, les chambres du 15, rue Soufflot, devinrent son refuge. Ne suivant plus officiellement de cours et écœuré par les nuits passées en dortoirs à surveiller les lycéens, Bazin passait nuits et jours à discuter à la Maison, de tout et de n'importe quoi ; il semblait toujours en savoir plus que n'importe qui. Quand le groupe faisait une balade dans Paris, il expliquait l'histoire et les principes de l'architecture urbaine, et dès qu'on arrivait en forêt, il devenait expert en botanique et en zoologie. Il n'existait pas d'aspects de l'art ou des loisirs dont il ne pût parler avec autorité.

En dépit de sa réputation d'intellectuel omnivore, Bazin commençait à se spécialiser en théorie littéraire. A la Maison, son sujet de conversation (et souvent de conférence) favori était le roman contemporain. Comme tant d'autres français de sa génération, il était conquis par le « nouveau style américain » d'Hemingway, Faulkner et surtout Dos Passos. L'importance de ces romanciers pour une théorie de la narration cinématographique devait lui servir plus tard. Dans l'espoir de composer un essai théorique sur le roman, il retrouva son ancien professeur, Daniel-Rops, dont les expérimentations romanesques l'avaient tant intrigué. Mais Daniel-Rops avait renoncé à la fiction et venait juste de terminer une étude sur le mysticisme, premier d'une série interminable de livres sur l'histoire de l'Eglise. Bazin fut énervé par la morgue et l'orgueil de Daniel-Rops et, dans le feu de la discussion sur la situation des lettres à Paris, découvrit que l'homme était un collaborateur, sinon actif, du moins en esprit. Il sortit blanc de rage et n'eut plus jamais aucun rapport avec l'être qu'il avait tant admiré.

Bazin fréquentait beaucoup les théâtres parce qu'il appréciait l'aspect social de cet art. Il ne s'intéressait que rarement à la pièce ; en fait, en vieillissant, il cessa totalement d'assister à des représentations théâtrales. Mais les méthodes utilisées pour mettre en scène les pièces classiques le fascinaient, ainsi que l'interprétation et surtout l'utilisation des éclairages et de la machinerie. Dans une lettre à Leger, il compare l'équipement primitif du petit théâtre Gaston Baty, à Montparnasse, à l'incroyable panoplie de lumières et de trucages du Théâtre Pigalle et, devançant ce qu'il allait bientôt écrire sur le cinéma, avoue qu'il préfère les dispositifs simples et directs de la petite salle, qui datent du XVIIe siècle.

Dans une autre lettre, il décrit une version moderne du *Cid* qu'il a vue jouer à la Comédie Française ; il la condamne parce que les costumes et la mise en scène avaient été actualisés, alors que la diction des vers classiques en était restée à sa forme archaïque, ce qui avait pour effet de nuire à l'équilibre dramatique de la pièce. A partir de ces remarques, comme de celles qu'il avait faites sur une adaptation scénique de *Madame Bovary,* on voit que les problèmes de transposition esthétique,et tout spécialement d'adaptation, le concernaient déjà beaucoup. Les amis qui l'accompagnaient au théâtre, au début des années quarante, témoignèrent des prémisses d'une vision esthétique qui allait bientôt dominer le cinéma.

Mais le plus souvent, Bazin accompagnait ses amis dans des formes de divertissements bien moins sérieuses. Le cirque le fascinait par ses talents si variés et ses animaux étranges ; il aimait également beaucoup les numéros de night-clubs. Un soir, il insista pour qu'un groupe d'amis l'accompagne au Lapin Agile, tout en haut de Montmartre. Personne ne prit cette proposition au sérieux : la clientèle du club était surtout composée de soldats allemands, et les numéros de cabaret qu'on y voyait étaient réputés pour leur grotesque. Mais finalement, tout le monde passa une soirée drôle et instructive, car Bazin n'arrêta pas de commenter à voix haute les riches implications esthétiques et sociologiques qu'il décelait dans les numéros chantés ou dansés les plus imbéciles. Il était minuit et demi quand le spectacle prit fin ; le dernier métro était parti depuis une demi-heure. Le groupe descendit les escaliers de Montmartre en pesant le pour et le contre quant à savoir s'il fallait rentrer chez soi ou trouver un lieu où dormir. Ils se mirent ensuite à grommeler sur leur stupidité d'avoir suivi Bazin si loin pour si peu. Quand ils cherchèrent l'objet de leurs sarcasmes, ils virent Bazin dérouler calmement un sac de couchage qu'il avait dissimulé toute la soirée et s'allonger confortablement sur les marches du Sacré-Cœur. Le reste de la petite bande attendit dans le froid le premier métro qui les ramena sur la rive gauche.

Bazin a dû cultiver, d'une certaine façon, les excentricités, comme d'autres leur aspect et leurs manières. La Maison des Lettres, comme la Sorbonne elle-même durant l'Occupation, avait l'allure d'une institution pour jeunes filles. Plus d'un million et demi de jeunes Français avaient été fait prisonnier pendant le Blitzkrieg, et plus d'un million d'autres étaient partis travailler en Allemagne ; sans compter le nombre important de ceux (bourgeois surtout) qui avaient passé la ligne de démarcation pour éviter une éventuelle conscription. Durant ces deux années, Bazin eut plusieurs petites amies à la Maison ; on raconte qu'il connaissait un certain succès. Ses compagnes s'amusaient et s'instruisaient de son indignation presque universelle contre tout. Il avait sa manière à lui de fustiger les sucreries des discours bourgeois ; il scandalisait constamment ses auditeurs avec ses goûts insolites, préférant quelque affreux logement de banlieue à la place Vendôme, attaquant sans vergogne des sommités incontestées comme Nietzsche, Gide ou Valéry. C'était une époque où l'on ne pouvait pas compter sur grand-chose et où le mot « pureté » voulait dire plus que le seul refus de collaborer : possession de soi et richesse intérieure. Pour ses amis de la Maison des Lettres, Bazin était la pureté incarnée.

En plus de la camaraderie et la chaleur humaine qu'elle apportait en ces temps difficiles, la Maison des Lettres permit à Bazin d'inaugurer sa carrière dans le cinéma. Sous la direction de Touchard, de nombreux groupes d'étude s'étaient formés : sur la musique moderne, le théâtre, Valéry (groupe que Bazin évitait), sur Malraux (auquel il assistait religieusement), etc. Un jour, Jean-Pierre Chartier épingla une note au tableau pour annoncer qu'il ouvrait un groupe d'étude du cinéma. Chartier était étudiant en philosophie à la Sorbonne ; il avait été incapable d'intéresser qui que ce soit à sa seule passion — le cinéma. Il espérait trouver un autre état d'esprit à la Maison des Lettres. En fait, il ne trouva qu'André Bazin, mais ce fut une découverte mémorable.

Il nous est difficile, aujourd'hui, de nous rendre compte du degré de mépris dans lequel on tenait le cinéma à cette époque. Il y avait bien eu une floraison de ciné-clubs à la fin des années vingt, mais quand survint l'invasion allemande, il n'y avait littéralement plus de ciné-clubs ou de revue sérieuse consacrée au septième art. Les rares revues de ce type, parues au moment de la crise économique, duraient rarement plus de deux ans. *Le Cinématographe*, lancé en 1936 par Georges Franju et Henri Langlois, en fut un malheureux exemple. Une fois inventé le cinéma parlant, la plupart des intellectuels placèrent le cinéma au-dessous du cirque dans la série des arts populaires qui ne méritaient pratiquement pas qu'on y réfléchisse. Le culte des stars et l'hégémonie hollywoodienne des années trente confortèrent cette vision. Il n'y avait aucun enseignement cinématographique à l'université. Et l'attitude snob était largement dominante à la Sorbonne.

Le degré zéro à partir duquel Bazin et Chartier fondèrent leur groupe de cinéma n'eût pu être plus absolu. Car non seulement le public cultivé refusait d'accorder une pensée au cinéma, mais les moyens de changer une telle situation n'existaient tout simplement pas. Aucun journal ou magazine ne se résolvait à ouvrir une rubrique cinéma, car toutes les revues « intelligentes » avaient été réduites au silence ou, comme *Esprit*, s'était réfugiées dans la zone sud pour gagner un peu de temps. Le milieu journalistique dans son ensemble était une jungle collaborationniste et les quelques journalistes un peu consciencieux s'y étaient soigneusement cachés. Quant aux salles de cinéma, elles furent, de toutes les institutions culturelles, les premières à subir les foudres de la censure. Le mois de décembre 1941 ne fut pas seulement la date de naissance de la Maison des Lettres, mais aussi celui où l'Amérique entra dans le second conflit mondial, ce qui entraîna la suppression de tous les films américains des écrans français. Comme pour rendre les choses encore plus difficiles, un grand nombre de Parisiens, et surtout des étudiants, se mirent à boycotter les films allemands et les salles qui les passaient. Jean-Pierre Chartier était un ardent partisan du boycott et se refusait à fréquenter la plupart des salles. Si Bazin se laissait parfois tenter par le trouble plaisir esthétique du cinéma allemand des années quarante, il lui eût été quasiment impossible de fonder un ciné-club autour de tels films, surtout dans la mesure où beaucoup de gens refusaient de les voir pour raisons politiques.

Pour faire démarrer un ciné-club, il fallait obtenir des films et des appareils de projection. En fait, la vigilance des nazis s'avéra être une aide précieuse pour la réalisation de ce projet. Le jour même de leur entrée dans Paris, ils avaient confisqué la totalité des films de la cinémathèque Kodak. Tous les collectionneurs privés de films de Paris furent immédiatement sur leurs gardes. Les marchands de caméra créèrent très vite un réseau clandestin de cinéma, puisque c'étaient eux qui avaient caché les films ou qui savaient où ils étaient. Bazin faisait la tournée des marchands à bicyclette, louant ou empruntant des films muets et des projecteurs ; il apprit vite à prendre le métro jusqu'à la Porte de Clignancourt, où le marché aux puces était devenu une appréciable annexe du marché noir. Il y cherchait inlassablement des copies qu'il passerait un soir au club de la rue Soufflot. Les projecteurs 16 mm étant alors d'invention récente, il était impossible de trouver des films dans ce format. Ce fut donc un club de cinéma muet que Bazin dirigea ; il projetait des copies lamentables en 8 mm primitif et même en 9,5, sur des appareils à perforations centrales. Malgré ces conditions et le peu de prestige du cinéma, le ciné-club de Bazin ne pouvait pas connaître l'échec, car c'était le seul endroit où l'on pouvait voir des films intéressants à Paris.

Au début, une soirée moyenne attirait une trentaine de personnes, dont cinq ou six restaient ensuite pour discuter. Bazin et Chartier décidèrent de relever le niveau et l'intérêt de ces discussions en invitant un orateur venant du monde du cinéma, tout comme les autres groupes de la Maison organisaient des conférences par des figures connues qui étaient restées à Paris. Ils pensèrent naturellement à Roger Leenhardt, dont les articles d'*Esprit* dans les années trente étaient les seuls que Bazin jugeait dignes d'une approche moderne du cinéma. Et dans la mesure où il était un des rédacteurs d'*Esprit*, il avait une conception de la culture que Bazin et Chartier désiraient populariser dans le Paris de l'Occupation. Il avait également réussi à réaliser quelques films documentaires et pouvait donc livrer à des étudiants avides d'informations des détails pratiques sur les mystères de la production cinématographique. Et surtout, il était très ami de Touchard (par *Esprit*) et ne pouvait décemment pas refuser de venir parler à la Maison des Lettres. Leenhardt étant un excellent conférencier, ses succès donnèrent une tout autre dimension à la société de cinéma et incitèrent un grand nombre d'autres orateurs à venir y parler.

En juin 1942, le ciné-club déménagea, avec le reste de la Maison, dans des locaux plus importants, rue des Ursulines. En fait, ils s'installèrent directement en face du fameux Studio des Ursulines, la petite salle d'avant-garde qui avait organisé la première des films de Buñuel, Vigo, Vertov et tant d'autres à la fin des années vingt. La salle avait longtemps possédé une librairie et restait le temple des amateurs de cinéma.[4] Le prestige de cette adresse renforça l'influence du club et aida à attirer des enthousiastes non-étudiants et des amateurs passionnés, tels Alain Resnais.

Bazin resta seul maître du ciné-club au début de 1943, quand Chartier quitta Paris pour rejoindre un maquis dans les Alpes. C'était une période dangereuse pour tout le monde. Séance après séance, on dispersait la foule compacte de la rue des Ursulines et l'on confisquait les films. Jean-Paul Sartre et Simone de Beauvoir furent plus d'une fois parmi ceux qui réussirent à s'enfuir par la porte du fond.

Même s'il était impossible d'éviter des implications politiques, Bazin ne désirait pas que son club devienne ouvertement un noyau de Résistance. Il projeta même des œuvres de G.W. Pabst et de Fritz Lang, y compris la série des *Niebelungen*, provoquant la rancœur de beaucoup de ses associés. Il refusait de sacrifier son étude et son amour du cinéma à une position politique, quel que fût son accord avec les buts de la Résistance.

L'homme qui apprécia certainement le plus l'ouverture d'esprit de Bazin envers le cinéma allemand fut Alain Resnais qui, à cette époque, étudiait avec ferveur le cinéma expressionniste. En fait, ce fut Resnais qui fit connaître les premières œuvres de Lang à Bazin, juste après avoir été présenté au club comme un jeune acteur débutant avide de participer aux discussions dont il avait entendu parler. Au début, Bazin et son club le déçurent, car ses connaissances personnelles dépassaient de loin celles de Bazin même. De plus, Resnais possédait son propre appareil de projection et, contrairement aux membres de la Maison des Lettres, avait déjà réalisé des films d'amateur. Resnais n'en continua pas moins à fréquenter le club, car il avait conscience d'avoir recontré en Bazin un critique extraordinaire. Dans l'année qui suivit, Resnais eut le plaisir de contribuer à la formation de ce critique. Il mettait son projecteur 9,5 mm sur son vélo et venait jusqu'à la rue des Ursulines, avec un Fritz Lang ou un Buster Keaton que Bazin n'avait jamais vu. Après la projection, une demi-douzaine de fanatiques s'asseyaient à une table et discutaient du film ; mais c'était surtout Bazin qui parlait. Resnais s'émerveillait de sa capacité à repenser toute sa vision du cinéma sur la base de chaque film. Bazin sautait d'une idée à l'autre ; il ne se contentait pas de parler du jeu des acteurs, du montage ou du style des éclairages, comme les critiques intelligents l'avaient déjà fait, mais du découpage et de la structuration de l'espace. Chaque film lui donnait des idées nouvelles ; il n'arrivait jamais vraiment à en voir assez.

Bazin était entré à la Maison des Lettres en ne s'intéressant pas plus au cinéma qu'à autre chose (les animaux, la littérature ou la philosophie), mais vers la fin de l'année 1943, le cinéma était devenu une passion qui ne le quitterait plus et qui marquerait tous ceux qui le rencontreraient ensuite.

La découverte du cinéma donna un but à la vie de Bazin, mais elle ne résolut nullement ses hésitations ou ses doutes. L'époque n'était pas à la paix des esprits et Bazin devait sans cesse justifier une position qui, bien que fermement anti-collaborationniste, l'empêchait de rejoindre la Résistance active, comme Chartier et plus d'un de ses amis l'avaient fait. Personne ne le lui reprocha jamais, d'ailleurs, car ses motivations, son courage et sa discipline intérieure le mettaient au-dessus de tout soupçon. Mais son incapacité à s'engager complètement dans la Résistance dut contribuer à son sentiment d'isolement. Il détesta toujours les allégeances aveugles. Même quand sa vie coïncida avec un programme politique plus large (comme lorsqu'il dirigea la section cinématographique de l'organisation de gauche *Travail et Culture*), il garda le plus souvent le silence sur les positions officielles de ce programme.

La distance de Bazin au début de cette décennie n'était pas due à une hauteur méprisante ; il ne parvenait tout simplement pas à consacrer son « existence médiocre » à quoi que ce soit. Ou à qui que ce soit. S'il se sentait marginal dans la sphère politique, dans le social il s'estimait franchement ridicule. Ce fut en 1943 qu'il devint l'inséparable compagnon de Françoise Barre-Rat, secrétaire de Touchard à la Maison des Lettres. Les nazis parvinrent à les rapprocher encore davantage, quand un membre de la Maison fut arrêté pour son travail dans la Résistance et que Françoise se rendit immédiatement au bureau de la Gestapo pour prendre de ses nouvelles. C'était un geste fou. Certain qu'elle était « surveillée », Bazin décida de la conduire à La Rochelle. Les jours tranquilles qu'ils passèrent à l'abri, dans la maison de ses parents, furent idylliques, après deux années ininterrompues dans le Paris de l'Occupation. Quand ils revinrent, tout le monde les considéra comme fiancés.

Mais Bazin était demeuré aussi secret que d'habitude ; et aussi troublé. Il n'avait qu'une confiance limitée dans ses impulsions, mais sentait pourtant en lui le besoin d'être impulsif. Il y eut une scène pénible au couvent de Leger, où Bazin avait amené l'« agnostique » Françoise, prétendûment pour faire retraite. En fait, il avait réussi à convaincre le supérieur du couvent de la convoquer dans son bureau afin que celui-ci lui demande si elle voulait épouser Bazin ; mais au beau milieu de ce mélodrame, Bazin fut pris de panique et s'enfuit, humilié, de la pièce. Bien qu'officiellement fiancé à Françoise, il avait plus de doutes que jamais sur ses vrais sentiments.

Le comportement de Bazin devenait de plus en plus fantaisiste. Pendant un temps, il fut un surréaliste fanatique, et partisan énergique de l'écriture automatique. Françoise se souvient[5] d'un long week-end dans la maison de campagne de ses parents, durant lequel Bazin passa toutes les matinées à gratter le papier comme un dément dans l'espoir de saisir le flux de son inconscient. Le soir, il scandalisait ses parents avec une belle constance par le négligé de sa tenue et sa rude façon de converser. Ils ne s'amusaient ni des idées extrémistes qu'il professait ni de son obsession pour les choses censément laides, comme les lézards, les numéros de cabaret sordides et l'architecture de banlieue. En 1943, Bazin avait définitivement acquis l'apparence et l'état d'esprit de l'artiste bohème classique.

Durant cette période, ses amis les plus intimes furent certainement Edmond et Germaine Humeau, avec qui il passait plusieurs soirs par semaine dans leur appartement du Jardin des Plantes. Humeau avait été l'un des meilleurs critiques d'*Esprit* avant son interdiction et connaissait déjà un certain succès en tant que poète. On parlait surtout de cinéma et de littérature, mais souvent Bazin dérapait sur d'autres sujets. Il se faisait du souci pour Françoise, s'estimant coupable de ne pas être prêt à se donner entièrement à elle ; sa foi aussi lui donnait des soucis, toujours parce qu'il se sentait incapable de tout donner ; il avait peur de l'avenir où il ne se voyait aucune place ; et il était écœuré de ses faiblesses, tout spécialement de son approche dilettante de la philosophie. Il s'inquiétait de n'avoir rien de profond à dire et de se rendre ridicule quand il essayait de le dire. Toutes ces anxiétés commençaient à se condenser sur le bégaiement qui l'avait empêché d'enseigner et semblait être l'écho vivant de son esprit hésitant.

Germaine Humeau finit par lui conseiller de voir un psychiatre qui avait réussi à la guérir d'un problème de diction qu'elle avait eu toute sa vie. Bazin n'eut jamais beaucoup d'espoir de voir aboutir les séances auxquelles il se soumit pendant un an ; son expérience dans l'armée l'avait braqué contre la notion même de psychanalyse. Mais il était arrivé à un point où il ne pouvait plus vraiment régler ses propres problèmes. Il est impossible de deviner ce que furent vraiment les résultats de son analyse. Il en sortit avec encore plus de mépris et de scepticisme qu'avant sur la psychiatrie et sans avoir réglé le moins du monde son défaut d'élocution. Mais durant cette courte période il mit effectivement sa vie en ordre, et acquit une certaine confiance en lui. Il rompit ses fiançailles avec Françoise sans que leur amitié eût à en pâtir. Il commença à écrire régulièrement sur le cinéma pour de petites revues et finit par adopter, en lisant beaucoup, une attitude philosophique qui lui permit de regarder sereinement toute une gamme de problèmes concernant l'art, la vie et sa nouvelle passion, le cinéma. Comme la guerre arrivait à son terme, Bazin sentit les perspectives qui s'offraient au cinéma, dans une culture nationale détruite et un environnement international nouveau. Il avait hâte de jouer son rôle dans ce renouveau politique et cinématographique, même si, comme c'est probable, il n'avait que peu conscience de la place importante qu'il y occuperait.

1. Guy Leger, interview avec l'auteur, Paris, novembre 1973.

2. Lettre de Bazin à Leger, Pau, 7 juin 1940. L'une des vingt-huit lettres que Bazin écrivit à Leger de mai 1940 à décembre 1941 ; c'est grâce à ces lettres que j'ai pu reconstituer la vie de Bazin à cette époque.

3. Pierre-Aimé Touchard, « D'*Esprit* au *Parisien Libéré* » *Cahiers du cinéma*, n° 91, janvier 1959, p. 5-9.

4. François Truffaut a rendu hommage à cette salle dans son film *Jules et Jim*.

5. Françoise Barre-Rat (aujourd'hui Mme Françoise Burgaud), interview avec l'auteur, Paris, février 1974.

III. NAISSANCE D'UN CRITIQUE

Après avoir dirigé un ciné-club pendant un an, Bazin commençait à savoir ce qu'il devait faire et comment le faire. Au printemps 1943, il écrivit à son amie Denise Buttoni qu'il voulait combiner les deux grandes passions de sa vie, l'enseignement et le cinéma, mais qu'il savait devoir inventer les modalités d'une telle fusion. Ce ne fut pas seulement un besoin singulier qui le poussa vers la carrière de critique de cinéma, mais une vision globale de la culture. Ses tout premiers articles sur le cinéma, qui datent de l'automne 1943 et qu'il considérait comme « mineurs », fixent déjà le contexte de l'œuvre de sa vie.

Dans le premier de ces articles[1], il affirme que le cinéma est l'événement le plus important dans le domaine des arts populaires et visuels depuis le déclin du mystère médiéval et l'invention de l'imprimerie. Des films comme *Les Anges du péché* de Bresson, *Les Visiteurs du soir* de Carné et *L'Eternel retour* de Cocteau, plaçaient le cinéma au premier rang des arts, par leur force et leur vitalité et ce, en dépit de la censure nazie et des restrictions. Même si les films courants étaient mauvais, disait-il, on ne pouvait pas tirer un simple trait sur le cinéma pour l'unique raison qu'un grand nombre de films vite et mal faits se déroulaient continuellement sous la lumière des projecteurs ; ce n'était jamais qu'un effet global du capitalisme, répondant de gré ou de force aux mouvements aveugles de la psychologie des masses. Bazin croyait que, pour créer un art véritablement populaire, la culture devait se libérer de la tyrannie émanant de l'élite au pouvoir, en établissant des lignes de rétroaction entre le public qui va voir les films et les réalisateurs qui les font. Le travail du critique n'est pas de créer un public (Bazin était choqué par l'élitisme d'une telle conception), mais de s'assurer que la qualité des bons films crée un public qui, à son tour, exigerait des œuvres plus riches.

Le cinéma, continuait Bazin, avait un besoin tout spécial de critiques, dans la mesure où l'homogénéité de son public réduisait tant les processus de feed-back. Au théâtre, un public fréquente la Comédie Française et un autre le Grand Guignol. La même chose existe pour la musique et, bien sûr, pour la littérature. Mais il n'y a pas de différence majeure entre ceux qui vont voir des comédies sentimentales ou des films de guerre. Le public homogène du cinéma, qui plus est, condamné aux errances du goût vulgaire et du fétichisme des stars, n'a même pas l'occasion de faire connaître son avis par sifflements ou applaudissements. Le public « prend » tout ce que les alchimistes occultes du cinéma veulent bien lui jeter en pâture. Satisfaits ou déçus, mais toujours silencieux, ils s'amassent dans les rues jusqu'à ce que vienne l'heure où ils devront faire la queue une fois de plus. Bazin utilisa l'une de ses plus brillantes et durables métaphores pour opposer le public du théâtre et celui des salles obscures :

« *On a souvent reproché au cinéma la passivité de son public tout à la fois individualiste et grégaire, on l'a opposé à la communion de la foule du théâtre devant le jeu des acteurs, foule que domine le lustre, cet objet lumineux, cristallin, circulaire et symétrique cher à Baudelaire. On ne connaît guère au cinéma que l'éclairage indirect et le long prisme de la lumière rigide — agile comète ou rayon de lune par la lucarne du projectionniste — qui ne porte en lui qu'ombre et illusions fugitives.* »[2]

Bazin aurait difficilement pu inaugurer sa vie publique avec un programme plus ambitieux. Il se vouait à la démystification du processus cinématographique et voulait donner aux amateurs la possibilité de choisir entre les types de films. La classe cultivée avait abandonné le cinéma à cause de son réalisme grossier, mais Bazin disait que c'était justement à cause de ce réalisme nouveau que le public avait besoin de protection et l'industrie de critique. Il était honteux que seuls les critiques de cinéma parussent incapables ou rétifs à parler des « procédés » qui se cachaient derrière ce réalisme, du travail que masquait l'illusion. Bazin voulait enseigner et construire, dans la tradition de Roger Leenhardt, « une petite école du spectateur ». Il voulait que celui-ci prenne conscience de l'éclairage, de la caméra, du décor, du montage, de la musique, du script, de la direction d'acteur et de la mise en scène. Mais pour Bazin, même Leenhardt n'avait pas été assez loin. Le critique doit faire davantage que de faire prendre conscience aux spectateurs des procédés techniques sur lesquels se fonde toute esthétique. Il doit également souligner les facteurs psychologiques, sociologiques et économiques qui nous ont donné le cinéma que nous connaissons et pas un autre.

Déjà en 1944, Bazin était prêt à parler de l'impureté du septième art. Alors que les critiques français de l'époque du muet (Delluc, Dulac, Gance, Epstein) parlaient de « cinéma pur », de « cinéma essentiel » ou du « cinéma comme symphonie », Bazin, théoricien de cet amalgame imparfait qu'est le film parlant, sentait qu'il était prématuré de parler du cinéma dans l'abstrait. S'il y avait des lois propres à la poésie, d'autres propres à la musique, ce n'est que parce que ces formes d'art avaient mis des siècles à se différencier et à acquérir une personnalité. Mais après tout, le cinéma n'a qu'un siècle. Son esthétique n'est qu'une mixture disparate de lois empruntées à tous les autres arts, sans parler des formes les plus basses de divertissement tels que le mélodrame, le roman de gare et le music-hall. Bazin pensait en fait que ses vrais principes résidaient moins dans l'esthétique que dans des champs tels que la psychologie de la perception et de la narration, ou dans la sociologie du mélodrame et du star-system, sans parler du point de vue économique sur l'investissement du capital et le marketing.

En 1943, Bazin avait saisi la nécessité d'un nouveau type de critique hebdomadaire qui, au lieu de simplement parler d'un film au public de manière plaisante, l'aiderait à analyser son expérience. Il avait l'optimisme de croire qu'une telle démarche aiderait les gens du métier à reconsidérer leur travail et leurs sujets. Il croyait aussi en la nécessité d'une revue entièrement consacrée à des articles sur le cinéma et capable d'analyser de façon continue et sérieuse le septième art. Il n'allait pas tarder à devenir ce nouveau type de critique hebdomadaire et, en 1951, allait lancer la revue spécialisée les *Cahiers du cinéma*. Dans ces premiers articles, le ton de Bazin est à l'impatience. Il dit sans hésitation à Denise Buttoni : « *Je suis prêt à écrire une thèse sur le cinéma ; au moins un petit livre sur l'histoire, un autre sur la technique et un troisième sur l'esthétique, avec en plus une grosse bibliographie.* »[3] En 1944, Bazin semble planer au-dessus d'un domaine d'où il a déjà éliminé tout concurrent. Il ne se contentait pas d'être simplement une autre voix, un autre commentateur de films. Il était déterminé à être quelqu'un de tout à fait nouveau, un critique au sens plein du terme.

La tâche du critique était claire pour Bazin : c'était considérer le cinéma dans ses perspectives philosophiques et psychologiques les plus larges ; maîtriser autant d'aspects que possible (économiques, politiques, sociologiques, techniques, historiques, etc.) ; cela impliquait surtout qu'on disposât d'un vocabulaire à la fois riche et précis, capable de mettre en jeu et de communiquer les subtilités de ses investigations. En 1940, Touchard avait remarqué la gaucherie du vocabulaire de Bazin et le côté prétentieux de sa quête perpétuelle du philosophique dans la vie de tous les jours. Mais en 1944, il fut heureux de pouvoir modifier ce jugement. Bazin avait tout simplement acquis la maîtrise d'un vocabulaire et d'un style de pensée dont il était certain qu'il avait grand besoin. Son discours pouvait à présent manier les paradoxes et les analogies les plus complexes, ou s'enflammer en intuitions métaphoriques, sans le moindre effort apparent.[4]

Ces prouesses stylistiques s'étaient développées sûrement en même temps que sa réflexion philosophique. Tout cela donna à Bazin ce qu'il n'avait jamais pu ressentir avant : le sentiment d'une valeur intellectuelle et de sa solidité. Il lut beaucoup pendant cette période, mais de tous les penseurs, il en fut trois qui jouèrent un rôle privilégié dans ses intérêts et ses croyances. Ces trois penseurs étaient sans nul doute les figures de proue de l'époque, des hommes qui avaient mûri leur pensée au feu du combat intellectuel : Pierre Teilhard de Chardin, André Malraux et Jean-Paul Sartre.

Dans les années quarante, le nom de Teilhard avait quelque chose de magique partout en Europe. Il avait accompli ce que Bazin et ses groupes avaient cherché à faire durant les années de St. Cloud : marier la science à la religion. Géologue et paléontologue de haute réputation d'une part, c'était également quelqu'un qui inscrivait son travail dans une perspective théologique globale.

La passion de Bazin pour Teilhard datait de St. Cloud, où le Jésuite avait fait, quelques années plus tôt, plusieurs de ses plus brillantes conférences. Ce fut d'abord la géologie qui retint l'attention du jeune Bazin, car Teilhard ne se contentait pas de connaître « la surface de la terre », il lisait dans cette figure une destinée évolutive aux proportions grandioses. La terre, disait-il, luttait continuellement pour aller au-delà d'elle-même, vers la conscience ; et la conscience luttait pour atteindre un nouveau pas de l'évolution, une « noosphère ». La vision mystique de Teilhard métamorphosait le laborieux travail quotidien de ses recherches scientifiques. Il écrivait :

« *Le monde au cours de toute ma vie, par toute ma vie, s'est peu
à peu allumé, enflammé à mes yeux, jusqu'à devenir, autour de
moi, entièrement lumineux par le dedans... un Univers devenu
ardent... un Feu : capable de tout pénétrer — et qui, peu à peu, se
répandait partout.* »[5]

Bazin aurait difficilement pu résister à un tel langage. Teilhard
lui apportait (personne ne sait à quel degré de sérieux) ses propres
points alpha et oméga. Ses théories justifiaient à la fois sa propension
à regarder la nature au microscope pour y trouver un sens, et son
espoir en la création graduelle d'une nouvelle forme de conscience.
Teilhard replaçait le personnalisme de Mounier dans le contexte de
l'infini. Il donnait un sens à la révolution culturelle et sociale, à une
quête de la communion de l'esprit et du corps, fondée sur les messages inscrits dans la terre elle-même. Le cinéma devenait donc un
outil nouveau pour observer et décrypter ces messages et pour unir
les millions d'atomes de conscience — que nous appelons public —
dans la contemplation des vérités de la nature. C'était déjà un
moyen de personnaliser l'univers, une anticipation de la noosphère
de Teilhard.

L'irrésistible combinaison de science naturelle et de personnalisme devenait encore plus fascinante quand on considérait le mystère et l'intrigue qui avaient entouré la divulgation des théories de
Teilhard. En 1939, quand Bazin commençait juste à étudier ces fascinantes hypothèses, Teilhard fut censuré par son propre ordre religieux et envoyé en exil en Chine. Pendant le second conflit mondial,
puis dans les années cinquante, l'Eglise réitéra son opposition à ses
thèses et il fut réduit au silence. De Paris, Bazin prit part activement
à une résistance en miniature, déterminée à combattre ce nouvel
obscurantisme. On pouvait le voir dans les rues du quartier Latin
distribuer les pages interdites de son philosophe préféré. Accepta-t-il
finalement l'ensemble des théories de Teilhard ? Tout ce que l'on
peut dire, c'est que cette expérience eut au moins le mérite de lui
faire partager le style, la méthode et la passion du célèbre Jésuite
persécuté.

Mais le plus important, c'est que Teilhard parlait des propres
problèmes spirituels de Bazin. Ses théories exigeaient qu'on renonçât
au moi, qu'on reconnût les insuffisances de la conscience individuelle et que l'on s'engageât dans la création d'une nouvelle conscience sociale, enfin que l'on crût que cette ère de combat faisait
partie d'un inévitable dessein évolutif que l'on peut lire partout dans
la nature. Dans son travail et dans sa vie, Bazin s'inspira souvent de

cette idéologie. Les métaphores géologiques, les mots-clés comme
« progrès », « évolution » et « développement » apparaissent comme
les points forts de sa théorie du cinéma. Quel que soit son statut
actuel, Teilhard influença toute une génération. Bazin, dont le chris-
tianisme n'avait rien d'orthodoxe, avec sa conscience sociale et son
penchant pour la science — surtout la géologie —, en fut l'un des
plus inspirés.

Teilhard enflamma l'imagination de la France occupée après
son absence décidée en haut lieu. Malraux et Sartre l'enflammèrent
à cause de leur présence, choisie politiquement. Ces deux hommes
devinrent des symboles de résistance, d'héroïsme et d'élévation de
conscience. Ils étaient à la fois hommes d'action et hommes de lettres. C'est la force de leur vie qui imposa à Bazin comme à tant
d'autres la force de leurs idées. Dans cette ère de collaboration, il
était impossible de ne pas croire ceux qui risquaient leurs corps pour
leurs idées.

Bazin connut Malraux par ses grands romans des années trente,
La Condition humaine et *L'Espoir*[6], et lut avec avidité le seul
ouvrage qu'il consacra au cinéma, *Esquisse d'une psychologie du
cinéma*[7] (1940). Il dit que cet article, avec ceux que Leenhardt
écrivit dans *Esprit*, constituaient à ses yeux les seules critiques de
valeur publiées sur le cinéma parlant. Mais la source essentielle des
théories de Bazin fut la théorie de l'histoire de l'art de Malraux. En
1944, Bazin avouait qu'il voulait faire pour le cinéma ce que Malraux avait réussi pour l'art : lui donner un sens du destin, montrer sa
fonction sociale émergeant de nécessités psychologiques profondes,
et comment différents styles avaient pu sortir d'une fonction sociale
évolutive[8]. Malraux, avec son sens tragique de l'histoire hérité de
Spengler, conféra à l'art la même signification d'ultime contexte
que celle que l'optimiste Teilhard avait donnée à la nature. Il concevait l'art comme une transcendance de la conscience sur la circons-
tance, par le style. L'artiste prométhéen offre à sa culture une sorte
de vision qui l'apparente à son destin avéré. Contrairement à Teilhard, Malraux ne voit nul point oméga vers quoi tendrait ce processus. L'évolution d'un style à un autre montre le besoin de l'humanité de se transformer perpétuellement, mais n'indique aucunement
qu'il y ait un but final. Malraux parle pourtant de la « Création de
l'Homme » par l'art ; c'est dans l'art qu'il voit le substitut contemporain à la religion ou à l'humanisme religieux des civilisations précédentes.

Ce ne fut pas seulement cette vision globale de l'art qui marqua Bazin, mais la méthode même que Malraux employait pour écrire l'histoire de l'art l'étonna. Dans son célèbre *Musée Imaginaire*[9], Malraux faisait de la photographie le moyen par lequel les œuvres d'art du passé pouvaient nous révéler leur sens et leur but. De plus, il considérait l'invention de la photographie elle-même comme un élément, dans son grand plan de développement stylistique. Quand Bazin déclarait que le critique devait rendre compte du cinéma dans ses aspects culturels, stylistiques et techniques les plus larges, c'est à Malraux qu'il pensait. C'était seulement dans un champ d'action aussi vaste que celui de Malraux qu'il pouvait mettre en ordre les différences stylistiques et génériques qu'il passait son temps à cataloguer dans les films qu'il voyait.

Mais l'héritage le plus important de Malraux au cinéma laissait Bazin dans des sentiments mitigés : c'était le culte du génie qui, au cinéma, allait devenir la politique des auteurs. A son corps défendant, Bazin allait léguer à ses disciples des *Cahiers du cinéma* l'idée que l'art progresse par des artistes solitaires qui transforment de manière héroïque le style de leur génération en vision transcendante. La contradiction que ressentait Bazin entre son idée du cinéma comme art populaire et ce concept de génie (après tout, il consacra son premier livre à ce grand subversif qu'est Orson Welles) ne reflétait que ce que Malraux avait vécu dans sa propre vie comme le paradoxe de l'homme extraordinaire qui se dédie à la démocratie. Malraux résolut ce paradoxe en se vouant à de Gaulle ; Bazin, lui, ne trouva jamais de solution aussi facile.

En 1943, tandis que Malraux se couvrait de gloire par ses actions de commando puis comme chef de la brigade Alsace-Lorraine, Jean-Paul Sartre atteignait la gloire à Paris même. Il se gaussait des nazis dans ses articles, et devint un des centres de gravité de la résistance parisienne. Bazin le rencontra lors de ses projections de films et, comme tout le monde, se mit à le lire avidement. Mais Bazin connaissait Sartre bien avant le ciné-club de la rue Soufflot. A la fin des années trente, il avait été très marqué par son œuvre littéraire, et en particulier par la longue nouvelle *Le Mur*[10]. Mais le livre qui changea vraiment la vision des choses de Bazin, le livre qu'il acheta immédiatement à sa parution et qu'il souligna de façon compulsive, fut un essai de 1940, *L'Imaginaire, psychologie phénoménologique de l'imagination*[11]. C'est ce livre qui apporta la dernière pierre à la construction de la théorie du film par Bazin.

L'Imaginaire est un texte crucial, car il lie l'art à l'ontologie. Sartre estimait nécessaire de tenir l'art pour indispensable à l'effort psychologique de l'homme en vue d'éviter ou de dépasser ses conditions réelles d'existence. Ce ne fut que plus tard, dans son chef-d'œuvre *L'Etre et le Néant*[12], qu'il put aboutir à des conclusions définitives sur l'histoire de l'art, sa fonction et son mode d'être.

Sartre, comme Teilhard, Malraux et Bazin lui-même, conçoit l'art comme une activité par laquelle les hommes cherchent à refaire le monde et leur situation en lui. L'art n'est qu'une des voies par lesquelles nous réglons cette impulsion ; il est comparable au rêve diurne, à la satisfaction émotionnelle et à certains actes de l'imagination qui, pour Sartre, comptent entre autres l'amour, le militantisme politique et le suicide. Tous ces modes montrent l'homme essayant de donner forme, dans le vide de sa conscience, à la plénitude d'un monde qui lui appartiendrait ; car c'est l'un des principes fondamentaux de l'existentialisme de Sartre que le monde physique dans lequel vit l'homme n'est pas le sien et finira même par l'écraser, lui et ses désirs, dans la mort. Par le moyen des divers modes de conscience que nous regroupons sous le terme d'« imaginaire », l'homme surmonte le déterminisme et la réification à laquelle nul n'échappe, celle d'un monde étranger. C'est là qu'il exerce les grands dons qui sont les produits dérivés de son insubstantialité : la liberté et la spontanéité.

L'art est le mode privilégié de l'« imaginaire », car il crée un objet humain à côté du monde des objets extérieurs. Les œuvres d'art sont « là-bas », dans l'espace et le temps, mais elles nous permettent de faire en elles l'expérience d'un espace et d'un temps qui sont soumis à la liberté de la conscience et non aux lois de la nature. Beaucoup de gens traitent les objets de l'art comme d'autres objets du monde. Ils les achètent et les vendent, en font une étude universitaire ; souvent, ils les détruisent. Mais cela n'intéresse pas Sartre, car l'objet d'art ne devient important qu'au moment où il nous transporte de façon magique dans une autre réalité ; quand nous l'éprouvons comme objet « déréalisé ». Sartre tente ici de rendre compte de cette sensation douce-amère que nous éprouvons tous à « passer » ou à « revenir » d'une œuvre d'art. Quand nous nous sommes laissés prendre par la 7e Symphonie de Beethoven, nous trouvons difficile d'accepter le monde du temps réel que nous retrouvons au sortir de la salle de concert. Quand nous avons passé une journée entière dans le monde de Dostoievski, nous sommes profondément déçus de revenir à un monde qui n'appartient à personne, mais qui nous contrôle tous. Bien entendu, on a pensé long-temps que la salle de cinéma était un lieu de rêve qui entraîne à une profonde tristesse quand nous la quittons.

Dans l'art, l'homme utilise les aspects physiques d'un médium tel que peinture ou littérature comme un analogon qui nous restitue le « sens » (la signification vitale, l'aura) d'un objet ou d'une sensation absente. L'œuvre d'art est à la fois présence et absence. Quand nous contemplons le portrait d'un mort que nous avons connu, une totalité de sensations peut jaillir de nous lorsque nous transformons les petits indices de couleur sur la toile ou le papier en un « sens », ou sensation totale de cette personne, et que nous reconstruisons sa présence dans notre imagination.

Sartre distingue le grand art de l'art vulgaire par sa capacité à rendre présent à notre expérience quelque chose de merveilleuse-ment humain, qui existe dans l'objet et que nous n'avons jamais vu avant. Si presque tous les arts agissent comme une « carte d'iden-tité » qui nous dirait « voici Venise » ou « voici une petite fille triste », Guardi a peint une Venise, nous affirme Sartre, que per-sonne n'a jamais vue, mais que tout le monde a ressentie, et Picasso nous a donné une image objective de la tristesse dont nous pouvons éprouver le « sens », même si la petite fille qu'il rend présente dans son tableau n'a jamais existé.

Malraux avait fondé son histoire anthropologique de l'art en par-tant du point de départ de l'« imaginaire » de Sartre. Il tenta d'aller plus loin que Sartre en classant l'imaginaire en catégories qui corres-pondaient aux motivations essentielles derrière le désir de peindre : sacrées, divines, profanes et décadentes. L'esthétique n'est qu'une fonction de la psychologie et le vaste ouvrage de Malraux *Les Voix du silence*[13], est une histoire psychanalytique de la culture.

Les premiers grands essais de Bazin, « Ontologie de l'image pho-tographique » et « Le mythe du cinéma total »[14], tous deux composés à la fin de l'Occupation, sont consciemment inspirés de Malraux et, par là, de Sartre. Bazin a adapté de manière fine et puissante les catégories de Malraux et la terminologie de Sartre, pour écrire les deux œuvres les plus fécondes de sa carrière, essais si importants que nous pourrons légitimement leur comparer toutes les œuvres qui viendront après.

Malraux voit dans l'art « *...la part éternelle de l'homme qui surgit, comme la puissance qui lui permet et l'empêche à la fois de transcender sa condition humaine, de dépasser le monde du temps et des apparences pour atteindre une vérité dont la découverte lui permettra une brève vision de l'éternité.* »[15]

Ce mouvement vers l'éternel a connu un destin cyclique que Malraux a soigneusement décrit. Pour lui, l'art égyptien nie complètement le monde du temps et n'existe que dans un lieu sacré. C'est donc entièrement un art des dieux, dont il devient inutile de se demander quels furent les hommes qui le créérent. Tous sont anonymes face au sacré. A l'époque de l'art classique grec, on commença à connaître le nom des artistes ; cet art était en effet fondé sur une psychologie de la perpétuation et de la transmutation de la vie terrestre. Malraux appelle cette époque l'ère la plus haute de l'« art divin » ; en lui, « ...*le peuple dont les dieux ne sont qu'immortels, et qui ne connaît d'autre survie que celle des ombres, invente l'immortalité des grandes créations humaines, parce qu'elles participent du divin qu'elles saisissent.* »[16]

Le stade suivant est pour lui celui de l'art hellénistique, où l'homme a créé des formes qui ne nient pas l'apparence (comme dans l'art sacré) ni n'utilisent cette apparence à des fins d'immortalité (comme dans l'art divin), mais lui attribuent une valeur en soi. C'est l'art profane où, pour la première fois, un art majeur accepta l'ordre de l'apparence comme étant l'ordre des choses ; c'était la première fois que l'apparence devenait « le réel »[17]. Les Romains, qui conclurent ce cycle, dépassèrent l'illusionnisme pour atteindre à une « ornementation » décadente de la réalité.

L'*Ontologie de l'image photographique* de Bazin commence comme une réfraction explicite du second cycle de l'art selon Malraux, dans quoi l'art chrétien primitif devient, avec Giotto et Cimabue, un « art divin », pour ensuite avancer jusqu'à l'aire profane de la Renaissance. Bazin s'y intéresse au mouvement qui va de Giotto à Léonard de Vinci, d'une œuvre où « *le modèle se trouve transcendé par le symbolisme des formes* » à un autre qui se fonde sur le seul mimétisme, et « *...remplace le monde extérieur par son double.* »[18]

Bazin nomme la perspective « *le péché originel de la peinture occidentale* », dans la mesure où elle rendit la peinture consciente des vanités du monde de l'apparence et l'éloigna de son but « divin ». La chair n'était plus la voie de l'esprit, mais devenait désirable en soi et en sa forme temporelle. Ici, Malraux le rejoint : « *L'accent mis sur le temps (opposé à l'éternité) dans la vision du monde de la Renaissance était maintenant illustré dans la peinture.* »[19]

Bazin et Malraux voient tous deux la Renaissance comme la séparation du symbole et de l'apparence. A partir du XVe siècle, la peinture eut deux fonctions : la fonction abstraite d'incarner l'éternité, d'élever la vie de l'homme sur un autre plan, et la tâche de simplement reproduire la réalité pour ce que Bazin appelle notre besoin psychologique d'« *embaumer le temps* » et les vanités de ce monde.

La tension qui opposa ces deux fonctions, selon Bazin et Malraux, fut plus vive durant l'Age Baroque, avec sa recherche d'incarnation de l'émotion. C'est à ce moment que le processus que Bazin désigne sous le terme de « mythe du cinéma total » commence à prendre forme, sous l'aspect d'un désir interdit de recréer et d'emmagasiner les apparences de la réalité avec la plus complète fidélité. Ce fut le veau d'or du monde pictural.

Le Rédempteur, dans la complexe métaphore théologique que développe Bazin, fut la photographie et plus précisément, le cinématographe. Ces incarnations de 1826 et 1895 respectivement, libérèrent l'art de son obsession de réalisme trompeur, et lui permirent de revenir à sa fonction première, qui est d'exprimer, par l'abstraction visuelle, l'éternel de l'homme. La photographie prit alors sur ses épaules la croix du maintien du monde. D'une certaine façon « *si l'histoire des Arts Plastiques n'est pas seulement celle de leur esthétique mais d'abord de leur psychologie, elle est essentiellement celle de la ressemblance ou, si l'on veut, du réalisme.* »[20]

A partir de cela, Bazin peut affirmer que : « *La photographie apparaît donc bien comme l'événement le plus important de l'histoire des arts plastiques... elle a permis à la peinture occidentale de se débarrasser définitivement de l'obsession réaliste et de retrouver son autonomie esthétique... L'image mécanique, en opposant à la peinture une concurrence qui atteignait, au-delà de la ressemblance baroque, l'identité du modèle, la contraignait de son côté à se convertir en objet. Vanité désormais que la condamnation pascalienne, puisque la photographie nous permet d'une part d'admirer dans la reproduction l'original que nos yeux n'auraient pas su aimer, et dans la peinture un pur objet dont la référence à la nature a cessé d'être la raison.* »[21]

La vraie force de l'affirmation de Bazin réside dans cette observation : la solution du problème de la psychologie dans les arts ne vient pas comme le résultat d'un réalisme accru, mais par une nouvelle façon d'atteindre au réalisme : « *La photographie et le cinéma sont des découvertes qui satisfont définitivement et dans son essence même l'obsession du réalisme... Aussi bien le phénomène essentiel dans le passage de la peinture baroque à la photographie*

*ne réside-t-il pas dans le simple perfectionnement matériel (la
photographie restera longtemps inférieure à la peinture dans l'imitation des couleurs) mais dans un fait psychologique : la satisfaction complète de notre appétit d'illusion par une reproduction
mécanique dont l'homme est exclu. La solution n'étant pas dans le
résultat mais dans la genèse.* »[22]

Ainsi le réalisme, au sens psychologique, a moins à faire avec
l'exactitude de la reproduction qu'avec la croyance du spectateur
quant à son origine. En peinture, cette origine implique le talent et
l'intelligence de l'artiste confronté à l'objet. Dans la photographie,
c'est un processus physique indifférent qui est confronté à un objet
physique. Le fait que la photographie ait la même nature que l'objet
(purement physique et uniquement soumise à des lois physiques) la
rend ontologiquement différente des formes traditionnelles de
reproduction : « *L'objectivité de la photographie lui confère une
puissance de crédibilité absente de toute œuvre picturale... Nous
sommes obligés de croire à l'existence de l'objet représenté, effectivement re-présenté, c'est-à-dire rendu présent dans le temps et
dans l'espace. La photographie bénéficie d'un transfert de réalité
de la chose sur sa reproduction.* »[23]

Telle est la position centrale de Bazin : le réalisme provient plus
des moyens de la prise de vue que de son produit ; cette idée est
clairement issue d'une profonde méditation sur les thèses que Sartre
a énoncées à propos du rôle de l'image en art.

Les idées de Sartre posent un grave problème aux arts photogra-
phiques car, selon lui, toute fabrication d'image doit être un acte
volontaire de la conscience, alors qu'on peut très bien prendre des
instantanés d'une manière automatique. Sartre pensait probablement, comme Malraux, que la seule dimension de duplication de la
photographie est un processus mécanique qui peut apporter à l'esprit le référent absent, mais qui est incapable d'investir ce référent
d'une présence esthétique. Quand Malraux affirme cela, il insiste
sur ce que seule une photographie soigneusement et intentionnelle-
ment composée peut irradier un « sens » humain, et que seul un film
magistralement monté peut nous mener au royaume magique du
temps et de l'espace déréalisés. La photo et le cinéma banals
seraient, de ce point de vue, comparables à la mauvaise peinture ou
aux vers de mirliton, car s'ils nous offrent des référents, ils échouent
à nous engager dans le monde de la sensation de ce référent et dans
le monde dont il est la clé. Ce n'est plus qu'un procédé mnémo-
nique, utile pour enseigner ou se souvenir, mais sans objet esthé-

tique. La photographie d'une femme qui sourit peut certes avoir une « signification » qui nous dit à quoi elle ressemblait et qui nous permet de nous la rappeler, mais la Joconde possède en elle-même le « sens » de la Renaissance tout entière.

Même si les positions de Sartre et Malraux étaient indispensables à la théorie de Bazin, il fut contraint d'aller dans sa propre voie, puisque ces deux grands penseurs semblaient vouloir créer une esthétique et une histoire du cinéma fondées sur les modèles qu'ils avaient établis à propos de la peinture. Pour Sartre, le cinéma doit transcender son aspect mécanique, s'investir des intentions créatives de la conscience qui le structure. Et pour Malraux, l'aspect grossiè-rement physique de l'image cinématographique devait se transmuer en procédé hautement spirituel et spiritualisant par le fait du mon-tage ; tel était le processus par quoi l'homme pouvait échapper au leurre de l'image profane et pénétrer dans le domaine du structuré et de l'intentionnel.

Mais ces deux points de vue sont en retrait sur la nature particu-lière que Bazin accorde au cinéma. Tous deux tentent de remodeler un médium fondamentalement mécanique en un autre (la peinture) qui n'est jamais pire que quand il est mécanique. Bazin préférait assumer les conséquences d'un progrès qui n'avait pas de précédent dans l'histoire de l'art. Il préférait maintenir la nature véritablement radicale du film, plutôt que de l'aider à s'adapter aux buts et aux méthodes des arts conventionnels.

Il s'exprime de manière très tranchée, en un vocabulaire typi-quement sartrien : « *L'image photographique — et singulièrement cinématographique — peut-elle être assimilée aux autres images et, comme elles, distinguée de l'existence de l'objet ? La présence se définit naturellement par rapport au temps et à l'espace. "Etre en présence" de quelqu'un, c'est reconnaître qu'il est notre contemporain et constater qu'il se tient dans la zone d'accès natu-relle de nos sens... Jusqu'à l'apparition du cinéma... les arts plasti-ques, surtout dans le portrait, étaient les seuls intermédiaires pos-sibles entre la présence concrète et l'absence. La justification en était la ressemblance, qui excite l'imagination et aide la mémoire. Mais la photographie est tout autre chose. Non point l'image d'un objet ou d'un être, mais bien plus exactement sa trace. Sa genèse automatique la distingue radicalement des autres techniques de reproduction. La photographie procède, par l'intermédiaire de l'objectif, à une véritable prise d'empreinte lumineuse : à un mou-lage. Comme tel, il emporte avec lui plus que la ressemblance, une sorte d'identité... Le cinéma réalise l'étrange paradoxe de se mouler sur le temps de l'objet et de prendre par surcroît l'empreinte de sa durée.* »[24]

Paragraphe après paragraphe, Bazin clame la puissance psychologique que confère à la photographie le fait que son référent ait été à un moment dans cette position exacte, tandis que l'appareil composait « *une impression lumineuse* », « *un masque mortuaire* ». « *Le cinéma* », dit-il de nouveau en termes sartriens « *nous met en présence de la personne... à la manière d'un miroir, mais d'un miroir au reflet différé, dont le tain retiendrait l'image.* »[25]

Bazin continue ensuite à mettre en valeur ce traçage. Sartre et Malraux voient dans la photographie la duplication infantile d'apparences accidentelles. Mais Bazin peut dire : « *Tous les arts sont fondés sur la présence de l'homme ; dans la seule photographie nous jouissons de son absence. Elle agit sur nous en tant que phénomène « naturel », comme une fleur ou un cristal de neige dont la beauté est inséparable des origines végétales ou telluriques.* »[26]

Sartre disait que la beauté n'est qu'un attribut de l'imagination, non du monde ; le naturaliste qui sommeillait en Bazin ne put jamais admettre une telle notion. Nous donnons notre imagination à la nature, pensait-il, afin d'en exprimer les vérités latentes. Dans la photographie, nous rendons hommage au monde tel qu'il paraît ; et quand nous contemplons une photo, nous ne le faisons pas tant pour reconnaître une chose ou ses qualités, que pour nous mettre en présence de cette chose.

« *Le dessin le plus fidèle peut nous donner plus de renseignements sur le modèle, il ne possèdera jamais le pouvoir de la photographie qui emporte notre croyance... L'image peut être floue, déformée, décolorée, sans valeur documentaire, elle procède par sa genèse de l'ontologie du modèle : elle est le modèle. D'où le charme des photographies d'albums. Ces ombres grises ou sépia, fantômatiques, presque illisibles, ce ne sont plus les traditionnels portraits de famille, c'est la présence troublante de vies arrêtées dans leur durée, libérées de leur destin non par les prestiges de l'art, mais par la vertu d'une mécanique impassible ; car photographie ne crée pas, comme l'art, de l'éternité, elle embaume le temps, elle le soustrait seulement à sa propre corruption.* »[27]

Par la photographie, l'homme rend hommage au monde qui l'entoure et à son passé, tandis que son attention et son imagination donnent vie aux images que l'objectif fige. Et tout le progrès du cinéma a bien été la réalisation progressive du « mythe du cinéma total », celui d'une représentation totale, le complexe de la momie, comme disait Bazin, qui est celui de l'homme depuis les premières peintures rupestres. C'est le désir hantant tous les hommes qui a exigé le son, la couleur, le relief, l'écran large et aujourd'hui les progrès de l'holographie. Grâce à l'homme et aux machines qu'il a créées, la terre peut aujourd'hui se reproduire d'elle-même dans l'espace et le temps.

Sartre et Malraux voient en cela un processus d'aliénation. Leur humanisme est près de la terre et ne peut jouir que d'un art où l'homme dépasse la nature. C'est là que Bazin s'aligne le plus sur la cosmologie évolutive de Teilhard, qui ne voit l'homme que dans le contexte d'un monde mystérieux et sans cesse changeant. Par la photographie, l'homme peut échapper aux vanités de l'art et partir à la recherche de son histoire et de son destin, en affrontant les apparences sur leur propre terrain.

Dans ces premiers écrits, Bazin adopte un ton volontiers respectueux quand il parle d'« *apercevoir la présence fugitive* » d'une signification qui, d'ordinaire, nous échapperait. Pour lui, voir un film impliquait toutes les émotions que donnent la géologie et l'anthropologie. Et c'est avec des accents dignes de Teilhard qu'il évoque les images laides et mal montées du film *Kon-Tiki* :

« *Comme des ruines dont quelques pierres émoussées suffisent à faire lever les architectures et les sculptures disparues, les images qu'on nous propose sont le vestige d'une œuvre virtuelle dont on ose à peine rêver.* »[28]

Et de celles qu'Herzog prit au sommet de l'Everest : « *...Le cinéma est là, voile de Véronique sur le visage de la souffrance humaine.* »[29]

Bazin, dans ces brillants essais de 1945, se montrait digne des qualités qu'il portait en lui. Il avait maîtrisé un style philosophique et analogique de haut vol ; il avait été au fond des problèmes fondamentaux du cinéma en utilisant le vocabulaire et les idées des grands penseurs de son temps ; mais surtout, il avait indubitablement établi son autorité en exprimant radicalement les premiers principes qui allaient donner matière et substance à pratiquement tous les articles concernant le cinéma qu'il écrirait par la suite.

1 — Réunis dans *Le Cinéma de l'occupation et de la résistance*. Les premiers essais, écrits en 1943, « Redécouvrons le cinéma », « Adieu Léonard » (sur Pierre Prévert), « Panorama de la saison passée », « Pour une esthétique réaliste », « Pour une critique cinématographique », de même que quatre articles sur des films précis, se trouvent aux pages 35-82 de ce volume.

2 — Idem, p. 87.

3 — Lettre de Bazin à Denise Buttoni, La Rochelle, 26 avril 1943.

4 — Pierre-Aimé Touchard, « D'*Esprit* au *Parisien Libéré* », *Cahiers du cinéma*, n⁰ 91 (janvier 1959) p. 6.

5 — Pierre Teilhard de Chardin, *Le Milieu divin*, Paris, Editions du Seuil, 1957.

6 — André Malraux, *La Condition Humaine*, Paris, Gallimard, 1933 et *L'Espoir*, Paris, Gallimard, 1937.

7 — Malraux, *Esquisse d'une psychologie du cinéma*, Paris, Gallimard, 1947.

8 — Denise Palmer, dans une interview avec l'auteur, Le Havre, 25 avril 1974, se souvient précisément de cette déclaration.

9 — Malraux a, pour la première fois, exposé ce concept dans *Le Musée imaginaire*, vol. I de *Psychologie de l'Art*, 3 volumes, Genève, A. Skira, 1947.

10 — Jean-Paul Sartre, « Le Mur », in *Le Mur*, Paris, Gallimard, 1939 ; pp. 11-34.

11 — Sartre, *L'Imaginaire, psychologie phénoménologique de l'imagination*, Paris, Gallimard, 1940.

12 — Sartre, *L'Etre et le Néant, essai d'ontologie phénoménologique*, Paris, Gallimard, 1943.

13 — Malraux, *Les Voix du silence*, Paris, N.R.F., 1951.

14 — On trouvera ces deux essais dans *Qu'est-ce que le cinéma ?*, respectivement aux pp. 11-19 et 21-26. vol. I. Nouvelle édition : pp. 9-17 et 19-24. « Ontologie de l'image photographique » parut la première fois dans *Les Problèmes de la peinture*, numéro spécial de *Confluences ; Revue Mensuelle*, 1945, pp. 405-11. « Le mythe du cinéma total » dans *Critique*, 1946.

15 — Violet M. Horvath, *André Malraux : The Human Adventure*, New York, New York University Press, 1969, p. 20.

16 — Malraux, *La Métamorphose des Dieux*, Paris, Gallimard, 1957.

17 — Idem.

18 — Bazin, *Qu'est-ce que le cinéma ?*, p. 13, vol. 1. Nelle. éd., p. 11.

19 — Horvath, *André Malraux*, p. 70.

20 — Bazin, *Qu'est-ce que le cinéma ?*, p. 12, vol. 1. Nouvelle édition, p. 16-17.

21 — Idem, pp. 18-19, vol. 1. Nelle. éd., p. 16-17.

22 — Ibidem, p. 14, vol. 1. Nelle. éd., p. 16.

23 — Ibidem, pp. 15-16, vol. 1. Nelle. éd., p. 13-14.

24 — Ibidem, p. 91, vol. 2. Nelle. éd., p. 151.

25 — Ibidem, p. 92, vol. 2. Nelle. éd., p. 152.

26 — Ibidem, p. 15, vol. 1. Nelle. éd., p. 13.

27 — Ibidem, p. 16, vol. 1. Nelle. éd., p. 14.

28 — Ibidem, p. 51, vol. 1. Nelle. éd., p. 31.

29 — Ibidem, p. 54, vol. 1. Nelle. éd., p. 34.

IV. LA LIBERATION
ET L'ANIMATION D'UNE CULTURE

A la fin de l'année 1944, Bazin venait de surmonter la période la plus dangereuse de sa vie. Ayant fait le vide de ses illusions, il avait analysé ce vide, en était ressorti avec le désir d'aller quelque part et une confiance toute neuve dans ses capacités. Les années de crise de Bazin coïncidèrent exactement avec les années noires de son pays, et quand, en été 1944, les nouvelles des percées alliées arrivèrent jusqu'à Paris, citoyen et pays ne firent plus qu'un. La Résistance se faisait de plus en plus audacieuse ; un nouvel âge était en train de naître. Une victoire militaire libéra la France des éléments médiocres et malfaisants qui la contrôlaient depuis des années. Les Allemands partirent ; les collaborateurs s'enfuirent ou furent mis hors d'état de nuire. Ceux qui s'étaient enrichis illégalement par le marché noir ou légalement grâce au régime de Vichy se firent tout petits. Paris était comme nettoyé de sa fange et ceux qui, secrètement, avaient gardé leurs espoirs et leurs idées pendant cinq longues années, campaient fièrement, prêts à entrer dans un avenir radieux. Ce fut l'un de ces rares moments où le cours de l'histoire paraît étonnamment limpide, où tout ce qui est vil se trouve précipité au fond.

Les innombrables bureaux qu'avaient occupés nazis et collaborateurs furent instantanément repris par des groupes d'idéalistes qui, chacun à leur manière, voulaient donner naissance à une France nouvelle. Dans la mesure où il était resté à Paris durant l'Occupation, Bazin eut l'occasion de travailler avec plusieurs de ces groupes. Il était connu, ayant construit un réseau d'amis politiques et artistiques qui le considéraient comme un homme de valeur, ne serait-ce que par la capacité qu'il avait eue, à travers le cinéma, de réunir des foules importantes. Il était pratiquement seul à savoir où se trouvaient les films, à pouvoir louer une salle, à obtenir du matériel de projection et à organiser la publicité des spectacles. Et son petit ciné-club de la Maison des Lettres avait démontré à bien des sceptiques que le film et son étude pouvaient jouer un rôle non négligeable dans la politique culturelle de l'après-guerre. Pour sa part, Bazin s'impatientait d'enflammer Paris pour le cinéma. Alors qu'il n'avait pu, jusque-là, publier ses textes que dans de petits mensuels étudiants ou dans des revues de fortune comme *Rencontres*, il avait à présent la possibilité de s'adresser à un public immense ; alors qu'il n'avait dirigé qu'un petit ciné-club d'étudiants, il avait l'ambition de faire entrer des clubs dans les usines, les campagnes, les syndicats et les salons littéraires.

Entre 1944 et 1949, Bazin ouvrit des ciné-clubs dans Paris, en France et en Europe ; ses articles étaient publiés dans des quotidiens, des hebdomadaires et des mensuels. Son enthousiasme l'emportait vers des activités qui lui donnaient un certain pouvoir et, même s'il est indéniable que le rythme auquel il travaillait brisa sa santé, il lui procura aussi sa plus longue période de bonheur.

Les ciné-clubs

Avant même la libération de Paris, Bazin avait lancé une organisation communale, « les Jeunesses Cinématographiques ». Des jeunes gens de toutes les classes sociales se réunissaient pour voir un film et participer à la discussion qui suivait. Ces réunions avaient lieu d'ordinaire dans des salles normales, mais Bazin réussit souvent à persuader des distributeurs de lui accorder des premières pour ses clubs.

Ce fut également juste avant la Libération que l'Académie du cinéma, l'Institut des hautes études cinématographiques (IDHEC) déménagea de Nice à Paris et reçut du gouvernement une reconnaissance officielle. Même si sa tâche principale consistait à former des artistes et des techniciens, l'IDHEC fit toujours place à la culture dans la formation qu'elle prodiguait. Et de fait, son fondateur et longtemps directeur, Marcel L'Herbier, encouragea l'interaction de l'étude du cinéma et de la formation technique. À vrai dire, ses premiers membres furent de jeunes metteurs en scène et des opérateurs (Alekan, Clément, Claude Renoir, Colette Audry) plutôt que des critiques, mais ils avaient dû se replier vers le sud pour discuter de leurs aspirations à un art filmique, au moment où l'industrie se trouvait si fermement sous la coupe d'autorités conservatrices.

A la Libération, Bazin était tout désigné pour devenir Directeur des Services Culturels, surtout parce que dans ses premières années parisiennes, l'IDHEC, tenta d'être une sorte de bourse du travail pour maints projets autant qu'un club qui prodiguait salles de réunions, bar et programme de films à voir et à discuter. Bazin y donna des conférences et s'arrangeait pour obtenir films et orateurs.

Un jour, à l'IDHEC, il tomba sur Roger Leenhardt et Jean-Pierre Chartier ; il n'avait pas vu ce dernier depuis le début 1943. Chartier occupait un haut poste dans la Résistance et avait été chargé de la réinsertion culturelle du million et demi de prisonniers français qui rentraient en France. Avec des routes coupées, pas de radio ou de journaux, il s'était résolu à lâcher des tracts d'hélicoptère sur la masse des prisonniers de guerre en haillons qui rentraient lentement au pays, de façon à les mettre au courant de ce qui s'était passé pendant leurs quatre ans et demi de captivité et à faciliter leur processus de réadaptation. Il décida, bien entendu, de faire un film d'information, *Départ en Allemagne*, et demanda à Leenhardt de l'aider. Bazin, qui les rencontrait souvent travaillant à l'IDHEC, commença à se sentir mal à l'aise dans une position où Chartier se débrouillait très bien seul. Ce fut donc à la fois pour rendre hommage à l'héroïsme dont Chartier avait fait preuve dans la Résistance et pour fustiger sa propre non-participation active que Bazin démissionna. Sous Chartier, l'IDHEC continua de publier les notes que Bazin faisait sur les films, mais celui-ci s'intéressait déjà plus à la classe ouvrière qu'aux étudiants. Les groupes étaient nombreux qui pouvaient profiter de ses services, car c'était la grande époque de « l'animation culturelle », dans laquelle les membres les plus idéalistes de la Résistance se lancèrent pour profiter de l'élan donné par la Libération comme d'un point de départ pour une libération encore plus difficile, celle de la culture.

Un groupe, *Peuple et Culture*, qui était issu du puissant maquis de Grenoble, devint une sorte d'« école d'officiers » pour les groupes culturels de tous types. *Peuple et Culture* finit par déplacer ses bureaux à Paris et se mit à produire du matériel pour d'autres groupes, service qui continua ensuite. Le groupe le plus *passionné* qu'il soutenait était indiscutablement *Travail et Culture*, formé de façon indépendante à Paris, juste après la Libération, et beaucoup plus proche du Parti Communiste que *Peuple et Culture*. Ces deux organisations travaillèrent ensemble pendant de longues années.

Dès l'hiver 1944, Bazin fut invité à diriger un « centre d'initiation cinématographique » à l'intérieur d'un *Travail et Culture* en pleine expansion. Selon Benigno Cacerès, qui travailla continuellement pour *Peuple et Culture* depuis sa naissance :

« Travail et Culture *voulait que tous les hommes, fraternellement, puissent participer à la vie culturelle. Dans des conditions difficiles, dans ce temps où les structures de notre pays n'étaient pas encore reconstituées, tout se créait et devenait réellement possible. Il nous souvient, pendant le dur hiver de 1944, de certains colloques autour de tables de bois blanc dans le vieil immeuble du 5, rue des Beaux-Arts, où des hommes au ventre encore vide se réunissaient pour réaliser dans le domaine des arts des expériences qui ont marqué notre pays. Il y avait là Jean-Marie Serreau, l'animateur de théâtre qui a plus tard introduit Brecht en France, Pierre-Aimé Touchard, plus tard directeur de la Comédie Française, Louis Pauwels, aujourd'hui directeur de la revue* Planète, *Joffre Dumazedier, sociologue des loisirs, André Bazin, qui devait fonder les* Cahiers du cinéma *et se signaler comme critique cinématographique, Paul Flamand, directeur des Editions du Seuil. Les gens de théâtre étaient aussi présents : Simone Jollivet, Charles Dullin, Jean Vilar, Jean-Louis Barrault... Autour de Delarue,* Travail et Culture *reprenait le vieux rêve de l'art pour tous et essayait de le concrétiser.* »[1 et 2]

Le gouvernement provisoire de de Gaulle et son Ministre de l'Information, André Malraux, toléraient *Travail et Culture* en raison du travail positif que ce groupe faisait dans les usines et les syndicats. Bien que *Travail et Culture* fût lié à la C.G.T. et que nombre des membres de sa direction appartinssent au Parti Communiste, le groupe reçut une subvention d'Etat.

Pour sa part, bien sûr, *Travail et Culture* était déterminé à créer une conscience de classe prolétarienne avant qu'une presse nationale qui renaissait très vite, la radio et l'industrie du film ne recommencent à modeler et à contrôler des images de classe. Les premiers articles de Bazin parus après la libération de Paris, dans le nouveau quotidien *Le Parisien Libéré*, soutinrent explicitement ce point de vue[3]. Il appelait le public à aller vite et à faire connaître ses désirs et ses goûts avant que producteurs et distributeurs ne reconquièrent le monopole rigide qui renaissait et ne répondait qu'à des pressions financières. Bazin demandait une diversification dans le contrôle de la production, afin d'augmenter les genres de films produits, et de faire naître pour le public une saine diversité, où celui-ci pourrait choisir librement ; quant aux réalisateurs, il fallait qu'ils aient la possibilité de faire un cinéma plus personnel.

La dimension politique du travail de Bazin ne fut jamais plus visible que lors de son activité à *Travail et Culture*. Le premier pas, pensait-il, consistait à faire que le public cesse de se considérer comme une masse de consommateurs passifs et devienne lui-même créateur. Si un public pouvait apprendre à diriger son propre cinéma, est-ce qu'un peuple ne pouvait pas diriger sa culture ? Il commença par appeler le public à réaliser que le cinéma, quel qu'ait été son degré d'usure, était une force de la vie nationale. Ses programmes avaient pour dessein de faire que les gens examinent sérieusement l'objet qu'on leur présentait et ensuite la fonction de cet objet.

L'envergure des ambitions culturelles de *Travail et Culture* mit la joie au cœur de Bazin. Il n'en était plus à exprimer des opinions sur un film devant une demi-douzaine d'étudiants ; il se tenait à présent devant de larges salles pleines d'ouvriers, comme l'auditorium de la Maison de la Chimie, rue Saint-Dominique, où se firent ses premières grandes présentations. Bazin découvrit qu'il pouvait parler aux ouvriers et, d'une manière à la fois simple et profonde, leur révéler la richesse d'un film, en soulignant certains détails et en forçant ces détails à livrer leur signification. La première séance, par exemple, vit la projection, suivie de discussion, du *Jour se lève*, le film que Carné-Prévert avaient fait juste avant-guerre. La méthode qu'il utilisait consistait à ne prendre qu'un seul élément, comme le décor et, après avoir décrit une ou deux scènes, à le situer au cœur du film pour en expliquer la raison et le succès. Ensuite, il prenait, par exemple, la bande musicale de Jaubert et montrait le rôle fonctionnel qu'elle jouait dans le thème général. C'est ainsi qu'il illuminait par étapes successives les parties d'un film dont le plein impact apparaîtrait peu à peu à l'audience.

Ses présentations devinrent chaque jour meilleures. Il arrivait généralement vers six heures trente pour une séance qui commençait à huit heures, à l'usine Renault ou au siège d'un syndicat, pour s'assurer que tout était prêt. Il présentait alors le film pendant dix minutes, le replaçant dans son contexte historique et cinématographique. Après la séance, il parlait et répondait aux questions, employant féquemment des tableaux dont il se servait pour illustrer le décor ou les mouvements de caméra. A cause de la pénurie de distractions dans l'immédiate après-guerre (et surtout de distractions gratuites), Bazin put parler devant des publics aussi nombreux que variés. Il encourageait le débat et parvenait souvent à le provoquer. Joseph Rovan, un des membres directeurs de *Peuple et Culture*, comparait les séances du soir à la bataille d'*Hernani* ; Bazin défendait de toutes ses forces des films obscurs ou non-populaires et devait subir les foudres d'ouvriers scandalisés et d'étudiants trop fougueux.

Comme dans les mois qui succédèrent à celui de mai 68, la période d'après-guerre fut telle qu'il était impossible de séparer la politique de la vie. Les intellectuels de gauche, tout spécialement, pensaient qu'ils avaient le devoir d'entreprendre la reconstruction d'une culture en ruines. Dans ce contexte, *Travail et Culture* était un marché ouvert de l'art particulièrement stimulant. Les bureaux du deuxième étage du 5, rue des Beaux-Arts, donnaient sur la cour. Si l'on prenait le couloir extérieur, on passait devant l'atelier de mime de Marcel Marceau et le studio de marionnettes de Remo Forlani. La section théâtrale était particulièrement vivante et attirait des acteurs de renom, comme Louis Jouvet, qui espérait pouvoir lancer un vaste mouvement de théâtre populaire. Bazin était assis derrière un bureau antédiluvien et passait son temps à s'enterrer sous des notes, à téléphoner pour organiser des soirées ou à se renverser dans son fauteuil pour engager la conversation avec ceux qui passaient par là.

Et tout le monde s'arrêtait dans ce bureau. Le service cinéma qui, au début, avait semblé devoir lutter pour s'imposer dans la maison, devenait à présent le grand centre d'intérêt de l'organisation. Personne ne pouvait passer devant le bureau de Bazin sans commenter le film de la veille ou demander un film de prédilection pour une prochaine séance. Il n'était pas rare que la discussion devînt vive et que l'on perdît la matinée à comparer les vertus respectives du théâtre et du cinéma, ou l'importance de la tradition de la *commedia dell'arte* et du guignol au cinéma. Joseph Rovan se souvient qu'il fut littéralement converti au cinéma par Bazin, lors de ces rencontres informelles[4]. Avant la guerre, plus aucun intellectuel n'allait au cinéma, et dans le cas contraire, aucun n'eût songé à en parler après coup. Pourtant, Bazin parlait des films comme s'il avait commenté des romans de Dostoïevski. En peu de temps, la chose ne sembla plus aussi incongrue.

Les fanatiques de cinéma se mirent à venir au 5, rue des Beaux-Arts. Etudiants, artistes sans travail, « existentialistes » des cafés de Saint-Germain-des-Prés entraient et sortaient du bureau de Bazin tandis qu'il tentait d'écrire quelques notes pour la prochaine séance de son ciné-club. Alexandre Astruc, qui commençait à avoir une certaine réputation littéraire, s'y montrait fréquemment. Il avait le projet d'un long film inspiré de l'*Odyssée* et semblait posséder le savoir-faire nécessaire. Alain Resnais et d'autres membres du ciné-club de la Maison des Lettres revenaient voir Bazin. Resnais avait arrêté de parler des films des autres ; il était en fait lui-même en train de monter son premier grand film, *Van Gogh*. Un groupe « Amis des Arts » avait commandé à Resnais un court métrage muet sur l'exposition Van Gogh de 1946, à l'Orangerie. Resnais, qui voulait mettre une bande musicale sur le produit fini, demanda au producteur Pierre Braunberger de l'aider. Braunberger lui répondit qu'une bande-son n'avait de sens que si le film était en 35 mm. Resnais vint demander conseil à *Travail et Culture*. Devait-il simplement gonfler son film de 16 mm en 35 mm, ou devait-il revenir à l'Orangerie avec du matériel différent et retourner tout le film ? Il retourna ; et grâce à ce qu'il avait appris de son essai en 16 mm, il donna le jour à l'un des portraits d'artistes les plus émouvants qui aient été tournés au cinéma.

L'un de ceux qui participèrent aux discussions sur *Van Gogh* dans le bureau de Bazin était Chris Marker, jeune homme si fasciné par la personnalité de Bazin qu'il quitta la section théâtre pour l'aider à classer les montagnes de papier qui s'accumulaient sur le bureau. Resnais et Marker restèrent amis pour la vie et se mirent à élaborer un nouveau type de films, abstraits et malgré tout subtilement narratifs. Marker, qui n'avait jamais fait de cinéma, se mit à collaborer avec Resnais ; le résultat en fut deux documentaires différents, *Les Statues meurent aussi* et *Le Mystère de l'Atelier 15*. Même Bazin songea un instant à réaliser des films. Il acheta une caméra 16 mm et se mit à tourner durant ses nombreux voyages dans la campagne française. Il alla jusqu'à monter une version définitive de ce « travelogue » subjectif, mais fut si déçu du résultat qu'il ne le montra jamais à personne et revendit la caméra sur-le-champ.

De toute façon, il n'aurait guère eu le temps de faire un film. Pendant quatre ans, Bazin travailla jusqu'à la limite de ses forces. Il écrivait des présentations de films, donnait des conférences impromptues pour groupes d'études, ne refusant ni son temps ni son énergie à qui les lui demandait. Il paraissait capable de jongler avec un nombre illimité d'activités. Il griffonnait une critique ou un grand article à son bureau, tandis que des gens restaient debout en discutant autour de lui ; il finissait toujours par lever le nez et se mêler à la discussion. En général, le bureau était toujours plein à sept heures et demie du soir, quand il fallait prendre une petite collation et se diriger vers une salle quelconque. Bazin apportait souvent son sandwich ou avalait quelque chose au café le plus proche : *Les Assassins* ou chez *Mme Amour*, pour les frites. Il dînait le plus souvent en compagnie de Janine Kirsch, qui allait devenir sa femme et qui, à cette époque, était secrétaire à la section théâtrale de *Travail et Culture*.

Les déplorables habitudes alimentaires de Bazin commencèrent à miner une santé déjà fragile, ainsi qu'un manque de sommeil patent. Chemin faisant vers la rue Saint-Dominique, une portion de frites dans l'estomac et un film sous le bras, Bazin discutait cinéma, à sa manière pleine d'enthousiasme, jusqu'à très tard dans la nuit pour revenir enfin dans son appartement de la rue du Cardinal-Lemoine. Il toussait perpétuellement et devenait d'une maigreur effrayante. La seule photo qu'on ait de lui à cette période le montre à son bureau de la rue des Beaux-Arts, une serviette froide enroulée sur le front pour lutter contre un mal de tête qui ne le quittait jamais. Ce fut pourtant, selon ses propres paroles, sa période la plus heureuse. Janine commençait à vivre avec lui dans l'appartement du Cardinal-Lemoine, au milieu des filets de pêcheurs qu'il avait placés en décoration. Elle partageait avec lui le plaisir de voir le cinéma devenir, par son action inlassable, une force culturelle majeure, de lire ses idées dans la presse et d'entendre les autres les citer ou en discuter. La liste de leurs amis grandit beaucoup en ces jours-là ; on commença à y compter des philosophes et des réalisateurs, personnes pour qui Bazin avait toujours éprouvé un respect craintif.

Au début, Bazin avait monté des ciné-clubs dans les écoles et les usines de Paris ou de sa banlieue. Une fois ceux-ci bien installés, il put envoyer des films avec des notes de présentation de son bureau, venant personnellement faire une conférence de temps en temps, ou donner des instructions et des conseils aux directeurs locaux. Mais en 1947, il faisait des tournées qui le menaient dans toute la France et l'Europe du nord pour *Travail et Culture*. Il mit au point des tableaux et des graphiques, et un vrai système de notes de présentation. *Peuple et Culture* se chargeait de reproduire ces notes et finit même par les publier sous forme de livre[5]. Mais malgré ce matériel tout prêt, le mouvement des ciné-clubs qui s'étendait rapidement faisait souvent appel à Bazin pour animer des séances en personne. Ses voyages et ses travaux d'écriture prirent vite des proportions insensées. Dans une lettre de janvier 1948 à son vieille amie Denise Buttoni (aujourd'hui Denise Palmer), il décrit sa vie. Elle fut écrite à Marseille, alors qu'il revenait d'un voyage en Afrique du nord :

Tu m'as connu très occupé, mais je crois que ce n'était pas encore grand-chose auprès de ma vie depuis 6 mois. Je fais 2 métiers 1/2 à la fois : le T.E.C. *et* Le Parisien Libéré. *Voilà pour les deux métiers.* L'Ecran Français *et 3 ou 4 revues font bien 1/2 métier. A peine ai-je le temps de dormir et de manger et j'écris tellement d'articles que la vue d'une feuille blanche, fût-elle du papier à lettre, me donne la nausée... Tu dois cette lettre à l'examen de conscience que me vaut, dans un bistrot de Marseille, l'attente du train après l'avion qui m'a ramené d'Alger. Car je viens d'Algérie et même du Maroc où j'ai fait une tournée de conférences de lancement de ciné-clubs. C'est un bien beau pays mais je n'ai guère eu le temps d'en jouir... Le Monde Arabe est la plus puissante réalité humaine que j'ai rencontrée. Une civilisation encore intégralement religieuse et totalement inassimilable. Nous n'avons pas grand-chose d'autre à y faire qu'à y introduire de l'hygiène, ce que nous ne faisons qu'à moitié. C'est déjà l'Orient. En vérité, un autre univers spirituel. Je ne sais plus quoi te dire. Ma vie passe, roulant son bagage quotidien de laïus et d'articles, rongeant de plus en plus les territoires déjà exigus de ma vie privée. Il faudrait que je me marie mais je n'en ai pas le temps.*

Le point fort des voyages que Bazin faisait pour *Travail et Culture* était la tournée annuelle en Allemagne. En 1947, Joseph Rovan fut invité par l'administration militaire française à aider au renouveau culturel de l'Allemagne, parce qu'il avait lui-même été élevé dans ce pays. Il organisa une retraite de dix jours en Bavière ; de jeunes Allemands et des invités français sélectionnés y discuteraient de tous les aspects de la culture.

Rovan ne savait pas quel accueil Bazin allait recevoir, d'abord parce que l'étude du film était inconnue en Allemagne, ensuite parce que la lenteur du débit de Bazin serait rendue encore plus difficile par la traduction. Mais le pire était que Rovan avait dû accepter de tenir une séance au collège d'Inzigkofen dans le Würtemberg-sud, où le public risquait de ne pas être seulement composé de jeunes gens avides de savoir, mais aussi de vieux professeurs allemands solennels et vénérables, « *engoncés dans les préjugés et l'âge, solidement assis sur leur fond d'idéalisme post-schillerien[6].* » En fait, cette rencontre de deux jours fut une véritable catastrophe pour tous les conférenciers, sauf Bazin, comme se le rappelle Rovan :

« *Dans le décor d'un monastère souabe érigé somptueusement au-dessus des gorges du Danube, dans une pièce immense où l'on n'accédait que par une porte minuscule (pour que moi-même et les congressistes n'oubliassent jamais le devoir d'humilité), Bazin officiait dans son plus beau rôle de prestidigitateur d'idées, d'enchanteur de concepts, d'enjoliveur de technicités, d'accoucheur de pensées droites, et l'instrument de la langue étrangère se pliait à ses volontés et transmettait dans ce contexte baroque un message qui depuis n'a cessé de soulever tempêtes et révolutions dans les crânes du cinéma allemand.[7] »*

Quand la mission culturelle de Rovan arriva à sa retraite de Forêt-Noire, il y avait beaucoup plus de gens qui s'intéressaient au cinéma que prévu. Chris Marker, qui était là également, se souvient d'avoir installé un mince écran au milieu de l'immense grenier de la maison où ils séjournaient. La moitié du groupe vit le film normalement et l'autre le vit de l'autre côté de l'écran, à l'envers ; la discussion, menée par Bazin, continua alertement jusqu'au lendemain.

Après ce succès, le cinéma fit partie du menu culturel qu'on proposait chaque année aux Allemands dans ces retraites ; il y eut aussi des musiciens, des philosophes et des acteurs de théâtre. En 1949 et 1950, Rovan demanda à Bazin de mettre sur pied des instituts qui ne se consacreraient qu'au film. Le premier était situé près de Fribourg et le second à Landau ; les deux réunions durèrent dix jours et marquèrent, à elles deux, le début du mouvement des ciné-clubs allemands. Bazin ne pouvait pas ne pas réussir dans ce cas, car l'argent n'était plus français mais allié, ce qui lui permit de faire venir des conférenciers tels que Jacques Becker et Gérard Philipe, et de montrer pratiquement tout film qu'il désirait faire voir. Plusieurs critiques allemands, dont Ulrich Gregor et Enno Patalas, les meilleurs historiens du cinéma d'Allemagne, attribuent à ces instituts le début de leurs activités professionnelles.

Les journaux

Les activités de ciné-club que menait Bazin témoignent de l'aspect social de sa critique, mais n'indiquent nullement la qualité de cette critique. En réalité, ce furent le brillant et le volume de ses écrits qui en firent la figure de proue de la culture filmique naissant, en France. De 1945 à 1950, il écrivit régulièrement pour quatre ou cinq périodiques et, plus sporadiquement, pour quantités d'autres.

C'est à l'aube de la Libération que Bazin eut, pour la première fois, l'occasion d'exercer ses dons de journaliste ; Pierre-Aimé Touchard, le directeur de la Maison des Lettres, avait été chargé de la distribution du papier dans Paris, et était responsable de l'attribution de ce papier aux journaux qui désiraient paraître. En fait, cela revenait à désigner ceux qui le pourraient. Il soutint l'un d'eux, *Le Parisien Libéré*, journal clandestin qui s'était illustré dans la Résistance. Il sortit fièrement son premier numéro (une seule feuille recto verso) trois jours avant que de Gaulle ne marche sur les Champs-Elysées. Ce fut le soutien de Touchard qui assura la survie du *Parisien Libéré*, même si celui-ci ne put, pendant un an, dépasser le format de la page unique. Il devint le critique théâtral du journal et suggéra que son jeune protégé André Bazin soit pris comme critique cinématographique régulier. En ces temps difficiles, Bazin sauta sur l'occasion, et malgré l'embarras qu'il ressentit souvent devant les prises de position de ce journal, il garda ce poste jusqu'à sa mort.

Les premiers numéros du *Parisien Libéré* témoignent des drames de l'époque. Les reportages sur la libération de Nancy avoisinent les articles où l'on demande que soient jugés les écrivains collaborateurs comme Céline et Montherlant. Sur le verso de la page, il y a des plans qui indiquent la réouverture progressive des lignes de métro, des annonces pour la formation de groupes divers et des critiques sur une vie culturelle qui ressuscite lentement. Le premier article de Bazin (appelant à une diversification de la production et de la distribution des films dans la France nouvelle) apparut au bout de trois semaines d'existence du journal, le 10 septembre 1944. Il n'y avait que deux salles d'ouvertes, le Normandie et le Gaumont, qui toutes deux projetaient le seul matériel disponible, des reportages d'actualités sur la guerre ; Bazin ne pouvait donc que se livrer à des spéculations sur le cinéma à venir. Ses premiers articles pressaient les spectateurs de braver les longues queues qui se formaient devant ces deux salles, sans parler de la projection déficiente, pour être témoins de quelques moments inoubliables de drame humain. Mais le plus souvent, il demandait à ses lecteurs d'attendre l'avalanche promise de films américains, qui devait certainement suivre l'avance des troupes alliées, et qui commença courant septembre.

Le 5 octobre 1944, Hollywood reconquit la capitale dans un style uniquement comparable au retour de de Gaulle. Ce soir là, le Moulin Rouge se transforma en salle de cinéma pour une séance unique de *Tales of Manhattan (Six Destins)*. Ce fut une soirée agitée et plaisante, selon Bazin, en partie parce que la vedette en était Charles Boyer et le metteur en scène Julien Duvivier, un des plus grands réalisateurs des années trente, parti pour Hollywood au tout début de la guerre. Cette première « diplomatique » fut suivie d'un déluge de films américains ; Bazin dirigeait ses lecteurs vers ceux qu'il estimait dignes d'attention. Il n'avait pas vraiment la place d'écrire de longs articles ou de développer des idées neuves jusqu'en 1946, où le journal doubla sa pagination, ce qui lui permit de faire une colonne de plus par semaine. En hommage à Leenhardt et à sa série d'*Esprit*, Bazin commença sa propre « Petite Ecole du Spectateur », où il parlait tour à tour de la fonction du metteur en scène, du caméraman, du décorateur... et ainsi de suite. Tout comme Leenhardt, il croyait que le profane pouvait, avec quelques renseignements, voir comment un film parvenait à sa forme ultime, et de ce fait être capable de s'en défendre ou de l'apprécier plus profondément. Des milliers d'étudiants suivaient chaque semaine ces cours sur papier ; *Le Parisien Libéré* atteignait déjà des records de vente qui en faisaient le premier quotidien de France.

Le Parisien Libéré donna à Bazin la sécurité d'un revenu régulier toute sa vie ; c'était un salaire amplement mérité. Bazin a dû écrire plus de six cents articles pour ce journal. Il était contraint, pour cela, de supporter le tout-venant du cinéma en France. C'était souvent un travail ingrat. Le pire était encore l'orientation de plus en plus réactionnaire et les nouvelles à sensation vers lesquelles le journal tendait. Il est vrai que ses dirigeants lui laissèrent toujours une totale indépendance et lui permirent d'écrire jusqu'à un certain degré de complexité sur les films qu'il avait choisis, mais le contexte dans lequel ils paraissaient aurait difficilement pu être plus inapproprié. Les historiens du cinéma René Jeanne et Charles Ford ont accusé Bazin d'avoir abusé de l'autorité d'un critique de grand journal en ignorant son public[9]. Ils affirment que Bazin se servit du *Parisien Libéré* pour mener des batailles esthétiques avec d'autres intellectuels et insinuent qu'il méprisait non seulement son journal, mais aussi le grand nombre de gens qui l'achetait. Ces accusations sont facilement réfutables. Le mépris était bien un des sentiments inconnus de Bazin. Son travail, il le concevait comme la tâche qu'il s'était fixée depuis l'adolescence, quand il avait décidé d'enseigner : aider à la libération d'une culture de masse en lui donnant les outils nécessaires et les moyens de décrypter les images d'elle-même qui lui revenaient à travers les films.

Bazin ne bombarda pas non plus son public d'idées trop compliquées. La plupart du temps, il utilisait sa rubrique pour décrire soigneusement un film et en dégager l'intérêt esthétique et sociologique. Plus tard, il allait commencer à s'étendre sur le sujet dans *L'Ecran Français* ou *France-Observateur*. Il finirait même par élargir son champ d'étude en publiant de véritables essais dans *Esprit*, *Les Temps Modernes* et ensuite dans les *Cahiers du cinéma*. Bazin voyait rarement plus d'une fois un film qu'il critiquait, à moins que le film en question ne devienne un jalon pour lui, comme ceux de Welles, Renoir ou Carné. Il ne prenait pas de notes dans la salle. Il en prenait d'ailleurs rarement, même en lisant. En revanche, ses carnets sont remplis de grandes lignes d'approche possibles de vastes sujets historiques ou esthétiques. Sujets qu'il n'aborda certainement jamais dans ses articles du *Parisien*. Ses centaines d'articles dans ce journal ne sont que le produit du réflexe critique qu'il avait lutté pour acquérir au début des années quarante. C'est pour cette raison que sa femme Janine peut dire que s'il écrivait ses chroniques du premier jet, il était tout à fait capable de revenir sans cesse sur un paragraphe d'un travail qu'il destinait à *Esprit*[10]. Ses amis Touchard et Truffaut peuvent assurer que Bazin ne changea jamais d'attitude pour faire plaisir à quelqu'un ou selon la situation, et qu'il traitait le public du grand quotidien avec la même passion critique, le même amour de la précision et le même vocabulaire provocant qui caractérisaient son mode de vie[11].

Si Bazin servait de professeur aux milliers de lecteurs du *Parisien Libéré*, il se considérait toujours comme étudiant de son art. Les années de l'après-guerre furent certainement celles où il acquit enfin une vision synoptique de l'histoire du cinéma et de ses formes. Tous les après-midi, il allait voir les films dont il parlerait peut-être dans sa rubrique du *Parisien*, et spécialement les productions américaines et soviétiques, qu'on n'avait pu voir en France depuis plus de cinq ans. La nuit, il allait visionner, en compagnie de fanatiques, des films plus rares et ambitieux. Cet horaire infernal explique sans doute le peu de critiques approfondies qu'il fit avant 1947. Il en était encore à prendre des notes sur les films, courants ou rares, qu'il pouvait enfin voir.

Bazin fait partie d'une génération (en fait de deux générations) qui doit à Henri Langlois non seulement le respect de l'élève envers le maître, mais celui que le disciple doit ressentir envers le grand prêtre. Car c'est Langlois et lui seul qui avait préservé les trésors de la Cinémathèque durant l'Occupation et qui avait commencé de les projeter clandestinement chez sa mère pendant la guerre.

A la fin de 1945, les séances hebdomadaires de Langlois étaient devenues un rituel pour Bazin et la vingtaine d'autres cinéphiles qui fréquentaient la salle de l'Avenue d'Iéna, avant que la Cinémathèque ne déménage pour l'Avenue de Messine. Ces mêmes cinéphiles se retrouvaient aussi les autres soirs dans divers ciné-clubs. Bazin venait souvent aux projections en compagnie d'un jeune journaliste de *L'Ecran Français*, Jean-Charles Tacchella (qui mettrait en scène, bien des années plus tard, *Voyage en Grande Tartarie* et *Cousin Cousine*). Bazin avait fait la rencontre de Tacchella l'été 1945, en apportant des articles, début août, rue Réaumur, à la rédaction de *L'Ecran Français*. Il régnait dans ces bureaux une atmosphère enfiévrée à laquelle Bazin fut tout de suite sensible. On pouvait y rencontrer plusieurs des meilleurs critiques français (Nino Frank, Roger Leenhardt, Georges Sadoul, Georges Altman) et certains des réalisateurs qui représentaient l'espoir d'un renouveau du cinéma national (Jacques Becker, Jean Grémillon, Louis Daquin, René Clément).

L'Ecran Français était une feuille clandestine qui avait commencé à paraître en 1943, sous le contrôle de plusieurs groupes modérés de Résistance, avec les cinéastes cités plus haut et le Parti Communiste.

A l'origine, la revue était un supplément des *Lettres Françaises*, mais après la Libération, elle prit son indépendance, n'acceptant aucune publicité ni aucun engagement politique autre que celui issu de la Résistance. Quatre années plus tard, le PC allait acheter et contrôler le magazine, mais jusqu'à cette date, la politique servit tout au plus de soutien aux vrais buts recherchés : la défense de l'industrie cinématographique française et surtout la quête enthousiaste d'un cinéma de qualité. C'était donc une publication qui pouvait attirer des jeunes gens comme Tacchella, arrivé de Marseille à l'âge de dix-neuf ans avec l'ambition de se mêler d'une manière ou d'une autre à la vie cinématographique retrouvée. Tacchella allait quotidiennement dans le centre d'information pour G.I.s, il lisait les journaux américains et récoltait les dernières nouvelles en provenance de Hollywood. C'est ainsi qu'il débuta à *L'Ecran Français*.

Les éditoriaux appelant à un renouveau du film français, et parfois à une action contre l'invasion des productions américaines, étaient étayés d'articles sur les tournages en cours, la critique des nouveaux films, les portraits des grandes personnalités et, ce qui était sans doute le plus important, des interviews de réalisateurs français et étrangers. Il est intéressant de noter que Bazin évita longtemps ce genre de journalisme, refusant même les occasions que Tacchella lui proposa. Il était décidé à se contenter de sa propre vision des films, sans être contaminé par « des informations privilégiées ». C'était un critique de réflexion, avide de jongler avec autant d'idées que possible. Les interviews de réalisateurs l'auraient forcé à abandonner certaines de ses idées et à glisser presque inévitablement vers les ragots du métier. Il n'est pas douteux que Bazin hésitait à rencontrer des créateurs.

Les seules interviews qu'il fit, plus tard, furent celles d'auteurs pour qui il avait le plus grand respect : Welles, Renoir et Rossellini, et dans tous ces cas, le metteur en scène savait qui était Bazin et le ton s'en élevait singulièrement. Mais même quand l'interviewé ne connaissait pas Bazin, le résultat était invariablement sérieux et productif. William Wyler en est un bon exemple. Le jour même de l'arrivée de Wyler à Paris en 1948, Tacchella prit rendez-vous avec lui un après-midi. Cette fois, Bazin accepta de l'accompagner. Tacchella s'était armé d'une filmographie complète avec résumé de la carrière de Wyler, en fait, la première que Wyler eût jamais vue. Bazin, pour sa part, posa des questions sur le sens à donner à certains mouvements de caméra dans des films de Wyler qui dataient de plus de dix ans. De deux heures à sept heures de l'après-midi, la discussion continua, passionnée et passionnante : à la fin, Wyler, ahuri, épuisé, leur demanda : « Mais quel métier faites-vous, exactement ? Je n'ai jamais recontré de types comme vous aux Etats-Unis. » Peu après, Bazin publia dans *La Revue du cinéma* un de ses essais les plus féconds, « William Wyler ou le janséniste de la mise en scène. »

Bien qu'il ne fût pas associé à la direction de *L'Ecran Français*, Bazin participait néanmoins à toutes les conférences de rédaction et croyait profondément en la mission du magazine. La critique quotidienne, telle qu'il la pratiquait au *Parisien*, pouvait rapprocher un grand public de certains films, mais un hebdomadaire comme *L'Ecran français* lui donnait l'occasion d'affirmer des tendances, de proclamer des opinions et, d'une certaine façon, de modifier profondément la culture cinématographique de son pays. Il utilisa *L'Ecran Français* pour élargir son point de vue sur de nombreux aspects du cinéma qui l'intéressaient, publiant des essais sur la géographie dans les films ou sur des innovations technologiques ou bien encore sur des genres mineurs comme les films scientifiques ou d'animation. En quatre ans, il contribua à 113 numéros de l'hebdomadaire, y faisant paraître plusieurs de ses articles les plus personnels et les plus

intelligents. L'un des meilleurs, peut-être, reste son « Entomologie
de la pin-up girl » dans lequel il employait un vocabulaire scientifique subtil pour définir le genre et l'espèce de cet étrange monstre
aux énormes mamelles et au large sourire. Dans un style inimitable,
il la définissait :

« *Née de la guerre pour les soldats américains essaimés pour un*
long exil aux quatre coins du mode, la pin-up girl est rapidement
devenue un produit industriel aux normes bien déterminées, d'une
qualité aussi stable que celle du beurre de cacahuète ou du che-
wing-gum. Rapidement mise au point, comme la jeep, au milieu
des besoins exacts de la sociologie militaire américaine moderne,
elle est le produit parfaitement harmonisé d'influences raciales,
géographiques, sociales et religieuses données. »[12]

De tels essais, presque humoristiques, ne sont pas aussi fortuits
qu'on pourrait le croire. Ils contribuaient pleinement au but pédagogique que Bazin s'était fixé pour vocation. Le cinéma : un moyen
d'intéresser le public non seulement à des questions artistiques, mais
aussi à la sociologie, à la science, à la géographie, sujets qui fascinaient Bazin, et dont il était persuadé qu'ils fascineraient aussi les
autres. Mais Bazin était également impatient de confronter le plus
large public à tous les problèmes que soulevait le cinéma. *L'Ecran*
Français rend compte de ses voyages à travers la France, l'Europe et
l'Afrique du Nord, pour parler du cinéma. Bien qu'il utilisât souvent
des classiques comme *Le Jour se lève* pour ses présentations, il
s'était fixé aussi pour tâche d'orienter le public vers les films de la
production courante.

Pour lui, le cinéma « normal », c'était le cinéma américain.
Certes, un raz-de-marée hollywoodien venait de submerger l'Europe, mais certains de ces films témoignaient d'une esthétique nouvelle, ce qu'il appela plus tard « une évolution dans le langage du
cinéma ». Nombre de ses contributions à *L'Ecran Français* traitent
de cela ; par exemple, dès l'été 1946, un essai intitulé « Le nouveau
style américain ».

La grande admiration qu'éprouvait Bazin pour Welles, Wyler,
Preston Sturges et Billy Wilder, accrut son amitié avec Tacchella et
les autres « hollywoodistes » de *L'Ecran Français*, mais préparait
aussi pour 1949 un conflit avec les marxistes du magazine, qui semblaient ne vouloir parler d'Hollywood que pour mieux connaître
l'ennemi.

Les innombrables critiques de films américains écrites par Bazin
et d'autres entre 1945 et 1947, commencèrent à provoquer, vers

1948, des généralisations, des préférences esthétiques et même des manifestes. 1948 fut l'année du brûlot d'Alexandre Astruc « La Caméra-stylo » et du violent article de Leenhardt « A bas Ford, vive Wyler ! », tous deux publiés dans *L'Ecran Français*, et qui troublè-rent beaucoup la rédaction de l'hebdomadaire. Ces essais, avec les critiques de Bazin, soulignaient de manière optimiste le nouvel âge du cinéma américain qui, à l'instar de *L'Age du Roman Américain* qu'analysait Claude-Edmonde Magny, abandonnait les grands thèmes et la rhétorique majestueuse du passé pour un style plus subtil qui saisissait la réalité de tous les jours. C'était une ère où l'on pouvait préférer la scène à l'image, le découpage au montage, le récit au drame, le caractère au symbole, la modulation à l'effet. Pour résumer, on pouvait préférer la mise en scène au sujet, à tel point que Leenhardt décida d'opposer Ford et Wyler parce qu'ils n'étaient pas les auteurs de leurs scénarios et avaient même rare-ment choisi leurs films. Ainsi pouvait-il, de façon presque hérétique, prendre parti entre les deux, et proclamer la supériorité de Wyler, non pour ses films, mais pour son esthétique, celle du « non-cinéma-tographique » qui menait tout droit à la révolution de la « caméra-stylo ».

Tout dans cette position effrayait la vieille garde du cinéma français. Cela menaçait la tradition des théories de l'image et du montage, telle que l'avaient illustrée des cinéastes révérés comme Gance et Germaine Dulac. Cela menaçait aussi la priorité du contenu et, par là, de tout un cinéma orienté politiquement, au moment même où *L'Ecran Français* prônait un « réalisme popu-laire ». Mais cela aida aussi à ce que l'on accorde plus d'attention aux nouveaux films de Cocteau, Bresson et Jean-Pierre Melville, qui furent aussi plus remarqués que le solide cinéma social du moment.

C'était l'année des *Parents terribles* de Cocteau, du *Macbeth* de Welles, du film de Melville *Le Silence de la mer*, des *Dernières vacances* de Leenhardt et des réunions d'*Objectif 49*. C'était « la nouvelle avant-garde » célébrée par Bazin dans « Défense de l'avant-garde », un manifeste d'*Objectif 49* publié le 21 décembre 1948. Bazin était l'animateur de ce mouvement et subit les fureurs des opposants.

L'autre aile de *L'Ecran Français*, qui soutenait la profession et un marxisme populiste, celle qui se réclamait encore de la Résis-tance, appela à la guerre sainte contre Hollywood. D'autant qu'une interview d'Hitchcock par J.-Ch. Tacchella et Roger Thérond avait mis le feu aux poudres. Le débat devint public. Claude Vermorel et Louis Daquin partirent en guerre « pour le fond contre la forme ».

On accusait *Objectif 49* de « formalisme » et de « préciosité ».
Bazin et Pierre Kast répondaient par un article, « Entretien sur une
tour d'ivoire », dans lequel ils se faisaient ouvertement les défenseurs
des « jeunes Turcs ». Georges Sadoul et Bazin s'affrontèrent même
sur scène au cours d'un face à face.

L'année 1949 semble ainsi avoir été le début du combat esthétique qui allait trouver son temps fort bien plus tard dans la Nouvelle Vague. Si on l'a oublié aujourd'hui, si nous attribuons couram-
ment la politique des auteurs, la reconnaissance d'Hitchcock et la
critique de la mise en scène aux *Cahiers du cinéma*, et ce, en 1954,
c'est probablement parce que les effets pervers de la guerre froide
firent oublier les problèmes esthétiques au profit des combats politiques, et réduisirent à néant les débats de ce genre et l'existence
même de *L'Ecran Français*.

La maladie de Bazin, la guerre de Corée et l'affrontement Est-
Ouest mirent un terme à quatre ans de collaboration active, dont
deux d'un débat fécond à *L'Ecran Français*. Jamais plus Bazin ne
s'engagerait dans un tel combat pour une nouvelle conception du
cinéma. Quand, après la Corée, de telles luttes resurgirent, dans les
pages mêmes des *Cahiers du cinéma*, il se montra plus distant. Son
attitude était toujours aussi positive, mais ce n'était plus celle d'un
combattant. Peut-être pensait-il que la bataille esthétique était déjà
gagnée depuis les mémorables années 1948 et 1949.

Si *L'Ecran Français* fut finalement un champ de bataille, *Esprit*
resta toujours la patrie de Bazin. C'est là qu'il se sentait le plus à son
aise et qu'il publia ses articles les plus ambitieux, les plus achevés.
En septembre 1945, Bazin en devint le critique cinématographique
régulier ; la revue était redevenue un des points de rencontre intellectuels de première importance. Mounier demanda même à Bazin
d'entrer au comité de rédaction, dont il fit partie jusqu'en 1948. De
la Libération à la fin de sa vie, il participa aux réunions du lundi soir
rue Jacob. *Esprit* était le contexte philosophique et politique parfait
pour le travail qu'il s'était assigné. La revue avait eu une large res-
ponsabilité dans l'orientation du talent de Bazin, à la fin des années
trente ; elle lui avait donné un but et lui avait permis de voir le
rapport qui liait les idées et la vie sociale de tous les jours. Et finalement, non seulement il en bénéficiait, mais il allait ardemment vers
une vie et une culture en lesquelles il croyait. Et il y allait en compagnie de collègues aussi éminents qu'Albert Béguin, Pierre-Aimé
Touchard, Jean Cayrol, Paul Ricœur, tous sous la direction lumineuse d'Emmanuel Mounier.

Il y avait deux sources auxquelles *Esprit* trouvait force et inspiration. La première, c'était Mounier lui-même, dont nous avons déjà parlé. La seconde était la réflexion collective qu'il avait suscitée. La revue décourageait la spécialisation, à une époque où toutes les autres revues intellectuelles la recherchaient avidement. *Esprit* fut capable de laisser une longue lignée de penseurs échanger successivement leurs rôles, dans la mesure où chacun d'eux partageait les idéaux de Mounier, ainsi que les résume un texte qui fut inséré dans la revue à chaque parution.

« Depuis sa création, en 1932, Esprit est resté fidèle à l'orientation que lui avait donnée Emmanuel Mounier : tracer, entre la bourgeoisie et le collectivisme de l'Etat, une avenue par où la transformation des structures pourra promouvoir l'enrichissement individuel et mènera à une « civilisation du travail » qui libérera l'homme de la tyrannie de l'argent.

Dénoncer l'oppression et le mensonge, se libérer à la fois de l'ordre chrétien et du désordre établi : telles sont les tâches cruciales qui vont de pair avec un réexamen constructif de la culture mené fraternellement avec ceux qui luttent pour leur émancipation. Esprit n'adhère à aucune orthodoxie ; revue libre qui s'adresse à des hommes libres, elle recherche la vérité sans vouloir toujours avoir raison à tout propos. »

La meilleure illustration de cela est sans doute la « Table Ronde » du lundi matin, à laquelle participent de dix à vingt-cinq membres, dont un noyau des rédacteurs de la revue, quelques intellectuels de premier plan et d'autres invités. Elle se fait parfois sur un sujet arrêté à l'avance, mais prend souvent un tour informel jusqu'à ce qu'un point d'intérêt soit atteint. Si le sujet est vraiment d'actualité ou important, un des rédacteurs peut se voir confier la tâche d'organiser un numéro de la revue. On demande alors des articles aux participants. Même quand on ne parvient pas à faire un numéro sur les sujets discutés, *Esprit* publie chaque mois des extraits des discussions des quatre semaines précédentes sous le titre « Journal à plusieurs voix ».

La chose va au-delà du procédé journalistique, c'est une véritable tactique de libération pour les rédacteurs aussi. Des philosophes parlent de films, des critiques d'art de planification urbaine et tout le monde discute de politique et de religion. Bazin, qui occupait le même fauteuil semaine après semaine, ne demandait pas mieux que de parler de tout. *« C'était comme s'il n'existait pas un sujet sur lequel il n'ait lu le dernier livre »*, disait de lui Jean-Marie

Domenach[13]. Nous ne pouvons qu'émettre des suppositions sur ce que ces réunions lui apportèrent. Mais une telle situation lui semblait paradisiaque : certains des meilleurs esprits de son temps, experts en tous les domaines, réunis dans une pièce pour réfléchir aux problèmes qu'affrontait la culture en France. Les réunions se terminaient souvent à huit heures du soir, mais les conversations continuaient jusque tard dans la nuit dans les cafés de St-Germain ou chez l'un des participants.

Dans cette atmosphère philosophique propice, Bazin commença à mettre en forme sa vision du cinéma et à la propager. C'était l'époque rêvée pour le faire. Il avait déjà publié « Ontologie de l'image photographique », qui pouvait servir de pierre angulaire à une théorie capable de mûrir en même temps que les mouvements cinématographiques de l'après-guerre. Une année après avoir rédigé ce manifeste réaliste, il eut l'occasion de voir les films qui l'illustraient : *Citizen Kane, La Splendeur des Amberson* et les grandes œuvres néo-réalistes italiennes. Quand il eût vu ces films, *Esprit* s'avéra la meilleure tribune pour exposer ses idées, puisque c'était dans le personnalisme qu'il avait puisé sa métaphysique et son éthique ; il les appliquait maintenant au cinéma, art qui, dans l'Europe d'après-guerre, prenait une place prépondérante.

Il est difficile, voire impossible, de savoir si Bazin était en train d'établir une théorie du cinéma que ces films illustraient, ou s'il avait aimé les films néo-réalistes à un tel point qu'il forgea une théorie pour les justifier. En tout cas, la dialectique continuelle entre son travail de critique et de théoricien ne fut jamais plus évidente ni plus enrichissante.

L'esthétique d'une réalité ambiguë

Eric Rohmer pense que le néo-réalisme fut la plus parfaite incarnation, après-guerre, du style de film fondé sur les idées de Bazin, mais qu'on peut et même qu'on se doit de considérer ces idées hors de tout genre. Rohmer a dit de la critique de Bazin :

« *Chaque article, mais aussi l'ouvrage dans son ensemble, a la rigueur d'une véritable démonstration. Il est certain que l'œuvre de Bazin tout entière tourne autour de la même idée, l'affirmation de l'« objectivité » cinématographique, mais c'est un peu de la même manière que toute géométrie tourne autour des propriétés de la ligne droite.* »[14]

Rohmer laisse entendre qu'armé de ce seul axiome, Bazin se heurta sans cesse à des problèmes esthétiques posés par les films qu'il voyait ou les livres de cinéma qu'il lisait. Il affirme que l'on ne doit pas lier Bazin aux films qu'il avait choisi d'examiner ; ce n'étaient que de bons exemples de l'histoire du film, capables de mettre en lumière les fonctionnements internes du cinéma. Si ces exemples ont pu vieillir, si, par exemple, le néo-réalisme et la profondeur de champ ont ouvert la voie à des genres et à des techniques qui créent d'autres problèmes, les conclusions de Bazin sont encore valides. Ce que Rohmer veut dire, c'est que Bazin ne se passionnait pas tant pour le néo-réalisme ou la profondeur de champ que pour le lien du cinéma avec la réalité. La meilleure illustration de ce lien, dans cette période, était le cinéma italien, et le type de photographie que Welles et Renoir avaient popularisé ; ce fut donc sur ces films et ces réalisateurs qu'il écrivit.

Rohmer veut couper court à la critique qui met ces exemples en question, pour concentrer son attention sur les principes. Bazin avait un tel sens de la logique qu'il ne s'est pas trouvé beaucoup de détracteurs pour le réfuter sur le terrain de la consistance. Une fois établi l'« axiome de réalité », les articles de Bazin coulèrent infailliblement, chaque phrase irriguant de plus en plus de terrain. Mais tout comme la géométrie ne se résume pas à Euclide, on peut avancer que l'axiome de réalité a ses limites. Le plus simple est, comme l'ont affirmé et devaient le faire ses détracteurs, que le cinéma n'a pas de lien spécial à la réalité, que c'est un art aussi conventionnel que les autres.[15].

Les axiomes ne se prouvent pas, on ne peut que prendre en compte leur évidence. Une fois qu'on les a acceptés, le théoricien est libre d'en faire découler un système, mais celui-ci ne peut jamais faire boucle pour venir prouver l'axiome. Bazin essaya de prouver le caractère raisonnable de l'axiome de réalité, grâce à toute une série de métaphores qui comparaient l'image cinématogrphique à un masque mortuaire, un moule lumineux, au Voile de Véronique, etc. Ces figures de style ont pour effet de nous séduire et de nous donner foi en cet axiome. Mais elles peuvent aussi nous amener à nous poser une question plus fondamentale : pour quelle raison et dans quel contexte Bazin voulait-il insister sur le rapport du cinéma à la réalité ?

Ici, c'est la vision du monde donnée par le personnalisme et l'existentialisme chrétien qui sert de terreau à la conception du cinéma que l'on trouve dans le système de Bazin. Attaquer l'axiome d'objectivité revient donc à attaquer une école philosophique. Mais puisque nous sommes sortis un moment du domaine du cinéma, nous pouvons de nouveau remettre en question les exemples dont se sert Bazin. Même s'il est vrai que l'axiome d'objectivité est applicable aux films de tout genre, et que l'insistance de Bazin sur les œuvres de Renoir, Flaherty et des néo-réalistes est circonstancielle, ces films, quand on leur jette un regard philosophique, sont des points de repères exceptionnels au sens moral et esthétique, capables, à leur façon, de mettre l'accent sur la justesse de l'axiome qui les rend valables. Rohmer a donc certainement raison, qui affirme que la théorie de Bazin va bien au-delà des films dont il parle, mais que le point de départ au développement de ladite théorie fut donné par ces films-là dans le contexte spécifique du personnalisme. Le cinéma n'est pas la mathématique. On n'y théorise pas dans l'abstrait. Bazin fit entrer dans son étude du film une idée complexe de la réalité et de la place que l'homme y tenait.

L'axiome d'objectivité et toute la théorie de Bazin doivent donc être considérés en relation avec la vision personnaliste de « l'autre mystérieux » de la réalité externe. Mounier disait que cette altérité, quand bien même elle était inépuisable, peut être connue par l'homme suffisamment instruit. Cette instruction particulière requiert un auto-effacement de l'auditeur dont les sens, le cerveau et l'âme se concentrent sur le monde physique qui attend d'être connu peu à peu. La personne doit s'organiser en silence, en faisant retraite dans sa distance intérieure, pour revenir au monde extérieur en un état de disponibilité telle qu'elle pourra faire l'expérience de toutes les vérités qu'elle aura la chance de croiser, qu'elles soient spirituelles, naturelles ou culturelles.

Le monde est « mystérieux » et « ambigu », non parce qu'il n'est encore connu qu'en partie, comme si nous avions à attendre que les scientifiques terminent leurs recherches. Ce serait un « réalisme naïf » que d'imaginer le monde comme une sphère auto-suffisante, que nous tenterions d'appréhender d'un côté, puis de l'autre, avant de la pénétrer et de l'utiliser. Si nous voulons bien attribuer à Bazin les idées qui prévalaient dans son milieu, celles de Sartre, Marcel, Mounier et Merleau-Ponty, le « mystère » devient une qualité du monde lui-même, plus qu'un état qu'il conviendrait de dépasser. En fait, pour les existentialistes, la réalité n'est pas une situation que l'expérience pourrait appréhender, mais un « quelque chose qui émerge », de quoi l'esprit participe essentiellement, et dont on peut dire qu'il n'existe que dans l'expérience. Ici, l'idée d'ambiguïté, centrale chez Merleau-Ponty comme chez Bazin, n'est pas que la résultante des limites humaines. Elle devient l'attribut essentiel du réel, et une valeur que la conscience n'atteint que lorsqu'elle rencontre cette altérité que nous appelons le monde.

La façon dont les réalisateurs utilisent le cinéma reflète leur conception de la vie. Si l'on se concentre sur les deux extrémités du spectre, le cinéma peut être soit une aide dans notre expérience de la plénitude de l'univers, soit un procédé expressif capable de « répondre » à cet univers. Dans ce dernier cas, le cinéma ne découvre rien et utilise au contraire son énergie pour donner une opinion. Bazin considérait ce cinéma « intérieur », « subjectif » (l'expressionnisme allemand, par exemple) comme une simple opinion, un réarrangement personnel du monde, fait pour soutenir la vision que le réalisateur en a. Dans l'ensemble, il s'opposait à cette tendance et exigeait plutôt du metteur en scène qu'il fût d'une rigoureuse honnêteté dans son utilisation de ce que la nature lui avait donné sous forme d'image cinématographique. Si, pour Bazin, le cinéma n'est pas exactement la réalité objective, c'était certainement quelque chose qui allait bien au-delà d'une vision (ou d'une opinion) sur la réalité. Cette notion se tient à mi-chemin de la perspective et de l'objectivité, aussi Bazin en donna-t-il une définition sous le vocable d'« asymptote », cette ligne, en géométrie, qui se rapproche progressivement d'une courbe, mais ne la rencontre qu'à l'infini. Les réalisateurs qui nient que le cinéma atteint sa vraie puissance dans cette relation spéciale à la réalité (relation qui est propre à ce médium artistique) se soucieraient donc plus de leurs visions que des découvertes de l'expérience.

La vision du monde de Bazin s'exprime non seulement dans la condamnation du cinéma « *manipulateur* » et « *volontariste* », mais aussi dans l'amour des films de Flaherty, des néo-réalistes, et tout spécialement de Jean Renoir. Tous les films vers lesquels sa position philosophique l'attirait étaient, d'une façon ou d'une autre, du genre « documentaire créatif ». Ce type de films est le plus proche du paradoxe central que Bazin voyait dans le cinéma : un cinéaste doit travailler dans ce genre de telle sorte que la réalité paraisse « réelle » à l'écran, mais il doit déployer ses efforts avec assez d'intelligence pour faire émerger de la réalité une signification que l'expérience n'a pas encore découverte :

« Le bon cinéma est nécessairement, d'une manière ou d'une autre, plus réaliste que le mauvais. Mais la condition n'est point suffisante car il n'y a d'intérêt à mieux rendre le réel que pour lui

faire signifier davantage. C'est dans ce paradoxe que réside le progrès du cinéma. C'est par là aussi que Renoir est sans conteste le plus grand réalisateur français. »[16]

C'est Flaherty, le père du documentaire créatif, qui incarne le mieux le paradoxe dans ce genre. Même s'il cherche à capturer par l'image la sensation de « la vraie vie en devenir », Flaherty ne se contentait pas de trouver un sujet et un lieu pour tourner, mais vivait avec ses « sujets » pendant de longs mois, pour ressentir profondément leur mode de vie ; ce n'était qu'après qu'il écrivait son scénario, pour tenter de « rendre » ce mode de vie. Son style reflétait la vision qu'il avait de ses sujets ; mais les événements qu'il choisissait de filmer étaient très souvent fabriqués ; seuls les acteurs et le lieu restaient authentiques. Nanouk, par exemple, fut forcé de chasser le phoque, chose qu'il n'aurait jamais faite dans la vie. De même, les hommes d'Aran durent apprendre à tuer les requins géants qui se prélassent au soleil, chose que personne, dans l'île, n'avait faite depuis soixante ans ; une autre fois, ils prirent la mer dans une tempête qu'ils n'auraient jamais bravée sans que Flaherty leur en donnât l'ordre. Toutes ces reconstitutions étaient destinées à rendre les images plus vraies que ce que pouvaient être des apparences immédiates. On restituait un mode de vie dans son essence. Flaherty pensait qu'il fallait souvent transformer la vie pour la porter à l'écran (changer les événements), si l'on voulait garder tout le sens de la vie d'un homme dans son environnement.

La réponse qu'il faisait à ce paradoxe cinématographique était de la plus rigoureuse honnêteté vis-à-vis des sujets de ses films : c'étaient les faits et gestes des gens dans le cadre de leur environnement. Jamais il n'aurait osé imposer ses réactions à ses sujets ; et il n'isolait que très rarement la réaction d'un sujet de son contexte. C'est ainsi que sa méthode devint célèbre : il filmait les gens dans leur rapport à l'environnement (en espace réel) et à l'acte qu'ils étaient en train d'accomplir (en temps réel).

Pour Bazin, l'œuvre documentaire de Flaherty était comparable à ce que Renoir réalisait dans la fiction. Renoir choisissait également ses sujets en fonction de ce qu'ils pourraient révéler de leur propre singularité. Il choisissait les lieux de tournage et laissait les acteurs se voir comme des acteurs sur une scène fabriquée. Mais une fois cela posé, Renoir se mettait à tourner son film comme un documentaire sur le jeu, jusqu'à ce que bientôt, ce qui était dans l'acteur, en tant qu'acteur, commençât à se révéler comme expression personnelle. Comme Flaherty, Renoir s'intéressait aux faits et gestes de ses sujets ; comme un documentariste, il fabriquait les événements, mais rien de plus. Il faisait mouvoir sa caméra à l'intérieur et autour des situations pour enregistrer les vraies réactions de ses sujets.

Nous ne pouvons dire des films de Flaherty ou de Renoir que le cinéaste en a effacé sa propre vision. C'est plutôt la direction de la situation qu'il a gommée, tout en maintenant son style de vision en tant que témoin de cette action. C'est ensuite au public d'assister à un événement réel et à la perspective qui englobe cet événement. Chez Renoir, c'est dans les reconstitutions de fortune que cette tension est la plus évidente ; s'il atteint à un effet agréable ou plaisant, il lui faut rapidement recadrer à mesure que la scène progresse. Son style part d'un instinct qui choisit ce qu'il doit regarder, et sait comment le regarder — ou plus précisément, comment coexister avec lui. Grâce à la subtile pression de cette démarche, les relations internes du réel deviennent visibles, et s'épanouissent dans la conscience du spectateur comme la révélation de la vérité enfin dévoilée.

Face à Flaherty et Renoir, Bazin a les mêmes réactions que face au flocon de neige ou à la fleur. Il ne cesse de chanter les louanges de ces deux auteurs, non pour leurs images, mais pour la façon dont ils les rassemblent. Ainsi, *Nanouk* est un grand film parce que Nanouk est un vrai Eskimo qui a souffert ce que nous le voyons souffrir sur l'écran, et qui est même mort de faim un an après le tournage du film. Et, sur un autre exemple, celui du film réalisé par H. G. Ponting sur la mission Scott au Pôle Sud, *L'Eternel silence* : « *La seule photographie de Scott et de ses quatre compagnons au Pôle Sud, retrouvée dans leurs bagages, est en elle-même beaucoup plus passionnante que le film en couleurs de Charles Frend.*[17] » Bazin ajoute, à propos du remake de *L'Eternel silence* en 1948, *L'Aventure sans retour* : « *Toutes les maquettes en studio constituent une prouesse de truquage et d'imitation. Et pourquoi ? Pour imiter l'inimitable, reconstituer ce qui par essence n'a lieu qu'une fois : le risque, l'aventure, la mort.* »[18]

Alors que les autres arts dépendent précisément de ce type d'imitation pour survivre, l'attrait essentiel du cinéma réside dans cette coalescence avec l'événement représenté, qui lui est unique en tant qu'art. Bazin, dans ses critiques, n'a pas cessé de chercher les moyens de déterminer l'effet de l'origine d'une image sur sa qualité visuelle et sa relation avec elle. Dans le même passage où il vante le long plan de *Nanouk*, il accuse Flaherty d'avoir triché en utilisant un montage en champ/contrechamp pour donner l'impression d'une pêche aux crocodiles dans *Louisiana Story*. La qualité visible des images enchaînées montre que cette séquence n'est pas née dans les marais, mais dans une salle de montage.

Bazin ne condamnait pas la convention cinématographique. Pris dans leur ensemble, ses écrits sont ce que nous connaissons de mieux sur l'histoire des conventions du cinéma classique. Mais il pensait clairement que dans le meilleur cinéma, les diverses conventions sont conçues comme des dorures entourant une pure vision de la réalité qui les transcende. La dorure peut se ternir, pas la vision. Les conventions narratives d'un film comme *Une partie de campagne* nous semblent déjà surannées, mais le célèbre gros plan de Sylvia Bataille se donnant à Georges Darnoux au chant de l'oiseau ne datera jamais, car c'est un document à l'état pur, dans lequel c'est l'être humain qui nous intéresse dans l'actrice, et pas le personnage. C'est un fait, pas un simple fait, mais d'autant plus un fait dans son irruption dramatique.

S'il est possible que Bazin soit sur un terrain dangereux en insistant à ce point sur l'origine d'une œuvre d'art plutôt que sur le produit fini, il est en bonne compagnie dans sa recherche d'un instant intemporel de révélation à l'intérieur d'une structure conventionnelle. C'est Goethe et Baudelaire qui viennent immédiatement à l'esprit. Tous deux considéraient le symbole comme une entité universelle qui, dans des conditions propres et sous l'angle adéquat, pouvait révéler à l'artiste privilégié non seulement sa propre signification profonde, mais les mystères d'un univers dont il est une clef. Bazin ne condamna donc jamais tout à fait les conventions de genres, mais c'étaient les films dans lesquels la convention était utilisée pour stimuler les révélations d'une nature réelle (c'est-à-dire, non-conventionnelle), qui avaient sa faveur. La raison pour laquelle des hommes (comme Renoir ou Rossellini) ont une vision privilégiée de la vie et peuvent, par simple attention, exprimer toute la profondeur d'une situation, Bazin ne l'explique jamais. Il pose sans doute, dans la tradition de Baudelaire, Du Bos et surtout Malraux, la primauté du génie, de l'homme qui est l'auditeur privilégié de l'univers, capable d'entendre, au sein du vacarme de la vie, le battement de cœur qui en révèle le centre. Sous cet angle, Bazin ne s'intéresse pas tant à un art cinématographique réaliste qu'à la réalité elle-même.

De telles révélations sont encore plus naturelles avec Flaherty. Ses films enregistrent le lent processus par lequel il apprit graduellement à s'accorder et participer à son sujet, tout comme ils enregistrent la signification que le sujet lui a peu à peu livrée. La méthode de Flaherty a été comparée à l'art des sculpteurs sur ivoire eskimos par Calder-Marshall, son biographe. C'était un art qu'il connaissait parfaitement :

« *Quand le sculpteur tient l'ivoire brut d'une main légère, il le tourne en tous sens et murmure : « Qui es-tu ? Qui se cache là-dedans ? ». Puis : « Ah ! Le phoque !* » *Il ne se décide jamais, au moins consciemment, à sculpter, disons, un phoque, mais prend le bout d'ivoire, l'examine pour y trouver sa forme cachée, et si elle n'est pas apparente tout de suite, commence à le sculpter jusqu'à ce qu'elle se dégage et qu'il la voie, murmurant des incantations ou des chants tout en travaillant. Puis il la fait sortir. Le phoque, caché, émerge ; il le relâche ; il l'aide à sortir... Une sculpture, comme un chant, n'est pas une chose ; c'est une action. Quand on sent une chanson en soi, on la chante ; quand on sent une forme qui émerge de l'ivoire, on la réalise.* »[19]

Si cette esthétique eskimo ne renferme nullement tout ce qui a ou aurait pu être fait en matière d'art, elle rend bien compte d'une grande tradition, celle qui est en accord avec les principes philosophiques de Bazin et d'*Esprit*. Flaherty et Renoir étaient des messagers isolés qui annonçaient la possibilité d'une méthode cinématographique fondée sur cette esthétique. Pour Bazin, les vertus de cette méthode étaient splendidement illustrées par l'émergence du cinéma italien de l'après-guerre. Observé de la position favorable que constituaient les prédispositions intellectuelles de Bazin, le néo-réalisme n'était pas uniquement un point de départ arbitraire de ses théories, comme semble le dire Rohmer, mais la tendance la plus vivante d'une certaine tradition cinématographique que Bazin, existentialiste chrétien et membre d'*Esprit*, désirait encourager.

Le néo-réalisme servit parfaitement les théories de Bazin. Ces films amenaient progressivement l'expérience cinématographique vers l'expérience vécue, à la manière d'une asymptote, dans la mesure où le spectateur y reçoit une vision de la vie que vient illuminer cette tension entre la réalité et l'abstraction ténue qu'est l'image sur l'écran. Mais ces films avaient pour Bazin une importance qui allait au-delà de l'illustration qu'ils offraient à sa théorie de l'ontologie de l'image photographique. Il découvrit qu'en reproduisant presque notre perception de la vie quotidienne, le néo-réalisme permettait de réunir les conditions dans lesquelles l'expérience peut parler d'elle-même, sans passer par la rhétorique d'un cinéaste qui veut raconter une histoire ou faire passer un message. En choi-

sissant un aspect de la réalité et en continuant ce choix, le néo-réaliste concentre sur l'écran ce qui dans la vie est diffus ; il nous
permet de la sorte de traiter un sujet dans son mystère.

A partir de ce point de vue, nous pouvons dire que Bazin aimait
les films néo-réalistes moins pour ce qu'ils lui disaient du cinéma
que pour ce qu'ils lui révélaient de la réalité. Son penchant pour les
films les moins abstraits possibles venait de son désir de voir les
images du réel éclairer l'écran. Bazin était le type de spectateur qui
s'enchante et remarque les détails imprévus de la nature, même
dans le western le plus bourré de conventions. Dans le néo-réalisme,
il trouva un mouvement qui se dédiait, à la fois dans sa photographie et sa dramaturgie, à l'imprévu.

De même que l'être humain est aux prises avec un monde qu'il
aborde avec curiosité et espoir, de même « ... *la caméra italienne
conserve quelque chose de l'humanité de la Bell-Howell de repor-
tage, inséparable de la main et de l'œil, presque identifiée avec
l'homme, promptement accordée à son attention.* »[20]

Le caméraman néo-réaliste va au-delà de la perception de tous
les jours, non par des artifices techniques ou la manipulation de la
chose photographiée, mais par la simple intensité de son attention
qui fait ressortir certains détails. Il devient, selon Bazin, un filtre qui
ne transforme rien, mais laisse passer un fort courant de faits qui
viennent d'une fréquence particulière de la lumière.

La façon dont ces faits sont organisés est ce que l'on appelle la
dramaturgie. La dramaturgie néo-réaliste exige avant tout que les
faits soient naturels et non artificiels. Ensuite, il faut que l'indépendance et l'autonomie des faits trouve sa représentation. Bazin voulait
dire que le style du cinéaste est comme une force magnétique qui
sélectionne, dans le sable et la poussière de la vie, les dépôts ferreux
qui possèdent la bonne polarité, et qui ensuite les arrange en un
champ[21]. Tout l'art du cinéma néo-réaliste résulte de cette participation : celle d'une disposition intérieure à l'intérieur de la disposition
des faits du réel. C'est parce que les dépôts (les faits) préservent leur
composition propre qu'on peut les disposer de façon différente. En
fait, on pourrait envisager que plusieurs metteurs en scène néo-réalistes emploient les mêmes faits dans des films de types et d'effets
différents, tout comme plusieurs aimants possédant des champs
magnétiques différents modifieront avec force la position d'un filon
de dépôts ferreux : ainsi pourra-t-il y avoir une concession minière
permanente ou pas de concession du tout.

Pensons au contraire aux faits distordus, soudés et collés des films de fiction « de qualité ». Tout d'abord, on constate que les faits, dans ces films, sortent plus volontiers du studio que du flux de la vie. Ensuite, ils sont fragmentés, polis et retravaillés jusqu'à être irréversiblement liés en scènes. Quant à ces scènes, elles n'ont plus d'existence indépendante et l'on ne peut les penser autrement que comme des objets manufacturés. Dans l'une de ses analogies les plus efficaces et les plus élaborées, Bazin étudia ce contraste en terme de différence entre des pierres qu'on trouve dans la nature et des briques ; l'opposition entre nature et culture en somme :

« *Je dirai des formes d'art classique et du réalisme traditionnel qu'ils construisent les œuvres comme on construit les maisons, avec des briques ou des pierres de taille. Il n'est pas question de contester ni l'utilité des maisons, ni leur beauté éventuelle, ni la parfaite appropriation des briques à cet usage, mais on conviendra que la réalité de la brique est bien moins dans sa composition que dans sa forme et sa résistance. Il ne viendrait pas à l'idée de la définir comme un morceau d'argile, son originalité minérale importe peu, ce qui compte c'est la commodité de son volume. La brique est un élément de maison. Cela est inscrit dans ses apparences mêmes. On peut faire le même raisonnement par exemple avec les pierres de taille qui composent un pont. Elles s'emboîtent parfaitement pour former la voûte. Mais des blocs de rochers éparpillés dans un gué sont et demeurent des rochers, leur réalité de pierre n'est pas affectée parce que, sautant de l'un à l'autre, je m'en sers pour franchir la rivière. S'ils m'ont fait provisoirement le même usage, c'est que j'ai su apporter au hasard de leur disposition mon complément d'invention, y ajouter le mouvement qui, sans en modifier la nature et l'apparence, leur a donné provisoirement un sens et une utilité.*

De la même façon le film néo-réaliste a un sens, mais a posteriori, dans la mesure où il permet à notre conscience de passer d'un fait à l'autre, d'un fragment de réalité au suivant, tandis que le sens est donné a priori dans la composition artistique classique : la maison déjà est dans la brique. »[22]

Est-il étonnant, cela posé, que Bazin ait tant aimé *Paisa*, film structuré en six épisodes indépendants ? Qu'importe, dit-il, si pour sauter d'un épisode à l'autre, nous devons nous mouiller les pieds ? Telle est la nature d'un gué dont les pierres ont été là de toute éternité. Et de fait, notre intérêt oscille entre la pierre en tant que gué et la pierre en tant que pierre, puisque nous devons examiner sa forme de peur de tomber. Est-ce que nous examinons la forme des pierres qui composent le pont que nous traversons ? Pas souvent, répond Bazin. Et dans la mesure où la réalité de tous les jours ressemble plus à la recherche de gués pour passer sans danger sur l'autre rive qu'à la traversée d'un pont déjà-là, on la cerne mieux par le néo-réalisme que par le réalisme traditionnel.

La tension entre la scène qui se déroule sous nos yeux et notre croyance quant à la façon dont elle a été faite, fascinait autant Bazin que les flocons de neige et les fleurs. Il est certain qu'il est des formes graphiques plus belles que celles que nous offre la nature, mais ce sont pourtant celles-ci qui nous hypnotisent, car nous sentons le processus naturel de maturation en elles, et cela même dans leur état définitif. Dans ce cas, la connaissance que nous avons de la genèse d'une forme se reporte dans l'appréciation que nous faisons d'elle, non comme une information qu'on aurait ajoutée, mais comme quelque chose d'essentiel. D'où cette gêne particulière que nous devons surmonter quand nous voyons une fleur artificielle ou un arbre de Noël en plastique. D'où aussi l'avantage du film dérivé des conditions de notre vie de tous les jours.

Les théories de Bazin ont un effet paradoxal. Elles semblent diminuer le rôle de l'artiste par rapport au film qu'il aide à mettre au jour, et en même temps, elles mettent certains cinéastes dans ce qu'Andrew Sarris devait appeler plus tard un « Panthéon »[23]. Dans l'immédiate après-guerre, Bazin ne se privait pas d'accuser les metteurs en scène standard d'une certaine présomption dans leur approche du cinéma, alors que de son côté, il bâtissait une véritable mythologie contemporaine autour des figures de Roberto Rossellini et d'Orson Welles.

En dépit de leurs énormes différences de style, Welles et Rossellini partagent une conception de la mise en scène qui s'apparente plus à l'exploration qu'à la création. Puisque, pour Bazin, la réalité n'est que le produit d'une rencontre entre une appréhension active et le champ des phénomènes dans lequel elle opère, le cinéma devrait être un instrument de rencontre, de compréhension, donc de réalité. D'une certaine façon, on peut considérer toutes les théorisations de Bazin comme une campagne destinée à nous préparer aux révélations que le cinéma nous prodigue. Cette campagne, dans l'esprit de Bazin, atteignit sa pleine dimension quand il lutta pour exprimer l'indicible émotion qui l'avait saisi en voyant *Paisa* et *Citizen Kane*, émotion qui était également une vision. Ce furent ces deux films qui balisèrent le champ de ses intérêts ; d'un côté, *Paisa* faisait l'examen d'une réalité politique qui en était encore à ses balbutiements, alors que *Citizen Kane* explorait de manière plus abstraite la position de l'homme dans l'espace et le temps. Ces deux films procédaient de l'attitude phénoménologique qui avait nourri Bazin à *Esprit* ; il s'agissait de deux tentatives, entièrement dissemblables, d'enregistrer et de préserver la complexisté de nos rapports au monde ou, selon l'expression de Merleau-Ponty, les ambiguités de l'expérience. Nous ne pouvons dire, dans aucun des cas, que le metteur en scène ait choisi la vie plutôt que le film, ni le contraire. Le cinéma était directement impliqué dans la réalité dont ces films participaient. En fait, Bazin a parlé de ces deux œuvres en même temps, affirmant que, phénoménologiquement, on pouvait considérer qu'elles avaient le même objectif : « *...Dans une totale indépendance technique, en l'absence évidente de toute influence directe, à travers des tempéraments qu'on ne saurait imaginer moins compatibles, Rossellini et Orson Welles ont, au fond, poursuivi le même projet esthétique essentiel, ils ont la même conception esthétique du "réalisme".* »[24]

Avec *Paisa*, la situation est plus claire, quand on sait à quel point politique, vie et art étaient indissolublement liés dans l'Italie de 1946. Le film de Rossellini contribua de façon matérielle à changer la situation même qu'il étudiait. Ce fut, sans aucun doute, un moment unique. Hitler et Mussolini avaient fait de la culture européenne un tas de fumier sur lequel une végétation commençait de pousser, qui n'allait pas tarder à modifier le paysage. Rossellini, dans sa lutte angoissée pour trouver une solution à la crise économique, culturelle et spirituelle de son pays, avait accouché d'un style qui paraissait n'avoir aucune ambition pour lui-même, et se contenter d'explorer les situations qui l'avaient provoqué.

Dans le néo-réalisme de *Paisa* et *Rome ville ouverte*, il y avait quelque chose qui exaltait Bazin, moins pour les nouvelles perspectives qu'il ouvrait au moyen d'expression, que parce que le médium lui-même donnait soudain le sentiment direct de la situation italienne et de la propre angoisse de Rossellini, de son engagement dans la crise. Le néo-réalisme, insistait-il, est moins un style de mise en scène qu'un humanisme. Bazin pensait qu'en 1946, l'histoire du cinéma et l'histoire politique européenne avaient atteint un stade de convergence. C'était le néo-réalisme qui grandissait dans les rues, partie intégrante de cette culture en gestation qu'il voulait faire naître et connaître. Bazin voulait parallèlement libérer le cinéma français des producteurs qui régnaient seuls derrière des bureaux, dans le monde imaginaire des studios, et rendre ce moyen d'expression à ceux qui étaient activement engagés dans la rénovation de la culture de l'après-guerre. L'esthétique cinématographique de Bazin était en harmonie avec les aspirations politiques de toute une génération européenne et avec les films que ces espoirs avaient pu mettre au jour en Italie.

Cette idée d'harmonie entre l'art et la vie, entre la France et l'Italie, entre la philosophie et la politique, s'empara de Bazin un soir de novembre 1946 à Paris, quand il organisa la première de *Paisa*. Rossellini était venu de Rome en voiture avec une copie du film et Bazin avait réservé la grande salle de la Maison de la Chimie pour l'occasion. Le cinéaste parla brièvement, puis la foule compacte d'ouvriers, intellectuels, anciens de la Résistance et prisonniers de guerre, vit ce que le critique considérait peut-être comme le film le plus important et le plus révolutionnaire jamais réalisé. Ils eurent également le privilège de voir Bazin arriver à cette conclusion lorsque les lumières se rallumèrent et qu'il tenta de faire partager son émotion. Celle-ci était telle (c'était la première fois qu'il voyait le film) après l'atroce scène finale, qu'il parla de façon presque incompréhensible. En particulier, il se trouva dans l'impossibilité d'articuler correctement le mot « cinéma ». Mais telle était la force de sa passion que le public resta rivé à ses lèvres. Pendant les jours qui suivirent, *Paisa* hanta sa conversation. Au terme de quelques semaines, la réaction de Bazin se concrétisa sous forme de petits articles, et finalement d'un bel essai qu'*Esprit* publia en janvier 1948, « Le réalisme cinématographique et l'Ecole italienne de la Libération. »

Rossellini et d'autres auteurs italiens n'oublièrent jamais l'importance qu'eut Bazin pour la diffusion et la compréhension de leurs films en France. Ce fut à partir de la France que le néo-réalisme partit à la conquête du monde. Il est ironique de constater que ce fut le marché étranger qui sauva le mouvement, et Bazin fut toujours traité comme une célébrité au festival de Venise, pour avoir aidé à soutenir cette forme d'expression typiquement italienne, que l'Italie elle-même aurait sans doute laissé mourir.

Les films de Rossellini ne plaisaient pas seulement à Bazin à cause de leur contenu politique. Pour lui, la vision du cinéaste était le pendant du mode de pensée phénoménologique d'*Esprit*. Rossellini a affirmé et réaffirmé toute sa vie qu'il rejetait, dans ses œuvres, toute interprétation de la vie, toute exploration psychologique des personnages ou dramatisation de l'histoire, au profit d'une « description globale » des situations. Ces descriptions étaient sans aucun doute personnelles et ne prétendaient nullement à la froide objectivité, mais dans le même temps, elles se refusaient à remodeler le monde de façon imaginaire. Dans ses premiers films, Rossellini prit la peine de présenter une situation aussi clairement et purement que possible, sans l'analyser, afin de nous la faire comprendre. Cette unité d'approche, qui refuse les exigences de la logique, est une posture phénoménologique vis-à-vis du monde. Elle « filtre » le bruit du monde, afin que nous puissions entendre son message ou distinguer ses lignes de force. Bien plus tard, Rossellini a précisé cette attitude qui plaisait tant à Bazin :

« *J'essaie le moins possible d'intervenir sur l'image ; mon rôle consiste uniquement à trouver le point de vue et à dire ce qui est essentiel, rien de plus. C'est pourquoi j'insiste vraiment beaucoup sur le fait que je ne suis pas un artiste...*

On peut suggérer et dire aux gens ce qu'on a eu l'occasion de rassembler, d'observer et de voir. On peut même donner, mais sans insister, son point de vue ; il est là, de toute façon, dès qu'on a fait son choix. Ce choix vient de votre personnalité, une chose vous attire plus qu'une autre... Mon but n'est jamais de délivrer un message ni de persuader, mais d'offrir à tout le monde une observation, serait-ce mon observation. Pourquoi pas ? »[25]

En effet, pourquoi pas ? En 1946, Bazin était prêt à sacrifier toute notion éthérée d'« art » pour la simple « observation » que Rossellini faisait de l'Italie d'après-guerre. C'étaient le sujet et le cinéaste à la fois qui devenaient d'extraordinaires justifications à la tranquille subordination de la machine cinématographique. Et même si les idées que Bazin avait conçues sur le néo-réalisme ne semblaient fondées que sur une préférence politique ou esthétique, elles révélaient, au fond, une position métaphysique bien plus profonde. Sous des concepts tels que « *limitation de la perception* » et « *intégrité de l'espace* », se cache une foi dans le pouvoir signifiant de la nature. Quand un cinéaste soumet une situation à la tension d'un regard qu'il contrôle de bout en bout, il s'efforce « *d'en dégager des structures profondes, de faire apparaître des rapports préexistants...* » Pour Bazin, le monde est vivant, avec ses virtualités qui attendent que l'homme vienne les réaliser. « *La représentation de l'espace... ouvre un monde d'analogies, de métaphores... de correspondances.* »[26]

Pour Bazin, le cinéma jouit d'une position spéciale dans la culture, une position qui lui est unique en tant qu'art. La poésie, par exemple, ouvre des espaces intérieurs qui doivent subir le destin de leur source principale : son foyer est l'homme, pas l'univers. Le film est le premier moyen d'expression qui ne soit pas ontogénétiquement lié à l'homme, comme les mots, mais à l'univers extérieur. Il est capable de *re-présenter* l'ordre spatial tel qu'il s'accomplit dans son propre bloc de temps.

Ici, Bazin exprime clairement sa croyance en la puissance d'un univers qui attend sa rencontre avec l'homme. A travers le cinéma, l'homme peut isoler des aspects de la réalité spatiale dans un cadre, et peut de la même façon séparer les événements dans des blocs de temps qu'il peut réorganiser en drame. Bazin pensa toujours que l'utilisation du « cadre » et du « bloc » n'était qu'une aide technique dans la perception et la compréhension du monde infini de la durée. Il ne répondit jamais à ceux qui considéraient le cadrage et le drame comme une abstraction qui avait déjà gâché la virginité de la nature et l'avait soumise aux exigences internes de la conscience humaine. Le cinéma, pensait-il, nous permet d'observer le monde de près, mais sans l'intérioriser. Les rapports profonds et les correspondances de l'univers sont, dans le cinéma, soumis à la pression d'un regard proche et insistant.

Mais cette pression, qui n'est possible qu'à la condition que le cinéaste pratique une politique de « non-manipulation », peut à son tour produire les effets les plus dramatiques. Dans une biographie filmique de Gide, Bazin note que « *le temps ne coule pas. Il s'accumule dans l'image jusqu'à la charge d'un formidable potentiel*[27]. » Et de la scène de la cuisine, dans *La Splendeur des Amberson* de Welles, il affirme que les forces dramatiques qui en émergent sont le produit du plan-séquence, c'est-à-dire du surgissement de rapports cachés à l'intérieur du bloc de temps qui nous est donné.[28]

Le grand cinéaste fait l'expérience d'un univers animé, en laissant venir le moment où un flot de correspondances pourra se révéler à lui sous la tension de son regard prolongé et aigu. Si un tel processus apparente plus le metteur en scène au biologiste qu'au poète, Bazin s'en félicitera. De Rossellini, il dit :

« *On chercherait en vain chez Rossellini à dissocier ainsi l'événement de l'effet cherché. Rien chez lui de littéraire ou de poétique, rien même si l'on veut de « beau » au sens plaisant du mot : il ne met en scène que des faits... L'univers rossellinien est un univers d'actes purs, insignifiants en eux-mêmes, mais préparant comme à l'insu même de Dieu la révélation soudain éblouissante de leur sens.* »[29]

Même les films hautement dramatiques peuvent opérer de cette façon. Welles ou Renoir peuvent jeter des acteurs dans un décor imaginaire, créer la situation fictionnelle sur laquelle se fonde leur film, leur réalisme n'en résultera pas moins du maintien de ce champ d'éléments interdépendants. Dans de tels films, la signification surgira en temps utile des rapports qui se dévoilent à l'intérieur de ce champ, et la participation du cinéaste deviendra alors celle de l'initiateur et de l'observateur du développement naturel de ces rapports au sein de leur propre bloc temporel. Son travail ne crée pas une signification nouvelle, mais « *la cristallisation passagère d'une réalité dont on ne cesse de sentir la présence environnante.* »[30]

C'est le nom d'Orson Welles et le film *Citizen Kane* qui viennent constamment sous la plume de Bazin quand il parle de l'omniprésence de notre univers spatial et du devoir du cinéaste de cristalliser sa signification fugace. Plus que tout autre film sans doute, *Citizen Kane* obligea Bazin à situer sa métaphysique par rapport à un style photographique et narratif. Comme dans *Paisa*, la correspondance entre un style filmique et d'autres données beaucoup plus vastes s'imposa à Bazin en vertu des circonstances historiques dans lesquelles il vit le film. Sa première projection, retardée de presque deux ans après la Libération, prit l'aspect d'un événement culturel majeur. Avant même sa sortie parisienne, le film fut l'objet de grands débats, surtout marqués par un article de Sartre dans *L'Ecran Français*, qui condamnait la prétention de l'œuvre.[31] Sartre avait réussi à voir le film à New York et réagit immédiatement contre ce qu'il nommait son « fatalisme », et une attitude de découragement envers le monde qu'étayait la structure en flashback. L'article de Sartre était une analyse assez fine des « temps » du film ; il soutenait que le montage de *Citizen Kane* utilisait des techniques narratives qui ne convenaient qu'à la littérature. Le cinéma, écrivait-il, ne devait pas être un regard nostalgique ou fataliste sur le passé, car c'est au plein sens du terme l'art du présent. Le film, laissait-il entendre, en souffrait esthétiquement, à tel point qu'il ne pouvait que provoquer une position fausse et romantique envers le monde, contraire au présent révolutionnaire que Sartre brûlait tant d'amener à la conscience.

Nous reconnaissons bien là le penchant qu'avait Sartre d'inférer une vision du monde et une position politique de techniques stylistiques qu'on considère normalement comme des embellissements. C'était de ce genre de critiques que Bazin s'était nourri, tant à la lecture de Sartre lui-même qu'au contact de ses collègues d'*Esprit*, aussi fut-ce dans le langage même de Sartre qu'il s'exprima quand le temps fut venu pour lui de parler du film. Trente ans plus tard, il est difficilement concevable que prendre la défense de *Citizen Kane* ait pu être une entreprise impopulaire, voire courageuse. Mais pourtant, impressionnés par l'article de Sartre, tous les critiques lui emboîtèrent le pas et éreintèrent le film. Les critiques professionnels le trouvaient prétentieux ; les techniciens français le qualifièrent d'« expressionniste barbare » ; les historiens, sous la houlette de Georges Sadoul, affirmèrent que le film n'apportait rien de nouveau, et que son auteur de vingt-cinq ans avait besoin de retourner à l'école et d'être surveillé de près. Comme le dit Alain Resnais : « *A cette époque, les Français croyaient vraiment que les metteurs en scène de Hollywood, même les rénégats comme Welles, n'avaient jamais rien lu de leur vie que des scénarios et des contrats et qu'aucun d'eux n'avait vu un tableau d'un niveau supérieur à, disons, Norman Rockwell* ».[32]

La situation prit un tour encore plus dramatique, quand Welles vint en Europe pour ce qui allait être un long séjour après sa rupture avec le système hollywoodien. Comme toujours, ses films et lui arrivaient dans un vacarme de ragots. Bazin avait la ferme intention de couper court à cette vague de trivialité et de préjugés ; l'occasion lui en fut donnée quand eut lieu, au Colisée, dans le cadre d'un ciné-club, la première présentation de *Citizen Kane* . On demanda à Bazin de donner une explication impromptue de ce film « déconcertant » à la foule énorme qui était venue. Janick Arbois[33] se souvient de sa nervosité quand il monta les marches de la scène au milieu des murmures d'approbation et de mépris qui avaient suivi l'incroyable plan final. Ses premières phrases eurent pour effet de faire taire l'assistance. Il était venu avec des idées préalables, et voir le film l'avait conforté dans son adhésion, lui offrait de nouveaux exemples de ces traits qu'il désirait tant souligner. Comme on l'a souvent dit à son propos : « (Bazin) *a appris à beaucoup de ses jeunes confrères et à des milliers de spectateurs à regarder ce qu'ils voyaient* »[34].

Bazin développa un raisonnement qu'il publia, sous une forme condensée, dans la revue de Sartre *Les Temps modernes*[35]. Sa performance au sujet du film de Welles est un modèle de méthode (en fait, de la méthode sartrienne), et elle possède en outre quelque chose d'encore plus exemplaire, la force de la conviction. Car Bazin avait trouvé en *Citizen Kane* le type même d'histoire et de représentation cinématographique qui correspondaient à la façon dont il imaginait la réalité. Et ce fut cela, sa vision des choses autant que celle de Welles, qu'il énonça dans la grande salle des Champs-Elysées.

Bazin attribuait l'intensité de *Citizen Kane* à sa réduplication esthétique, car il découvrit que la structure de l'intrigue était identique à ce qu'il appelait « la structure de l'image ». Le pouvoir du récit se trouvait renforcé, et pour ainsi dire déployé, par l'élément spatial qui enveloppait le spectateur à tout moment. En bref, « *Citizen Kane ne se conçoit qu'en profondeur de champ. L'incertitude où l'on demeure de la clef spirituelle ou de l'interprétation est d'abord inscrite dans le dessin même de l'image.*[36] »

Pour Bazin, la scène de la tentative de suicide de Susan Alexander donnait le meilleur exemple de ce qu'il pensait et ressentait. N'importe quel metteur en scène aurait peu à peu centré l'action de sa scène, en montrant d'abord Kane hors de la chambre, Susan en gros plan, le poison en très gros plan, puis serait revenu à Kane essayant de fracturer la porte et ainsi de suite. Welles nous montre le poison, Susan, et la lointaine porte dans le même plan, en nous faisant entendre en même temps les coups de poings frénétiques de l'autre côté de la porte. Sa manière de «rendre» l'événement est globale, symétriquement opposée à la construction analytique du cinéma conventionnel.

Mais Bazin va plus loin. Le montage conventionnel semble réaliste, parce qu'il nous donne «*l'illusion d'assister à des événements réels se déroulant devant nous comme dans la réalité quotidienne. Mais cette illusion recèle une supercherie essentielle, car la réalité existe dans un espace continu, et l'écran nous présente en fait une succession de petits fragments appelés «plans» dont le choix, l'ordre et la durée constituent précisément ce qu'on nomme «découpage» du film. Si nous essayons, par un effort d'attention volontaire, de percevoir les ruptures imposées par la caméra au déroulement continu de l'événement représenté, et de bien comprendre pourquoi elles nous sont naturellement insensibles, nous voyons bien que nous les tolérons parce qu'elles laissent tout de même subsister en nous l'impression d'une réalité continue et homogène. L'insertion d'un bouton de porte en gros plan est admise par notre esprit comme si ce n'était rien d'autre qu'une concentration de notre regard et de notre intérêt sur ce bouton de porte, comme si la caméra précédait simplement le mouvement de nos yeux.*»[37]

On a donc, dans ce cas, un système de conventions qui nous amène à accepter un certain ordre de choses. Ce système, appelé montage invisible, fut amené à sa perfection dans les années trente. Il passe inaperçu parce qu'il correspond au mouvement naturel de nos esprits. Le monteur anticipe le flux de notre perception et crée un événement qui est psychologiquement réel, puisqu'il s'accorde à ce flux.

Welles avait renoncé à ce type de réalisme pour en atteindre un autre, d'un ordre supérieur. Il voyait que, *«sous le couvert du réalisme congénital de l'image cinématographique, c'est tout un système d'abstraction que l'on faisait frauduleusement passer...[on] subordonnait intégralement la réalité au "sens" de l'action... »*[38]

Le projet de Welles dans *Kane* et, un an plus tard, dans *La Splendeur des Amberson*, était de faire en sorte que l'action se déroulât continûment dans son propre bloc de temps. Tels étaient les éléments dramatiques d'un monde plus grand et plus durable que le drame qui parvient à nous intéresser de façon momentanée.

« Dans la réalité, quand je suis engagé dans une action, mon attention, dirigée par mon projet, procède également à une sorte de découpage virtuel où l'objet perd effectivement certains de ses aspects pour devenir signe ou outil ; mais l'action reste toujours en train de se faire, l'objet est constamment libre de me rappeler à sa réalité d'objet... et par là même e, de modifier l'action prévue. Moi-même, je suis à tout moment libre de ne plus vouloir de cette action ou d'en être distrait par la réalité elle-même, qui ne cesse alors de m'apparaître comme une boîte à outils. »[39]

Ici, donc, l'aspect essentiel de la réalité est la libre interaction entre l'homme et les objets de son champ perceptif. Le montage hollywoodien résume nos habitudes d'organisation de telle manière que la perception se soumette à des schémas d'action conventionnels appelés « intrigues ». Mais par ce seul acte, il suspend la liberté qui fonde notre pouvoir et attente à l'autonomie des objets qui, selon Bazin, existent en d'autres organisations, d'autres plans.

« Le découpage classique supprime totalement cette espèce de liberté réciproque de nous-mêmes et de l'objet. Il substitue, à un découpage libre, un découpage forcé où la logique des plans par rapport à l'action anesthésie complètement notre liberté. Celle-ci ne peut plus être sentie puisqu'elle ne peut plus s'exercer. »[40]

La révolution que Welles opéra dans le filmage des scènes-clés allait donc bien plus loin que la seule innovation stylistique. C'était le signe d'un changement profond dans la conception de l'événement filmé et du spectateur pour qui on l'avait filmé. Bazin, accumulant les exemples, démontra à son public des Champs-Elysées, puis à ses lecteurs, qu'ils participaient à *Kane* d'une manière qu'on ne leur avait que rarement, voire jamais, demandée.

Les conclusions de Bazin dépassèrent largement le champ cinématographique. Les spectateurs de la séance des Champs-Elysées furent les premiers à être impressionnés par les implications métaphysiques qu'il tira de son analyse. *Citizen Kane* avait consciemment apporté à l'écran une conception de l'univers et de la place que l'homme y tenait. Le montage hollywoodien, le montage classique, proclamait Bazin, « *tend à exclure en particulier l'ambiguïté immanente à la réalité. [Il] subjective l'événement à l'extrême puisque chaque parcelle est due au parti pris du metteur en scène. [Il] n'implique pas seulement un choix dramatique, affectif ou moral, mais encore et plus profondément une prise de position sur la réalité en tant que telle.* »[41]

Welles avait accompli un acte important ; il était allé à l'encontre de cette conception du drame et de la vie, et il mettait constamment le spectateur dans un état d'inconfort à la fois dramatique et métaphysique. « *Obligé de faire usage de sa liberté et de son intelligence, le spectateur perçoit directement dans la structure même de ses apparences l'ambivalence ontologique de la réalité.* »[42]

De même que Bazin s'était servi du néo-réalisme, et surtout de *Paisa*, pour étayer sa théorie de la conscience et du changement sociaux, nous le voyons ici citer *Kane* comme témoin des conceptions philosophiques qu'il partageait avec Merleau-Ponty, Marcel, Sartre et les membres d'*Esprit*. Et de fait, Bazin avait réussi à forcer ses lecteurs et auditeurs à prendre le cinéma sérieusement, à le considérer comme un processus culturel en tous points semblable à la littérature, la philosophie et les beaux-arts. Chose encore plus importante pour lui, il avait trouvé chez Welles une forme de dramatisation de la place de l'homme dans la nature à laquelle il adhérait totalement. Le monde de *Citizen Kane*, ce monde sombre, profond et mystérieux de l'espace et de la mémoire, où des voix se perdaient en échos lointains, où le sens se dissolvait en interprétations, paraissait à Bazin le point de départ à partir duquel nous essayons tous provisoirement de construire un sens à notre vie. Welles a constamment eu ce point de vue dostoïevskien : « *Le poète doit rechercher et cultiver ses contradictions... Je demande pour l'homme le droit d'avoir des contradictions et de les garder* ».[43] Et Bazin se sentait prêt à accorder à Welles ce droit élémentaire. Alors qu'en général, le cinéma simplifie le monde et explique les actions et les motivations des hommes, Welles s'était engagé dans une tâche « personnaliste » qui consistait à arracher le sens et l'identité à cette ambiguïté qui gît au cœur de l'expérience. Welles a constamment situé ses films dans ce contexte, de sorte que, quelles que soient les structures ou les postures que lui ou ses personnages paraissent atteindre, on est tenté de les remettre en question (et souvent de les ironiser) par l'effet de la pénétrante incertitude de l'univers qui s'étend autour et au-delà des personnages.

Dans la mesure même où Bazin était impressionné par le spectacle dérangeant qu'était *Citizen Kane,* il trouva l'œuvre exemplaire de l'attitude d'humilité devant l'univers que Mounier, Teilhard et Malraux lui avaient apprise. Mais il y trouva également le contexte d'une vision politique. Si *Kane* le menait vers la tragédie générale et les potentialités d'un cosmos ambigu, *Paisa* incarnait les tragédies et les potentialités vertigineuses de la vie politique contemporaine. A eux deux, ces films donnaient l'image du monde selon Bazin ; ils mettaient en lumière les idées complexes qu'il avait exprimées dans ses conférences, ou dans *Esprit* et *Les Temps Modernes,* et donnaient forme à sa critique future. Il n'est donc pas surprenant qu'Orson Welles ait été le sujet du premier livre que Bazin publia en 1950, avec une longue préface de Jean Cocteau, et que Rossellini soit resté son cheval de bataille durant toutes les années cinquante.

En 1947, pourtant, ces deux cinéastes représentaient moins pour lui les créateurs de chefs-d'œuvre immortels, que des hommes qui avaient exprimé la façon de sentir d'une culture définie. Certes, c'était une culture d'intellectuels, mais en ces années d'après-guerre, on pouvait encore être assez idéaliste pour penser que la métaphysique de *Citizen Kane* ou la vision révolutionnaire de *Paisa* faisaient partie d'un mouvement social organique. Bazin n'allait pas tarder à en venir à la triste conclusion que les vues d'*Esprit* n'étaient pas partagées par la rue et que la belle énergie de la Libération allait se dilapider dans les luttes de factions et d'intérêts.

1 — Benigno Cacerès, *Histoire de l'éducation populaire*, Paris, Editions du Seuil, 1964, p. 154.

2 — Idem.

3 — Bazin, *Le Parisien libéré*, 10 septembre 1944.

4 — Joseph Rovan, interview avec l'auteur, Paris, décembre 1973.

5 — Jacques Chevallier, *Regards neufs sur le cinéma*, avec le concours d'André Bazin et al., Paris, Editions du Seuil, 1953. (Ce volume a repris des textes primitivement publiés dans *Doc*, éd. *P.E.C.*, créées et dirigées par Chris Marker.)

6 — Rovan, « Travail et Culture », *Cahiers du cinéma* , n° 91, janvier 1959, p. 14.

7 — Idem.

8 — Chris Marker, interview avec l'auteur, Paris, décembre 1973.

9 — René Jeanne et Charles Ford, *Le Cinéma et la presse*, Paris, Armand Colin, 1961, pp. 72-73.

10 — Janine Bazin, interview avec l'auteur, Nogent-sur-Marne, décembre 1973.

11 — Touchard, « D'*Esprit* au *Parisien libéré* » et Truffaut « Il faisait bon vivre ». *Cahiers du cinéma*, n° 91, janvier 1959, pp. 9 et 26, respectivement.

12 — Bazin, « Entomologie de la pin-up girl » *Ecran Français*, décembre 1946. Repris dans *Qu'est-ce que le cinéma ?* p. 45, vol. 3.

13 — Jean-Marie Domenach, interview avec l'auteur, Paris, juin 1974.

14 — Eric Rohmer, « La Somme d'André Bazin », *Cahiers du cinéma*, n° 91, janvier 1959, p. 37.

15 — Cette position, qui constituait la ligne de *Positif*, la revue rivale des *Cahiers*, fut pleinement exposée dans l'article de Gérard Gozlan « Les délices de l'ambiguïté : éloge d'André Bazin », *Positif* n° 47, juillet 1962, pp. 13-60.

16 — Bazin, *Jean Renoir*, Paris, Editions Champ Libre, 1971, p. 78.

17 — Bazin, *Qu'est-ce que le cinéma ?* p. 50, vol. 1. N[elle] éd. p. 30.

18 — Idem, p. 49, vol. 1. N[elle] éd. p. 29.

19 — Arthur Calder-Marshall, *The Innocent Eye*, Baltimore, Pelican, 1970, p. 77.

20 — Bazin, *Qu'est-ce que le cinéma ?* p. 29, vol. 4. N[elle] éd. p. 277.

21 — Bazin employa cette riche analogie à plusieurs reprises. Tout spécialement dans *Qu'est-ce que le Cinéma ?* vol. 2, p. 31. N[elle] éd. p. 105, et vol. 4, p. 98.

22 — Idem., p. 157, vol. 4. N[elle] éd. p. 354.

23 — Selon Andrew Sarris, *American Cinema : directors and directions 1929-1968*, New York, E.P. Dutton & Co, 1968, p. 39, les metteurs en scène de ce panthéon sont « *ceux qui ont transcendé la technique pour évoquer un monde intérieur possédant ses propres lois et ses propres paysages. Ils eurent également la chance de trouver les conditions et les collaborateurs adéquats à la pleine expression de leur talent* ». Le « Panthéon » comprend les réalisateurs suivants : Chaplin, Flaherty, Ford, Griffith, Hawks, Hitchcock, Keaton, Lang, Lubitsch, Murnau, Ophuls, Renoir, Sternberg, Welles. Sarris défend le système de classement des metteurs en scènes dans les chapitres d'introduction de son ouvrage *Toward a Theory of Film History*, pp. 19-37.

24 — Bazin, *Qu'est-ce que le cinéma ?*, p. 35, vol. 4. N[elle] éd., p. 283.

25 — Victoria Schultz, « Interview with Roberto Rossellini, February 22-25, 1971, in Houston, Texas », *Film Culture* 52, Spring 1971 : 15-16.

26 — Bazin, *Qu'est-ce que le cinéma ?*, p. 135, vol. 1. N[elle] éd. p. 135.

27 — Bazin, « André Gide », in *Qu'est-ce que le cinéma ?* vol. 1, p. 74.

28 — Bazin et Jean Cocteau, *Orson Welles*, Paris, Editions Chavane, 1950 ; pp. 43-49. Une version très remaniée a été publiée sous le même titre aux Editions du Cerf, Paris, 1972. Toutes mes citations proviennent de la première version, plus complète. Certains passages en ont, en effet, été supprimés dans la nouvelle édition.

29 — Bazin, *Qu'est-ce que le cinéma ?* p. 158, vol. 4. N^elle éd. p. 355.
30 — Idem, p. 84, vol. 2. N^elle éd. p. 144.
31 — Jean-Paul Sartre, cité par Bazin in « La technique de *Citizen Kane* », *Les Temps modernes*, , n⁰ 17, 1947, p. 944. L'essai de Sartre parut à l'origine dans *L'Ecran Français* d'août 1945.
32 — Alain Resnais, interview avec l'auteur, Paris, juin 1974.
33 — Janick Arbois, interview avec l'auteur, Paris, mai 1974.
34 — Claude Roy, «Il rendit heureux», *Cahiers du cinéma*, n⁰ 91, janvier 1959, p. 18.
35 — Bazin, « La technique de *Citizen Kane* », *Les Temps modernes* , n⁰ 17, 1947, pp. 943-49.
36 — Bazin, *Qu'est-ce que le cinéma ?*, p. 144, vol. 1.N^elle éd. p. 76.
37 — Bazin, *Orson Welles*, pp. 66-67.
38 — Idem, p. 57.
39 — Ibidem, p. 58.
40 — Ibidem, p. 58.
41 — Bazin, « William Wyler ou le janséniste de la mise en scène », in *Qu'est-ce que le cinéma ?*, p.158, vol. 1.
43 — Jean Clay, « Orson Welles en procès », *Réalités* 147, février 1973, p. 66.
42 — Bazin, *Orson Welles*, p. 69.

A Copenhague en 1952.

V. POLITIQUE ET ESTHETIQUE DU FILM

La désintégration de la politique culturelle

On est en droit de penser avec nostalgie au glorieux optimisme qui suivit la Libération. C'était un temps où, pour ceux qui s'engageaient, le futur paraissait à portée de main et le présent grouillant de vie. Benigno Cacerès, essayant de décrire cette période, doit avouer : « *Il faut avoir vécu cette époque pour imaginer le souffle qui redonnait vie à notre pays. Un climat extraordinaire de renouveau culturel régnait sur la France* »[1]. Il décrit ensuite l'héroïsme et l'énergie qui s'étaient emparés des institutions culturelles de l'époque, tout droit venus de l'esprit de la Résistance, et devant un avenir qui semblait ouvert sur l'infini.

Mais à mesure que la vitalité de la Libération disparut et que les structures économiques et sociales qui soutenaient le pays réapparurent, les idées de progrès et de fraternité commencèrent à disparaître elles aussi. Cacerès montre que les intérêts corporatistes, la bureaucratie et la centralisation ne furent jamais vraiment menacés, en dépit de l'immense vague d'idéalisme et de l'esprit de changement qui était dans l'air : « *Aujourd'hui, quand on se remémore l'élan qui animait la France à la Libération, on reste confondu devant l'impuissance de la Résistance à remodeler la société. Ce monde nouveau ne fut qu'une apparence. Que dans tous les domaines, les anciennes structures, et avec elles les vieux notables politiques, aient si rapidement fait leur réapparition, pourrait peut-être s'expliquer, dans une large mesure, par le caractère limité et passager de la mission reçue par les cadres de la Résis-*

tance... Peu à peu s'est remise en place, avec des intentions dont la pureté n'est pas toujours à mettre en cause, une République tout à fait semblable à la précédente ».[2]

Il est vrai que pour la plupart des réformateurs, la politique politicienne avait moins d'importance que les valeurs d'une culture commune qu'ils tentaient de promouvoir dans tous les domaines de ce que l'on appelle « l'éducation populaire ». Mais en 1948, les illusions des plus idéalistes étaient en miettes, et même si le travail de renouveau culturel continuait son chemin, les signes avant-coureurs de doutes profonds, de luttes intestines apparurent.

Ce furent indubitablement la guerre froide et la crise économique française qui contribuèrent à la désillusion générale et à la mort de cette camaraderie qui caractérisa les jours d'après la Libération. L'année 1947 marqua la plus grande baisse du niveau de vie que les Français aient subie depuis l'avant-guerre. La disette menaçait ; la C.G.T. appelait à des grèves massives ; le nouveau gouvernement hésitait. Ce fut juste à ce moment que le Plan Marshall vint bravement à la rescousse, à la condition, toutefois, que les pays bénéficiaires se joignent à une coalition occidentale contre l'Union Soviétique. La réponse du Parti Communiste fut de quitter le gouvernement.

Dans ces conditions, il était impossible d'éviter un débat, tout spécialement dans un organisme tel que *Travail et Culture*, où communistes et non-communistes avaient pu travailler côte à côte depuis la Libération. Ce fut aussi à ce moment que Bazin s'éloigna des activités politiques qui marquaient son travail depuis 1944 et se rapprocha des groupes décidés à faire avancer l'idée que le cinéma était un art à part entière. Cette période de transition ne fut pas des plus heureuses pour Bazin, mais vu les circonstances et ses idées sur les rapports de l'art et de la politique, elle s'avéra absolument néccessaire.

Bazin était un idéaliste ; tous les membres de *Travail et Culture* le savaient. Il était catholique, bien que disciple du socialisme catholique de Mounier. Mais il était doté d'une personnalité si forte qu'il imposait le respect à Maurice Delarue, le directeur stalinien de *Travail et Culture* et aux autres communistes travaillant autour de lui. Ce fut sans nul doute la parfaite honnêteté d'esprit de Bazin — honnêteté qui, par exemple, rendait cet homme « religieux » capable de blasphème — qui prévint les conflits. Bazin ne se laissa jamais intimider par l'autorité ou l'orthodoxie.

C'est cet aspect de sa personnalité qui le fit se garder de toute affiliation politique, comme de toute allégeance religieuse au long de sa vie et qui, en ces circonstances, lui permit de garder ses distances avec des communistes qui répondaient comme un seul homme au moindre hochement de tête de Moscou.

Le fossé qui finit par séparer Bazin de ses collègues politiquement engagés fut le résultat de son attitude envers la position de critique, attitude qu'il maintint toujours, à l'exception de la grande controverse de 1948. Bazin croyait que les spectateurs devaient avant tout acquérir la capacité critique d'apprécier les nouvelles expériences cinématographiques, afin de pouvoir se défendre contre ce que l'industrie du cinéma cherchait à leur imposer. Sa critique était d'abord esthétique et ensuite seulement politique. Dans ses articles et conférences, il apprenait à son public comment regarder les films aussi complètement que possible, comment réagir à de nouvelles formes de beauté qui remettaient en question les vieilles idées d'art et de réalité, et comment démasquer l'imposture des films qui tentent quotidiennement de nous séduire contre argent sonnant et trébuchant.

Ce fut cette priorité qu'il semblait accorder à l'expérience et à l'art qui finit par mettre les staliniens en rage. Mais il serait injuste de minimiser la passion sociale qui habitait ses écrits. Ses conceptions politiques, comme celles des revues pour lesquelles il travaillait, *Esprit* et *Les Temps Modernes*, étaient à la fois une base avancée et un cadre de référence. A l'époque, la politique jouissait d'une considération moindre qu'aujourd'hui, même parmi les intellectuels engagés ; elle se cachait volontiers sous la philosophie, l'esthétique, ou la critique culturelle. Bazin devait certainement penser que, même dans ses essais les plus « esthétisants », comme ceux consacrés à Welles et Rossellini, il inaugurait une critique progressiste du cinéma, dont le but et la méthode consistaient à remodeler l'état d'esprit du principal consommateur de films : la classe ouvrière.

Au cours de la dernière décennie, un grand nombre de critiques et de théoriciens cinématographiques ont accusé Bazin de médiocrité politique ; pour ce faire, ils ont surtout visé le contenu de la revue qu'il fonda et dirigea jusqu'à sa mort, les *Cahiers du cinéma*[3]. Marcel Martin affirme que les méthodes de Bazin, adoptées en toute bonne foi, suivies par son équipe des *Cahiers*, devinrent rapidement une forme de critique élitiste et réactionnaire[4]. Parce que la politique ne semblait pas influencer l'esthétique de Bazin, parce qu'il pensait qu'une bonne vision d'un film était avant tout un acte humain et non étroitement politique, le groupe des *Cahiers* supprima vite la passion politique de ses articles. Il adopta des méthodes critiques raffinées au service d'un esthétisme qui était libre de tout engagement politique.

Eric Rohmer admet que, malgré les positions de gauche de Bazin, les *Cahiers* furent effectivement le magazine des fanatiques de cinéma et non des masses[5]. Et ce fut en développant le style de Bazin que la « *politique des auteurs* » gagna du terrain, elle qui préfère rendre hommage au génie individuel plutôt qu'à la culture de masse, mais qui, au pire, peut s'enliser dans une préciosité quelque peu aristocratique. Malgré la lutte vigoureuse que mena Bazin contre ce penchant, il lui manqua le dogme politique capable de le combattre jusqu'au bout. Son tout dernier essai, publié dans *Esprit* d'avril 1957, «Cinéma et engagement politique», résume cette position. La politique, y affirme-t-il, est inséparable de l'être humain et la bonne politique vient des hommes qui savent vivre le plus humainement possible. Le cinéma doit toujours nous pousser à nous comprendre, ainsi que nos modes de vie, en créant librement des images du passé, du présent et de l'avenir. Mais on ne doit jamais lui imposer la création d'images spécifiquement politiques qui ne pourraient être que didactiques et, de ce seul fait, le rendraient inférieur à un cinéma qui questionne et découvre à la fois la nature et l'humanité. Pour Bazin, le cinéma doit faire partie d'un mode de vie qui cherche connaissance et clarté, d'où découle naturellement l'engagement. Si, en 1935, *Le Crime de M. Lange* reflétait et popularisait les réalités du Front Populaire, un grand nombre de spectateurs pouvait voir dans ce film ce qui était déjà une réalité.

Le réalisme politique d'un film comme celui de Renoir ne réside pas dans son message. Bazin nous demande simplement de considérer le destin des films soviétiques du réalisme socialiste, qui prenaient les accents pompeux de toute propagande: «*Le sérieux réel d'une œuvre n'est pas nécessairement proportionnel au sérieux du sujet traité, ni même à la solennité apparente du style. Ce qui compte, ce ne sont pas tant les sujets et leurs développements explicites, que la mise en cause des valeurs morales ou sociales impliquées, même indirectement, dans leur traitement.*»[6]

Chris Marker, l'ami le plus proche de Bazin à *Travail et Culture*, trouve très déplacés les articles qui mettent en cause l'engagement politique de Bazin, ou qui l'accusent d'«esthétisme».

«*Il avait un esprit très précisément et très intelligemment politique et, pour moi, sa critique était politique, mais dans un cadre
tellement plus large que celui de ses adversaires staliniens qu'elle
incluait une dimension esthétique qui les dépassait. Le problème,
c'est qu'ils voulaient répandre cette image d'André: un idéaliste
naïf et génial, coupé des rudes réalités de la politique* sérieuse. *Et
aujourd'hui, les nouveaux léninistes le rejettent! C'est trop fort!
Il a passé de longues heures dans les usines que ces gauchistes
décrivent du haut de leurs confortables bureaux. Bazin y est allé
perdre sa santé pour faire naître une nouvelle culture. J'aurais
aimé qu'il soit avec nous en Mai 68*»[7].

Le premier signe sérieux de ces tensions dans la vie de Bazin
apparut à *Peuple et Culture* en 1948. A l'occasion de ce qui semblait devoir être un renouvellement de la forme de son contrat de
membre de comité directeur, Bazin se retrouva exclu de ce poste.
Les staliniens avaient secrètement contacté tous les membres du
groupe qui ne pourraient pas être présents et avaient obtenu leur
procuration. Dans certains cas, il semble même qu'ils allèrent jusqu'à décourager plusieurs membres d'assister à la réunion. Quand le
vote eut lieu, ils exclurent Bazin.

Joseph Rovan se souvient du scandale que cela provoqua[8] et se
trouva le premier à demander et à finalement obtenir un deuxième
vote. Cette fois-là, tous les membres étaient présents, Bazin fut réin-
tégré ; plusieurs staliniens, fous de rage, quittèrent définitivement
l'organisation. En fait, ce fut exactement à cette époque que *Travail
et Culture* scissionna définitivement de *Peuple et Culture*. Il ne fait
aucun doute que Bazin ne joua qu'un rôle de prétexte, dans cette
partie. Pourtant, à partir de 1948, il se retrouva dans une position
délicate, où les deux camps l'utilisèrent malgré lui. L'atmosphère de
camaraderie de la Résistance était bien morte ! Alors qu'Eric
Rohmer affirme avoir été maintes fois choqué par les prises de position proches des communistes de Bazin, ses collègues de *Travail et
Culture* et de *L'Ecran Français* supportaient de moins en moins son
intérêt grandissant pour l'esthétique, sa passion pour le cinéma américain, et ses critiques acerbes contre certains films qui avaient une
ligne politique « correcte ».

L'harmonie que Bazin avait ressentie, tant en lui-même que
dans la société, depuis la fin de la guerre, cessa brutalement en 1950.
Il ne se trouvait complètement à l'aise qu'au sein d'*Esprit*. Ce fut,
comme il se doit, un article qu'il fit paraître dans la revue qui ouvrit
la brèche. « Le mythe de Staline dans le cinéma soviétique » fut

publié dans le numéro du mois d'août 1950 d'*Esprit* et provoqua un
énorme afflux de courrier. L'article prenait fermement position
contre le réalisme socialiste et les films à la gloire de Joseph Staline ;
il eut pour effet d'opposer mortellement Bazin à ses collègues de
Travail et Culture et finit par l'éloigner définitivement de cette
organisation.

Il n'est pas sans ironie que l'article le plus célèbre et le plus dis-
cuté de Bazin, celui qui eut les conséquences les plus directes, n'ait
pas concerné quelque chef-d'œuvre de Welles ou de Renoir, ni
même un principe théorique important, mais trois films à la gloire
de Staline que tout le monde, depuis, a oubliés. Bazin devint vite
une des vedettes d'*Esprit*. Il lui fallait y entrer et en sortir discrète-
ment pour ne pas subir le feu roulant des questions et des longues
discussions. Jean-Marie Domenach se souvient de l'audace de l'article en question. « *Les staliniens du Paris de cette époque étaient
véritablement intimidants et Bazin a dû beaucoup réfléchir avant
de publier un essai qui allait sans aucun doute lui aliéner une
bonne partie de la culture française et qui, encore plus sûrement,
allait provoquer un feu nourri de l'adversaire* »[9].

Lequel ne tarda pas à se manifester. Les journaux communistes
L'Humanité et *Les Lettres françaises* contre-attaquèrent avec des
commentaires aussi véhéments qu'étonnés ; ils qualifièrent Bazin de
« libéral bourgeois », épithète que tous ses adversaires utilisèrent
depuis contre lui. Mais le plus important fut qu'il se trouva en difficulté pour continuer son œuvre à *Travail et Culture*. Il s'y attendait.
A mesure que la guerre froide empirait, les gens qui travaillaient
côte à côte à *Travail et Culture* commencèrent à se diviser en membres du parti et en sans-parti. Une rhétorique de bois tenait de plus
en plus lieu de conversation et de contenu rédactionnel. Staline était
devenu une idole sacrée et, en tant que tel, adorée des uns et haïe
des autres.

L'attaque en règle à laquelle se livra Bazin commence, assez
innocemment, comme un exercice d'histoire cinématographique. Il
remarque qu'il n'y a qu'en Russie qu'on filme des épopées sur des
êtres encore vivants et des situations récentes. Bien sûr, Méliès avait,
à l'âge d'or du cinéma, tourné une Affaire Dreyfus, et la révolte du
cuirassé Potemkine avait été immédiatement reconstituée dans les
studios Pathé, et en miniature. Les films historiques n'étaient
devenus grandioses qu'avec les grands spectacles italiens (*Quo
vadis ? Cabiria*), qui avaient suscité des équivalents en Allemagne
(*Madame Du Barry*), mais tout cela concernait des époques déjà
lointaines.

A la grande époque du film muet soviétique, les épopées furent mises au goût du jour et traitèrent de la Révolution, c'est-à-dire d'une période qui n'était vieille que de dix ans. Il fallait trouver des acteurs capables de jouer les rôles de personnages encore vivants. Il fallait trouver les moyens de rendre grandiose une époque qui vivait encore dans la conscience de presque tous les gens. Les films russes de la Révolution (*La Mère, La Fin de St-Petersbourg, Octobre, Arsenal*, etc.) étaient réussis, affirmait Bazin, parce qu'ils ne haussaient pas leur héros à un niveau transcendant et intemporel. Les cinéastes russes traitaient encore l'héroïsme en dehors de toute notion d'individualité et à l'intérieur d'une conception dialectique de l'histoire. Un homme pouvait devenir le héros d'une épopée simplement parce qu'il avait fait avancer la lutte. C'est pourquoi un film comme *Tchapaïev* (1933) montre qu'un ennemi peut être brave, alors que le héros, Tchapaïev, est parfois ridiculisé en tant qu'être humain foncièrement bon, mais un peu bête. La lutte épique, c'est l'histoire qui la définit, pas l'individu, et Tchapaïev n'est héroïque que parce qu'il se trouve du bon côté.

Les films consacrés à Staline durant et juste après la seconde Guerre Mondiale semblent continuer cette tradition, mais échouent sur ce que Bazin définit comme une contradiction fondamentale. Dans tous ces films, la situation dépeinte était historique, tirée d'ailleurs d'un passé récent ; mais le héros Staline devenait un être transcendant l'histoire et les situations concrètes dans lesquelles il agissait. Les personnages secondaires n'existaient qu'en rapport avec Staline et non à l'histoire. Le problème empira encore quand il devint patent que Staline était à la fois une star du cinéma et un dictateur ; il s'était lui-même transformé en mythe pour rendre intemporelle sa position politique de dictateur.

Cette contradiction, Bazin l'illustre amplement. Le style documentaire de la photographie utilisé dans les scènes de bataille, style qui mettait l'accent sur le chaos existentiel et l'indécision de l'Histoire, alternait avec des tableaux de Staline dans son bureau, consultant des cartes d'état-major avec calme, et décidant du sort de la guerre. Il n'y avait, note Bazin, aucun niveau intermédiaire entre l'absolue contingence des masses et la suprême transcendance de Staline. Staline « devenait » l'Histoire dans ces films, opération garantie par l'utilisation de tout un arsenal de références symboliques (la parole sacrée de Lénine transmise dans son mausolée, le tracteur comme icône religieuse, etc.) et un style filmique boursouflé de solennité.

Les dangers d'une telle approche cinématographique sont inévitables, car même si ces films se réclament du marxisme, ils trahissent l'idéologie égalitaire du marxisme, incarnent l'Histoire dans un seul homme et finalisent la position de cet homme dans l'Histoire. Ce processus tend à éliminer les responsabilités que le public (dans la situation du film) et le peuple (dans la situation politique) devraient exercer. Bazin souligne que l'une des plus grandes forces du communisme a été de relativiser la place des individus, même célèbres, afin que l'histoire puisse progresser au-delà d'eux. Bakounine, Trotsky et, bien entendu, plus récemment Staline lui-même, ont été « réorientés » dans la grande tapisserie de l'historiographie marxiste, note Bazin, avec beaucoup d'honnêteté, dans un appendice à l'article, lors de sa republication en 1958, alors que la déstalinisation venait de commencer. S'appuyant sur Malraux, Bazin affirme que seule la mort peut rendre justice au destin d'un homme. Et il est vrai que c'est un acte de mauvaise foi que d'essayer d'objectiver l'essence de quelqu'un dans la vie ; cela ne peut mener qu'à des films médiocres et à une politique encore plus médiocre.

Dans sa conclusion, Bazin ose comparer l'image filmique de Staline à Tarzan, en laissant entendre qu'il préfère les mythes américains, puisqu'eux, au moins, doivent soutenir le jugement du public au box-office, alors qu'en Russie, tous les films sont pareillement distribués, quoi qu'en pense le public. Le mythe de Staline, plus crûment que celui de Tarzan, fut directement imposé par des producteurs et non par le soutien du public.

L'article de Bazin semblait conçu pour faire enrager le Parti Communiste Français, et son porte-parole pour les questions de cinéma, Georges Sadoul, fut pratiquement forcé de riposter immédiatement dans l'organe intellectuel du Parti, *Les Lettres françaises*. Dans un article intitulé « *Esprit* et ses mythes »[10], il accusait Bazin de chercher à censurer la seule alternative viable à la bouillie hollywoodienne bourgeoise. La faiblesse de l'argument confirme ce que nous savons sur le dogmatisme étroit du Parti à cette époque. Il continuait en affirmant que Bazin et *Esprit* avaient peur de Staline, de son pouvoir et de sa vitalité, comme de sa transcendance. Ensuite, il affirmait encore que les recherches historiques récentes montraient à l'évidence que Staline avait bien sauvé Stalingrad seul, et qu'il avait sauvé par là-même l'Occident. Puis, ignorant complètement ce que Bazin avait écrit sur l'histoire, la mort, le destin et l'hagiographie, il disait qu'*Esprit* aussi avait ses mythes, dont le plus célèbre, Jésus-Christ.

Mais le reste de l'article de Sadoul vaut d'être considéré. *Esprit* et la presse libérale en général ont mis beaucoup de temps à reconnaître la place du cinéma soviétique. *Octobre, Tchapaïev* et la trilogie de Gorki furent très fraîchement accueillis en Occident ; quelques décennies plus tard, on les considérait comme des chefs-d'œuvre. Le cinéma soviétique, disait Sadoul, avait toujours été en avance sur les conceptions bourgeoises de l'art. Il se demandait comment Bazin pouvait prendre le parti de Hollywood contre la Russie, chanter les louanges du système de libre entreprise, qui encourage le côté divertissement, face à un cinéma russe qui, ajoutait-il, était la seule alternative d'avant-garde face à l'industrie américaine.

Il va sans dire qu'historiquement le point de vue de Bazin s'est trouvé amplement justifié. Le cinéma soviétique d'après-guerre n'a pas laissé un souvenir inoubliable, même en Russie. Mais Sadoul marque un point quand il accuse Bazin de préférer le système hollywoodien, qui exploitait les artistes et le public, plutôt qu'une conception socialiste de l'art. A l'époque, Bazin méritait ce genre de reproche, car quelques semaines auparavant, il avait publié un livre sur Welles où il comparait positivement la relation du grand metteur en scène avec Hollywood à celle de Léonard de Vinci avec les mécènes qui l'avaient soutenu. Les deux situations s'étaient développées sur la rébellion et la récompense, ce qui revient à dire sur l'exploitation du génie. Bazin pouvait saluer en Welles l'artiste américain suprême, délivrant un message américain avec une énergie qui lui venait d'une puissance de rébellion forgée dans les chaudrons de Hollywood. Mais Sadoul se devait de dire que les films produits dans un tel système, même les grands films de Welles, n'étaient, tout compte fait, fondés que sur la lutte de quelques individus ; ils détruisaient tout rêve de paix et de fraternité. Quels qu'aient pu être leurs mérites, les films issus de ce système pouvaient être attaqués, tant d'un point de vue idéologique qu'éthique. Sadoul terminait son article en rappelant au lecteur que l'on était au mois d'août 1950, que la guerre de Corée venait de commencer et risquait de s'étendre en un conflit mondial, et qu'il fallait absolument faire des choix politiques urgents. Il y avait le camp des *Lettres Françaises,* du cinéma soviétique, de Staline et de la fraternité, ou celui d'*Esprit,* de Hollywood, de l'exploitation capitaliste et de la guerre.

Aujourd'hui, cette rhétorique de la « conflagration finale » peut sembler mélodramatique. En fait, Sadoul n'allait pas tarder à adoucir ses propos, à devenir un ami de Bazin et à écrire dans *Les Lettres Françaises* une touchante nécrologie, à la mort de celui-ci.

De plus, certains intellectuels de gauche, tels que Roland Barthes, n'allaient pas tarder à jouer librement, eux aussi, avec le mythe de Staline[11]. Mais en 1950, il existait réellement une atmosphère de confrontation et les résultats en furent, en l'occurrence, spectaculaires.

Bazin fut abasourdi par le tumulte que provoqua son article, mais certes ne se repentit pas. Il gardait toute confiance en sa mission, celle d'un critique essayant d'enseigner à ses lecteurs un moyen d'expression et la façon d'en prendre le contrôle, puisqu'un tel médium avait la capacité de niveler une culture avec tant de facilité. « Le mythe de Staline et le cinéma soviétique » n'était, à ses yeux, qu'un pas de plus dans cette entreprise.

L'intégration du mouvement des ciné-clubs

En 1948, quand les factions politiques commencèrent à rendre le travail à *Travail et Culture* frustrant et peu gratifiant, un nouveau type de ciné-club fit surface, qui prit une bonne part de l'énergie et de l'enthousiasme de Bazin ; c'était une sorte de club d'élite fréquenté par des artistes, des écrivains et des étudiants, qui s'intéressaient bien moins aux implications politiques du cinéma qu'à la célébration du film comme forme d'art. L'émergence de ces clubs confirmait le succès du projet que Bazin avait initié avec son premier club de 1942 : faire de l'étude du film une part respectable et indispensable de la vie et de la culture françaises. En un sens, ces groupes rappelaient les premiers clubs français, ceux du début des années vingt, que dirigeaient Delluc et Epstein. Comme leurs ancêtres, ces clubs d'après-guerre possédaient leurs propres salles, convoquaient les grands talents de l'époque à leurs premières, ou organisaient des tables rondes, encourageaient la création chez leurs membres, montaient des festivals et publiaient des revues.

Comme dans les années vingt, c'étaient les revues qui précédaient les clubs et quelques hommes cultivés marquaient les revues de leur personnalité. La plus représentative de ces revues était sans l'ombre d'un doute *La Revue du cinéma*, non seulement parce que la liste de ses collaborateurs était prestigieuse, mais aussi parce qu'elle constituait en quelque sorte un lien véritable avec l'ère glorieuse du cinéma muet. En fait, *La Revue du cinéma* n'était nullement une publication nouvelle, mais la deuxième série d'une revue inaugurée en 1927 par Jean-Georges Auriol. Et c'était Auriol qui l'avait ressuscitée en 1946.

La première *Revue du cinéma* avait été la dernière de l'âge impressionniste du cinéma français à mourir, victime de la crise de 1930 et des effets de l'invention du son, qui découragèrent un grand nombre de fanatiques du septième art et les clubs qu'ils avaient formés. A partir de 1930, les débats sur l'art laissèrent la place à des affrontements économiques et politiques. Les artistes d'avant-garde, qui avaient pu lutter contre les studios français pendant le muet, se retrouvèrent incapables de tenir avec le film parlant. mais ce qui donna le coup de grâce au mouvement fut la défection massive des intellectuels qui prétendirent que le film parlant ne pourrait jamais être une forme d'art sérieuse.

Comme nous l'avons vu, il n'était resté qu'une poignée d'intellectuels — Leenhardt, Malraux et Bazin surtout — pour oser écrire en profondeur sur le cinéma, de 1930 à l'Occupation et, de toute façon, ils ne possédaient aucun forum où ils auraient pu s'exprimer. Quand la fin de la guerre permit une attitude générale plus ouverte envers le cinéma, Jean-Georges Auriol et son assistante Denise Tual décidèrent de faire revivre la vieille revue. Après la guerre, se lancer dans une telle aventure n'était pas trop compliqué ; de petites imprimeries sortaient chaque jour des magazines traitant de tous les sujets imaginables. En ce qui fut l'année la plus active de l'histoire de l'édition en France, il était inévitable que quelqu'un cherchât à tester le marché du film. Auriol et Tual demandèrent leur aide à Jacques Bourgeois et à un jeune critique musical, Jacques Doniol-Valcroze ; ils commencèrent, en 1946, à publier un bimensuel, soutenu par une petite maison d'édition, les Publications Zed.

La Revue du cinéma reste toujours un magazine qu'il est stimulant de consulter. Il fallait remonter aux années vingt pour trouver une telle palette de sujets et de collaborateurs. Sartre et Welles publièrent des extraits de scénarios dans les premiers numéros, et l'on y trouvait des articles critiques écrits par Jacques Brunius, Lo Duca, Gregg Toland, Jean-Pierre Chartier, Pierre Prévert, Lotte Eisner, René Clair, Walt Disney, Herman Weinberg, Hans Richter, S.M. Eisenstein, Jean Aurenche, Pierre Bost, Henri Langlois, Arthur Knight, Pierre Kast, Jean Grémillon, Maurice Bessy, Jean Mitry, Eric Rohmer, Guido Aristarco, Claude Autant-Lara et Jean Cocteau.

Bien que Bazin n'ait rien écrit pour *La Revue du cinéma* pendant les dix-huit premiers mois de sa courte existence, peut-être parce qu'Auriol et lui ne s'entendirent jamais bien, il finit par lui confier deux de ses meilleurs articles : « Le mythe de M. Verdoux » et « William Wyler, ou le janséniste de la mise en scène ». Il fit éga-

lement, dans la revue, la critique du travail de deux de ses meilleurs
amis, le premier grand documentaire de Resnais, *Van Gogh*, et *Les
Dernières Vacances* de Leenhardt[12]. Ce sont d'exquises petites critiques personnelles et la dernière traite au moins autant du cinéaste
que du film ; en fait, c'est un hommage à Roger Leenhardt, ami et
maître de Bazin.

Dans ces notules, le style de Bazin est conforme au ton de la
revue qui, dès le premier numéro, s'adressa à ses abonnés comme
s'ils avaient formé un club. On promettait de montrer de nouvelles
œuvres ou des chefs-d'œuvre oubliés à des tarifs réduits pour les
abonnés. Les extraits de scénarios de Welles et de Sartre étaient
publiés à côté de scripts de gens bien moins connus qui faisaient
partie de l'équipe de la revue. Même si l'essentiel de la surface
rédactionnelle était réservé à des essais académiques et des critiques
des films courants, les articles comme ceux que Bazin avait consacrés à Resnais et Leenhardt renforçaient l'esprit de famille qu'Auriol voulait créer.

Ce fut d'ailleurs cet esprit qui mena à la formation d'un ciné-
club créé à l'image des grands clubs des années vingt. *Objectif 49*
était un club très fermé, influent et chic, que fréquentaient les
rédacteurs et les lecteurs des grandes revues intellectuelles parisiennes. Alors que les autres ciné-clubs de Paris passaient des classiques, *Objectif 49* s'était donné la vocation de ne montrer que des
films nouveaux. Il se présentait plutôt comme une galerie que
comme un musée et espérait jouer un rôle décisif dans les orientations de l'industrie du cinéma.

Objectif 49 n'aurait pu naître sous de meilleurs auspices. On
loua le Studio des Champs-Elysées, généralement réservé à d'autres
formes de spectacle, pour la première du chef-d'œuvre de Cocteau,
Les Parents terribles, film que Bazin allait plus tard défendre dans
Esprit[13]. La salle était bondée pour voir l'œuvre de Cocteau et l'entendre en parler après la projection. Doniol-Valcroze mit trois
chaises sur la scène quand les lumières se rallumèrent et, sous sa
direction, une discussion s'engagea avec Cocteau et Alexandre
Astruc, qui déborda bientôt sur un jeu de questions et réponses avec
le public.

A cause du soutien que lui prodiguaient des célébrités comme
Cocteau et Claude Mauriac, et parce qu'il pouvait s'appuyer sur les
deux ans de tradition de *La Revue du cinéma*, *Objectif 49* connut
un immense succès. Les séances avaient toujours lieu dans de belles
salles devant des publics nombreux ; le plus souvent, les auteurs

étaient présents. Les critiques que Bazin fit des films de Resnais et Leenhardt sont plus personnelles, sûrement parce qu'il avait vu ces œuvres dans le cadre du club ; il pouvait parler des films de Welles avec une certaine autorité en partie parce qu'il avait rencontré souvent Welles aux réunions d' *Objectif 49*, dont une fois lorsqu'il faisait la promotion européenne de son *Macbeth*. En bref, Bazin se servit de ces rencontres pour recueillir des informations de première main sur les méthodes de tournage et leurs effets sur le style du film. Parfois, comme avec Welles, les discussions étaient très animées ; mais il arriva que Bazin apprît les limites d'une telle formule. Robert Bresson, sur scène en compagnie d'Astruc et Leenhardt, refusa de discuter de son œuvre ou de répondre aux questions du public. Mais peut-être même une rencontre apparemment aussi stérile donna-t-elle à Bazin une clé spirituelle pour étudier de plus près les films de Bresson.

Mais sans l'ombre d'un doute, l'aspect d' *Objectif 49* que Bazin appréciait le plus était l'occasion qui lui était donnée de faire venir à Paris ses réalisateurs préférés. Comparer le venue de Rossellini à Paris en septembre 1948 avec la première parisienne de *Paisa*, c'est rendre compte de l'énorme évolution du cinéma qui avait eu lieu dans les consciences en deux courtes années. La première de *Paisa* avait eu lieu devant une salle avant tout composée d'étudiants et d'ouvriers, qui ne connaissaient pas grand-chose du cinéma ou de son histoire. Maintenant, Bazin faisait revenir Rossellini devant un public averti au Studio de l'Etoile.

Peut-être y pensait-il en attendant toute la journée l'arrivée du cinéaste qui, à l'époque, occupait selon lui le premier rang mondial. L'attente devait être longue et angoissante. Rossellini avait été retardé à Rome et ne put prendre la route pour Paris que le matin de la séance. Pour rendre les choses encore plus compliquées, il eut des problèmes de voiture au début de son voyage en Italie, ce qui rendait son arrivée à temps très improbable. Il appelait Bazin et Doniol-Valcroze chaque fois qu'il s'arrêtait pour faire le plein. Selon leurs calculs, il était impossible qu'il arrivât à Paris pour la séance de vingt heures. Comme la soirée avait été annoncée à grand tapage, la salle était déjà pleine à huit heures moins le quart. Rossellini rappela. Comme par miracle, il n'était qu'à cinquante kilomètres de Paris. Doniol-Valcroze annonça qu'il y aurait un petit retard et se posta à nouveau près du téléphone. Celui-ci sonna. Rossellini était dans la banlieue parisienne et demandait qu'on lui indiquât son chemin. Il conduisit comme un fou dans les embouteillages du samedi soir et se rua hors d'haleine dans la salle, le film sous le bras, annonçant fièrement qu'il venait de battre le record Rome-Paris.

On crut, un certain temps, qu' *Objectif 49* allait voir les retrouvailles de Jean Renoir avec son pays natal. On échangea des lettres, mais on dut repousser l'événement à cause des problèmes légaux que posait le second mariage du metteur en scène. Bazin dut attendre jusqu'à la fin de l'année 1949, quand Renoir fit escale à Paris sur la route de l'Inde pour tourner *Le Fleuve,* avant de pouvoir faire la connaissance de l'homme qui, pour lui, était « sans conteste le plus grand cinéaste français ».

Objectif 49 ne fut pas seulement pour Bazin un endroit où il pouvait rencontrer des gens célèbres, mais aussi le lieu privilégié où il pouvait exprimer tout son enthousiasme devant la renaissance de l'art de notre époque. L'élégance de ce club ne l'empêcha nullement de sauter par dessus les deux premiers rangs d'orchestre, les larmes aux yeux, à la fin de *Paris 1900,* pour aller embrasser Nicole Védrès, la réalisatrice. Ce merveilleux film de montage, dans lequel Alain Resnais avait joué un rôle discret mais efficace, et qui se composait de documents cinématographiques restaurés du début du siècle, plut énormément à Bazin. Les images un peu ternies d'un temps révolu avaient été transformées, par des gens qu'il connaissait et respectait, en une méditation hautement contemporaine sur le temps et le lieu. Cela lui évoqua Proust, comme l'époque que décrivait le film l'y incitait. A la fin de cette mémorable séance, il écrivit sa propre méditation sur le film : « A la recherche du temps perdu : *Paris 1900.* »[14]

L'enthousiasme extrême de Bazin face aux films qu'il aimait avait pour effet de l'isoler un peu des membres plus calmement cultivés d' *Objectif 49,* et l'entraînait inévitablement vers les petites salles du quartier latin fréquentées par les fanatiques de cinéma qui allaient devenir les metteurs en scène de la Nouvelle Vague. Il dirigeait lui-même un ciné-club le dimanche matin, qui se consacrait aux classiques et aux discussions en petits groupes. Un jour, un adolescent impétueux fit son apparition et, après la projection, passa plusieurs heures en discussion passionnée avec André Bazin. L'homme avait une certaine habitude des discussions longues avec des adolescents, mais ce qui était plus rare, c'était que ce garçon de seize ans avait au moins autant d'enthousiasme et de connaissance du cinéma américain que Bazin. François Truffaut, qui était venu au club de Bazin pour se plaindre des interférences horaires avec son propre *Cercle cinémane,* finit par inviter le critique à venir parler le dimanche suivant devant son petit groupe. Bazin prit immédiatement la mesure de l'énergie et de la flamme qui consumaient le jeune homme ; quant à Truffaut, il trouva en Bazin quelqu'un qui aimait passionnément le cinéma, qui possédait une vision presque enfantine de l'existence, mais aussi la stabilité émotionnelle et morale dont lui-même manquait totalement, à l'évidence.

La force de cette nouvelle amitié fut immédiatement mise à l'épreuve, quand Bazin apprit que le père de Truffaut, venant de découvrir où traînait son voyou de fils par une petite annonce pour le *Cercle cinémane* dans un journal, s'était arrangé pour faire arrêter et emprisonner le jeune homme. Furieux, Bazin s'engagea dans une campagne intense de lettres et d'entretiens personnels qui finirent par convaincre les autorités de relâcher l'incorrigible garnement. Bazin promit de lui trouver du travail à *Travail et Culture* et de surveiller ses faits et gestes ; promesse risquée, il est vrai, vu le don de Truffaut pour les bêtises et ses antécédents.

Mais cette amitié ne fut pas à sens unique. Par Truffaut, Bazin rencontra des groupes de jeunes étudiants et trouva que leur conception, leur vision du cinéma, apportait une note rafraîchissante à la sienne propre. Cette première génération de renégats culturels, qui se vantaient de voir trois films par jour depuis autant de temps qu'ils pouvaient s'en souvenir, comptait avant tous les membres de l'équipe de *La Gazette du cinéma*. Truffaut devint vite ami avec le groupe que Rohmer avait organisé en 1958[15]. Leur revue se révoltait autant contre le cinéma établi que contre « l'avant-garde établie » représentée par *La Revue du cinéma* et *Objectif 49* ; elle commença sa parution en 1949. Ses articles, passionnés, étaient souvent mal écrits. Si Bazin n'écrivit jamais pour *La Gazette*, ses positions l'attiraient et il en rencontrait fréquemment l'équipe au Quartier Latin pour discuter de films, de philosophie et de livres. Le noyau de la Nouvelle Vague se trouvait déjà rassemblé : Jacques Rivette, Jean-Luc Godard, Truffaut et Rohmer. Ils rêvaient d'une culture filmique jeune, inspirée et capable d'éviter les pièges de l'affairisme et de la préciosité intellectuelle. Ils affirmaient avoir été nourris dès leur plus jeune âge au film d'action, aux films de genre hollywoodiens, et non aux classiques, qu'ils fussent littéraires ou cinématographiques. Mais surtout, ils voulaient promouvoir un cinéma plein de vie, d'action et de « pensée cinématographique ».

Bazin servit presque immédiatement de liaison entre ces jeunes iconoclastes et l'élite culturelle d'*Objectif 49*. Il jouissait d'une position assez solide pour aider de bien des façons les critiques en herbe de la rive gauche, avec qui il partageait bien des engouements et, en même temps, il était d'un tempérament assez bohème pour servir de force de déstabilisation au sein d' *Objectif 49*, afin que le club ne s'encroûte pas totalement. Bazin, de par sa forte personnalité, put faire entrer dans les structures d' *Objectif 49* un peu de la vigueur et de la spontanéité de ce qui allait bientôt devenir la Nouvelle Vague.

Et cela avait une certaine importance, dans la mesure où *Objectif 49* avait assez de relations et d'influence pour effectuer des changements réels dans les milieux parisiens du cinéma, tandis que les critiques de la rive gauche possédaient le désir et les projets que ce pouvoir pouvait aider à réaliser. Les deux groupes se rencontrèrent pour la première fois au « Festival du Film Noir Américain » qui eut lieu à la fin 1948, sous le patronage d' *Objectif 49* et du cinéma La Pagode — lequel à l'époque programmait des films de ciné-clubs. Ce festival représentait le premier effort concerté d'intellectuels français pour comprendre le cinéma américain ; c'était la première fois qu'on isolait le genre « film noir » et Paris frissonna avec Humphrey Bogart, Fred MacMurray et compagnie ; mais c'était surtout la première fois depuis les années vingt qu'un groupe de cinéphiles avait cherché à provoquer un événement parisien en projetant des films. L'énorme succès du festival poussa Bazin et les autres directeurs d' *Objectif 49* à préparer ce qui fut peut-être la plus grande manifestation cinématographique de l'immédiate après-guerre : Le « Festival indépendant du Film Maudit ».

Il était peut-être ambitieux de la part d' *Objectif 49* de lancer un festival cinématographique, mais la chose, en un sens, allait de soi. Depuis la guerre, le rituel du festival de cinéma faisait partie intégrante de la culture européenne. Tenus généralement dans une atmosphère de vacances, presque toujours dans un lieu de villégiature, les festivals étaient une sorte de célébration des aspects sociaux d'un art lui-même hautement social. A l'époque déjà, Cannes était, de tous, le plus prisé ; comparé à son rival vénitien, c'était déjà un festival plus frivole. Mais il avait toujours une certaine importance en tant que vitrine de la profession, pépinière de jeunes talents, rencontre de critiques, de producteurs, d'historiens et d'acteurs de toutes les nations.

Pour les membres d' *Objectif 49*, surtout les plus jeunes, Cannes était une sorte de grotesque fête anniversaire du Père qu'ils voulaient détrôner. Et bien que beaucoup (et à vrai dire la plupart) des membres partissent chaque automne pour la Côte d'Azur en train ou en voiture, le smoking bien plié dans la valise, avides de voir et d'être vus, ils ressentaient un profond mépris pour cette exhibition, dans laquelle on montrait les films comme autant de robes de collection.

Aussi, au début de l'année 1949, un plan audacieux fut conçu pour organiser un festival indépendant, afin de célébrer, avec toute la pompe de Cannes, les films que l'industrie avait condamnés à l'oubli, les « films maudits ». Bazin passa une bonne partie de l'année à écrire des lettres, à envoyer des programmes et à essayer d'obtenir des films inconnus. Il parvint à regrouper des films de Visconti, le premier d'Antonioni, les expériences d'animation de Norman McLaren, dont il avait entendu parler par des revues canadiennes françaises, mais qui devaient encore traverser l'Atlantique.

En 1949, Bazin semblait cultiver l'excitation et la hâte comme une drogue pour combattre la terrible et fatale maladie qui commençait déjà à l'affaiblir. Il maigrissait beaucoup, ne dormait qu'irrégulièrement et ne cessait jamais vraiment de tousser d'une façon de plus en plus caverneuse. En réaction, il menait un train d'enfer, cachant son angoisse sous un déluge d'activités. Il s'arrangea même pour ajouter à ses activités publiques des obligations d'ordre privé. Non seulement il n'hésita pas à endosser le rôle de père adoptif de Truffaut, mais il devint, cette année-là, le père d'un enfant bien à lui. Bazin, qui toute sa vie avait hésité à se donner aux autres en profondeur, Bazin qui avait toujours refusé d'aliéner sa liberté, se retrouva en charge d'un délinquant de dix-sept ans et d'un bébé sur le point de naître.

Quelques années plus tôt, l'idée même de mariage effayait Bazin, mais à présent, il y était préparé. Janine et lui avaient vécu ensemble sans rien se promettre de définitif et s'étaient décidés à respecter cette réalité en ne célébrant pas de mariage religieux. Malgré cela, leur mariage civil en mai 1949 fut une véritable fête. Bazin avait traversé Paris toute la journée pour trouver des fleurs, organiser un repas, dénicher des habits, et avait invité à la fête tous ceux qu'il avait rencontrés. C'était une scène digne de Jean Renoir.

Tout l'été, il surveilla à la fois sa femme et son festival s'acheminant vers leur terme et, « correspondance » spectaculaire, les deux accouchèrent le même jour, comme dans les films. Bazin resta aux côtés de Janine toute la matinée jusqu'à entendre les premiers vagissements de Florent. Ensuite, à la demande de Janine même, il traversa la France et se rendit à Biarritz. Ce fut un moment de plénitude que l'on peut, lorsqu'on le vit, considérer comme le comble du bonheur.

Bazin arriva, ivre de fierté paternelle, au festival, qui brûlait d'une autre sorte de fierté. Bien que marginal, le Festival du film Maudit arborait tout l'apparat de Cannes. Organisé dans le cadre somptueux du casino de la côte atlantique, il était officiellement présidé par Jean Cocteau et s'honorait d'un Comité où figuraient le Préfet du département, le maire de Biarritz, le marquis d'Arcangues, Orson Welles. Un portier vérifiait poliment les accréditations des invités et refoulait les indésirables. Parmi eux, Rivette, Godard et Truffaut. Tous âgés de moins de vingt ans, bohèmes et agressifs, ils firent un scandale au portier jusqu'à ce que Cocteau arrive, habillé en frac. Il escorta ses jeunes amis et les fit entrer d'un geste de la main ; en tant que président du festival, il parvint à faire coexister, ou au moins à maintenir à bonne distance, d'un côté l'aristocratie et de l'autre les jeunes Turcs.

Il y avait trois séances par jour, que précédait une petite explication du caractère « maudit » du film ; elles se clôturaient par des débats. *Les Dames du bois de Boulogne* de Bresson, *Lumière d'été* de Grémillon, *Le Long voyage* de Ford, et *Zéro de conduite* ainsi que *L'Atalante* (pour la première fois en version intégrale) de Vigo reçurent tous les acclamations dues à des chefs-d'œuvre que l'industrie et la société avaient voulu étouffer. Mais Biarritz, ainsi qu' *Objectif 49* qui patronait le festival, voulait mettre l'accent sur des films nouveaux, sur le cinéma qui se battait pour recevoir soutien et consécration du public: *La Bataille du rail*, le semi-documentaire de Clément, *La Dame de Shangaï*, de Welles, le premier film de Jean Rouch et beaucoup d'autres.

Le sommet du festival fut incontestablement la première européenne du film américain de Renoir, *The Southerner (L'Homme du sud)*, dont les dialogues étaient de William Faulkner et l'assistant Robert Aldrich. Ce ne fut pas un sommet glorieux, puisque le film fut accueilli par des huées; mais, comme Godard et Bazin l'avoueraient plus tard, il y avait dans ces huées quelque chose de plus constructif que dans la plupart des applaudissements qui honoraient les films bien reçus. Le film de Renoir avait forcé ce public cultivé à se remettre en question. Ce n'était pas le Renoir que les gens attendaient, celui qu'ils avaient été conduits à prendre comme point de référence. C'était un Renoir qui expérimentait un nouveau langage (la langue faulknerienne), avec de nouveaux thèmes (explicitement religieux) et un nouveau style. Dans les notes de Bazin, on perçoit clairement le choc de la déception, mais tempéré par la certitude que c'était lui-même et non le film qui en était responsable. C'était lui qui avait manqué son rendez-vous avec Renoir[16]. Même s'il ne devint jamais un fervent partisan du *Southerner*, il allait passer de nombreuses heures, dans la décennie suivante, à défendre ce film et le «Renoir américain» contre le rejet violent dont il avait été l'objet à Biarritz, rejet qui, depuis, justifié ou non, ne s'est jamais démenti.

Biarritz eut un grand impact sur la critique française; on peut dire aujourd'hui que ce fut le premier acte du mouvement vers un «cinéma d'auteurs» qui culminerait, dix ans plus tard, dans la Nouvelle Vague. Le jury était effectivement en position forte: Cocteau, Bresson, Clément, Langlois, Mauriac et Raymond Queneau. Ils immortalisèrent leur nouveau pouvoir par un luxueux catalogue qui contenait dix articles majeurs. Ledit catalogue s'ouvre sur le baptême officiel de Cocteau, en souvenir de l'hymne de Mallarmé «Les poètes maudits», où l'on chante ce genre d'œuvres oubliées, dont la forme cachée ne peut être reconnue que par ceux qui sont capables de regarder sous et au-delà de l'apparence. Plus loin, Grémillon proclame que l'essence du cinéma est le style et que le style est indéfectiblement lié aux auteurs individuels. Leenhardt attaque les films de l'establishment pour leur manque d'intelligence, exigeant un cinéma du courage duquel, et seulement duquel, pourrait surgir un art capable de faire bouger la culture de façon positive. Welles et Artaud exigent, pour leur part, un cinéma de poésie et d'imagination. Quant à Bazin, il évoque le rôle que l'avant-garde a courageusement joué depuis les années vingt dans sa lutte pour un cinéma poétique et imaginatif, dont *Objectif 49* et son festival se sont faits les dépositaires. Le document se termine par un poème de Lautréamont, ce « poète maudit exemplaire ».

Le ton hautement poétique et élitiste de ce catalogue trouva sur place une contrepartie dans l'enthousiasme avec lequel furent accueillis les films américains, et dans la participation un rien volubile des critiques les plus jeunes. Il y eut par exemple, une frénésie démesurée pour la projection d'un film standard de Robert Montgomery et pour John Garfield dans *Le Facteur sonne toujours deux fois*, qui reçut autant d'ovations qu' *Ossessione* de Visconti ; les deux films étaient adaptés du même roman. Bazin eut sa part dans la tâche de rendre ce festival un peu moins mondain ; il prononça en effet un discours qui ne saluait pas un film important, ni une trouvaille esthétique majeure, mais tout simplement le western hollywoodien. Le forum de Biarritz opposa durement les anciens et les modernes. Louis Daquin, metteur en scène connu, et le jeune Astruc en vinrent aux mains. Cette polémique s'aggrava encore dans la décennie qui suivit, grâce surtout à un François Truffaut agressif et pugnace qui, lors d'une projection dans un ciné-club, fit sortir Claude Autant-Lara de scène en lui criant : « *Si vous n'étiez pas si vieux, je vous casserais la gueule* ».[17]

Biarritz fut à la fois hyper-mondain et scandaleux ; le festival attira jeunes et vieux, conservateurs et révolutionnaires. Son grand succès, auquel firent écho les journaux et revues de tout le pays, rendait un second festival presque obligatoire. Pourtant, le « Rendez-vous de Biarritz » de 1950 fut un désastre total, malgré un financement et une campagne de publicité corrects. La place réservée au film anglais dans ce festival contribua certainement à donner à cette rencontre une atmosphère de médiocrité rampante. Pourtant, plusieurs des films britanniques projetés, les comédies avec Alec Guiness et les films tirés de romans de Graham Greene, sont devenus des classiques. Des films comme *Chronique d'un amour* d'Antonioni furent également montrés, qui, l'année précédente, auraient fait sensation. Mais non ! le festival fut un échec parce qu'il manquait à la fois d'énergie et de fraîcheur ; en bref, ce n'était qu'un festival de plus. L'absence de Cocteau joua certainement un rôle déterminant dans la déception générale ; sans compter la mort de Jean-Georges Auriol, qui avait disparu cette année-là dans un accident de voiture. Le fait marquant reste cependant qu'en 1950 n'existait toujours pas de revue sérieuse de cinéma, et qu'André Bazin n'était pas là non plus, puisque *La Revue du cinéma* avait cessé de paraître en septembre 1949 et que peu après, Bazin fut envoyé en sanatorium pour tuberculose aiguë.

En fait, à l'époque du premier festival, *La Revue du cinéma* était déjà pratiquement morte. En décembre 1948, les rédacteurs avaient annoncé que la revue cessait de paraître régulièrement et promettaient qu'il y aurait des numéros spéciaux pour les abonnés, à tirage limité. Il n'y en eut qu'un, un numéro double consacré à l'histoire du costume, et à sa théorie en relation avec le cinéma ; il parut en septembre 1949, un mois après Biarritz. Avec la mort d'Auriol, le dernier soutien solide de la revue disparut.

La Revue du cinéma fut victime de l'argent. Elle avait été rachetée, la deuxième année, par Gaston Gallimard. A l'époque, Gallimard publiait de nombreux périodiques et tentait de compenser les pertes des uns par le succès des autres. Il faisait de la publicité pour une revue dans une autre et, de manière générale, tentait d'utiliser ses immenses listes d'abonnés pour maintenir en vie des périodiques culturels de haut niveau.

Depuis son premier numéro, *La Revue* dut se battre financièrement. Il fallait s'y attendre, dans la mesure où cela faisait quinze ans
qu'aucune revue cinématographique sérieuse n'avait vu le jour en
France et qu'il faut du temps pour se constituer un réseau de lecteurs. Gallimard lui-même se montra patient et s'opposa à ceux de
son équipe qui ne voulaient pas qu'on continuât à soutenir la revue.
C'est Albert Camus, aussi curieux que cela paraisse, qui fut le plus
sévère critique de *La Revue du cinéma*, lui qui avait son bureau en
face de ceux d'Auriol et de Doniol-Valcroze. Ils avaient beau partager un balcon, ils ne se parlèrent jamais, même pour échanger les
salutations d'usage, Camus ne s'intéressait pas au cinéma. Il trouvait
que, comparé aux autres produits Gallimard, la revue était frivole,
et considérait comme intolérable le procédé qui consistait à se servir
des rentrées de livres importantes (celles des siens, entre autres) pour
maintenir en vie cette revue orpheline et mal tenue. Doniol-Valcroze faisait valoir que les ventes augmentaient. Camus rétorquait
que les prix augmentaient plus vite, et que Gallimard devait couper
les vivres. Camus ne mâchait pas ses mots, comme nous l'avons vu.
Mais jamais Doniol-Valcroze ou ses associés ne crurent que *La
Revue* fût vraiment morte et enterrée. Ils étaient persuadés qu'ils
allaient pouvoir la faire revivre et gagner suffisamment d'argent
pour continuer à paraître. Mais l'année 1949 ne leur sourit guère.

A la mort d'Auriol et de *La Revue*, s'ajouta une autre mort, qui
eut, elle, un impact infiniment plus grand sur Bazin - celle d'Emmanuel Mounier. Mounier avait été le père intellectuel de Bazin et ce
dernier s'était toujours modelé à l'image du grand socialiste catholique. Il allait souvent lui rendre visite à Chatenay-Malabry, dans sa
commune utopique, pour discuter avec un groupe *Esprit*, ou seul à
seul. Ce n'étaient pas simplement la conviction et l'intelligence de
Mounier qui captivaient Bazin, comme tant d'autres ; c'était surtout
cette capacité remarquable qu'il avait de transformer les idées en
pratique sociale. La « commune » qu'il avait fondée avec sa femme
et plusieurs autres familles engagées n'en était qu'une manifestation.
Mounier consacrait le plus clair de son temps à son travail, s'arran-
geant pour publier plusieurs centaines de milliers de mots par an
tout en dirigeant *Esprit*, organisant des groupes *Esprit* dans toute la
France, et voyageant pour enquêter et faire des conférences sur plusieurs continents. Sa santé, qui n'avait pas résisté aux rigueurs des
prisons allemandes pendant la guerre, le lâcha complètement en
1950 ; il tenta pourtant d'aller jusqu'à la limite de ses forces et
écrivit un important essai sur la trahison du communisme par les
staliniens, un mois à peine avant sa mort[18].

Bazin ne put pas assister aux funérailles de Mounier le 24 mars, car il était lui-même en train de lutter contre une sérieuse crise à l'hôpital de la Cité Universitaire. En dépit des mises en garde continuelles de ses amis et de son propre corps, et malgré la soudaine chute de santé qu'il avait pu constater chez Mounier, Bazin avait toujours refusé de modifier son style de vie.

Personne ne peut dire que la maladie ait pris Bazin par surprise, puisque dès l'année 1942, il avait reçu des signes avant-coureurs indéniables. On dit qu'à cette période, il ne cessait d'ennuyer ses amis étudiants en médecine avec des questions interminables, qu'ils trouvaient un peu morbides chez quelqu'un de si jeune[19]. Mais nous avons vu que l'Occupation l'avait poussé à aller à la limite de ses forces, et que Bazin savait qu'un jour son énergie mentale et spirituelle allaient devoir affronter violemment le corps qui les abritait.

Les mauvais traitements que Bazin s'imposa pendant une décennie furent encore aggravés par les innombrables soucis et le travail harassant de l'année 1949. Le combat pour maintenir en vie *La Revue du cinéma*, l'organisation du festival de Biarritz, les luttes qu'imposait la guerre froide à *Travail et Culture*, les responsabilités que lui conféraient la direction de plusieurs ciné-clubs, et l'écriture, tous les jours, toutes les semaines et tous les mois d'articles critiques, enfin le livre sur Welles, eurent finalement pour effet de ruiner définitivement une santé déjà fragile. Et pourtant, malgré tout cela ou peut-être à cause de tout cela, il avait vécu comme un enfant, confiant en sa capacité de pouvoir faire tout ce que lui dictait une imagination toujours bouillonnante.

Le meilleur exemple de cette attitude, le dernier peut-être, se situe aux environs de Noël 1949. Son travail s'était un peu ralenti et tout Paris se préparait pour les fêtes. C'eût été le moment rêvé pour prendre un repos bien gagné, pour recouvrer des forces, pour soigner ces horribles quintes de toux. Il insista pourtant pour aller au ski, n'ayant jamais pratiqué ce sport. Personne ne pouvant l'en dissuader, Janine, Doniol-Valcroze, quelques amis et lui-même partirent donc pour le Tyrol. Le 11 janvier, il écrivait à Denise Palmer qu'il était triste d'avoir gâché le voyage par ses crises de bronchite. Au terme de dix jours à la montagne, Bazin revint très malade et, à la fin du mois, fut envoyé à l'hôpital pour tuberculose aiguë.

Si la maladie et même l'hospitalisation n'effrayèrent jamais Bazin, la tuberculose le fit. Le 15 mars, il écrivit de nouveau à Denise Palmer, en détail cette fois. Il n'avait certes jamais rêvé mener une longue vie, mais à présent il était certain que la maladie serait toujours sa « condition ». Tout allait changer. Les médecins, après quelques examens douloureux et « difficiles », lui prescrirent au moins dix mois d'hospitalisation et trois ans d'activité « limitée » pour surmonter son mal. Qu'allait-il advenir de tous ses projets, de ses ciné-clubs, de ses articles, de son action sociale, de sa revue de cinéma tant espérée ?

La réaction publique de Bazin à une telle catastrophe personnelle fut remarquable, encore que très typique de l'homme. Il supporta tout avec calme, sans résignation, mais avec une sorte de joie, d'enthousiasme. L'hôpital, l'exil dans un sanatorium, et un avenir probable de vie calme, lui semblaient une aventure toute nouvelle. Il était si imprégné de l'esprit de Sartre, Mounier, Marcel et Malraux, qu'il concevait réellement sa vie comme un projet, dont la nature exacte avait moins d'importance que sa pureté et sa passion. Bazin se retrouvait momentanément sur la touche, ses activités au point zéro, et il se voyait contraint non seulement d'envisager un autre mode de vie, mais un milieu totalement différent ; il gardait cependant intact l'espoir que tout cela le mènerait à de nouveaux projets qui lui feraient découvrir d'autres aspects de lui-même dans sa quête ininterrompue de la vie.

Mon lit n'est pas un lit de souffrance mais de repos. Au début, on est étonné par les nouvelles, puis on réalise que cela ne peut pas, ne devrait pas aller si mal. Cela fait quatre ans que je n'ai pratiquement pas eu d'activité intellectuelle profonde, que je n'ai ni lu ni écrit sérieusement. Ici, la paresse est une vertu, et si ce n'est pas le paradis, ce n'est pas non plus l'enfer. La tuberculose est une maladie gaie. Qu'est-ce qui pourrait être plus gai et plus optimiste qu'un sanatorium ? Tu m'accuseras certainement de sombrer dans la mythologie romantique. Mais quand on regarde les choses lucidement et de façon pratique, tout cela prend sens. Bien sûr, il y a des inconvénients, mais dans mon cas, ils sont mineurs. Je suis à la Cité Universitaire, à 10 minutes à peine des parents de Janine. Elle amène Florent me voir de temps en temps. Je peux même sortir. Le sanatorium de Villiers n'est qu'à 100 km de Paris et Janine peut venir pour les week-ends. Financièrement, la sécurité sociale m'ôte tout souci et Le Parisien Libéré *continue à me verser mon salaire. En fait, j'ai moins de soucis que d'habitude.*

Aussi n'ai-je pas matière à me plaindre et tâcherai-je de faire le meilleur usage de cette maladie. Je suppose que s'ils m'avaient fait une thoraco, le ton de cette lettre serait un peu moins jovial[20].

En fait, le séjour de Bazin à Villiers fut moins idyllique qu'il ne le prédisait. Il avait effectivement le loisir de lire philosophie et littérature comme s'il était redevenu étudiant. Mais l'atmosphère du lieu le déprimait horriblement. Les nouvelles de Paris étaient fréquentes et mauvaises. Truffaut, qui lui écrivait régulièrement sur tous les films qui sortaient, devait faire son service militaire et semblait promis à aller en Indochine ; *Travail et Culture* l'attaquait pour sa position envers Staline ; Doniol-Valcroze désespérait de trouver un éditeur qui fît revivre *La Revue du cinéma ;* Mounier était mort. Avec tous ces soucis, Bazin se retrouvait comme entouré d'un maternalisme vide. Il supplia et menaça ses médecins jusqu'à ce qu'ils le laissent partir, avec sa femme, pour un petit village des Pyrénées. Revenu à Bry-sur-Marne, Bazin se mit lentement à se réinsérer dans la scène culturelle parisienne. Il faisait la critique de cinéma pour *Le Parisien libéré* et commença une magnifique série d'articles qui finiraient par composer le volume II de ses écrits *(Le cinéma et les autres arts)*[21]. De plus, il fut engagé comme critique cinématographique par deux nouveaux périodiques, qui eurent assez vite un grand succès et une forte influence : *L'Observateur* et *Radio-Cinéma-Télévision.*

La fin de *La Revue du cinéma* avait laissé tout un groupe de jeunes critiques talentueux sans forum pour s'exprimer, et un grand nombre de lecteurs sans rien à lire. *La Gazette du cinéma* de Rohmer n'était certes pas destinée à plaire à un grand public, et ne possédait pas assez de pages pour contenir les longs articles de fond et les nombreuses critiques qui avaient rendu si unique et si indispensable à la jeune culture cinéphile *La Revue du cinéma.* D'un autre côté, *L'Ecran Français* était à la fois trop populaire et trop ouvertement stalinien pour plaire aux intellectuels bourgeois et à la plupart des cinéphiles.

Tandis que les rédacteurs de *La Revue du cinéma* attendaient le miracle d'une résurrection, ils s'arrangeaient pour placer des articles dans les journaux existants ; la critique de film commençait en effet à faire son chemin, même dans les magazines les plus conservateurs. Le meilleur exemple de cette percée date des derniers mois de 1949, quand se créa l'un des principaux périodiques français, *L'Observateur.* Se définissant comme un mensuel économique, politique et culturel de tendance socialiste, le magazine accepta immédiatement une chronique cinématographique régulière. Jean-Pierre Vivet, qui l'assura pendant les premiers numéros, était un ami de Doniol-Valcroze. Connaissant les difficultés qu'avait traversées *La Revue du cinéma*, il lui demanda de se joindre à l'équipe. Doniol-Valcroze accepta, à condition de pouvoir travailler en collaboration avec Bazin. Ils se partagèrent la rubrique et ne se querellèrent, à l'occasion, que sur l'attribution à l'un ou l'autre d'un film particulièrement intéressant.

Ce fut une association heureuse, qui donna naissance à un courant critique de qualité pour un public chaque jour plus nombreux ; ce public s'intéressait assez aux films pour exiger une rubrique, mais pas encore suffisamment pour s'abonner à une revue spécialisée. La rubrique continua, sans se soucier des vicissitudes politiques françaises, ni de celles du journal lui-même, qui changea plusieurs fois de format et de nom, passant de *L'Observateur*, dans un premier temps, à *France-Observateur*, puis au *Nouvel Observateur*. Doniol-Valcroze pense parfois que lui et Bazin aidèrent à maintenir le journal en vie avec leurs critiques. Quoiqu'il en fût, on les considérait comme des experts et ils n'eurent jamais à modifier leurs positions et leur style pour complaire à l'orientation politique du journal.

Le premier numéro de *L'Observateur* parut en avril 1950, alors que Bazin était toujours au sanatorium. Peu de temps après, son vieil ami J.-P. Chartier lui demanda une chronique hebdomadaire pour son nouveau magazine, *Radio-Cinéma-Télévision*. Chartier voulait aider son ami à surmonter ce qu'il croyait être une dure crise financière, mais il comptait également sur le style incisif de Bazin pour imposer son magazine chez les intellectuels. Il se fixait deux buts : le premier était de créer un nouveau domaine, la critique des médias ; le second et indubitablement le plus important, était de devenir une alternative au très stalinien *Ecran Français* ; il désirait une position rigoureuse, mais définitivement chrétienne. Bazin pouvait sans nul doute donner beaucoup de rigueur à *Radio-Cinéma-Télévision*, et au moins une touche d'humanisme chrétien. Chartier ne considérait pas Bazin comme un vrai catholique ; mais il connaissait la grande culture et l'intérêt profond de ce dernier pour la théologie, et l'influence que Mounier avait eue sur lui. Il était au courant des débats que Bazin avait lancés sur le stalinisme à *Travail et Culture* et qui avaient été relayés par *L'Ecran Français*, le journal qu'il voulait concurrencer.

Bazin fut-il attiré par ce contexte idéologique ? En tout cas, il était trop heureux d'accepter ce nouveau salaire qui l'aiderait à améliorer la vie à Bry. Et la pensée de pouvoir travailler chez lui, de passer directement de la télévision à son bureau l'enchantait, dans la mesure où il savait qu'il ne lui serait pas permis de rentrer à Paris avant longtemps. Pour Chartier, il savait qu'il pourrait écrire, de sa salle de séjour, des critiques profondes et originales.

Mais pour Bazin, écrire sur la télévision et les films qui y passaient n'était pas seulement le fait d'une contrainte personnelle. Il y avait toujours pensé comme une partie du devoir qu'il s'était imposé d'explorer le monde des images. En fait, il voyait dans la télévision la possibilité d'observer les mutations ou les évolutions d'un art cinématographique confronté à une nouvelle logique et à d'autres conditions psycho-sociologiques. Quant à Chartier, il le laissait écrire de façon aussi abstraite et passionnée qu'il le désirait. Bazin prit évidemment l'habitude d'appeler tous les soirs Chartier de Bry, dès que cessaient les programmes de l'ORTF. Certaines choses le mettaient hors de lui : le plus souvent une version mutilée d'un classique du cinéma ou une émission scientifique ratée. Chartier a écrit[22] très symptomatiquement que la fureur de Bazin devant les images était très vive et qu'il avait toujours su l'utiliser. Les intenses sentiments de plaisir ou de dégoût qu'éprouvait Bazin en regardant un film ne se répandaient jamais sur la page. Ces sentiments devenaient plutôt une sorte de dynamo qui stimulait son analyse ; elle s'écartait alors du film pour redécouvrir, « revoir » l'œuvre d'un autre point de vue et dans un autre contexte. Telle est, sans doute, la force la plus durable de ses critiques, et l'une des raisons pour lesquelles on les a toujours considérées comme positives et « constructives », au sens le plus plein du terme. Il n'est pas conforme à la réalité de dire que Bazin ne détestait que rarement les films. Mais il ne laissait pas le dégoût devenir le centre de son écriture. Il valait mieux, pensait-il, que ces sentiments servent à nous parler du cinéma en général, du projet du cinéma tout entier. Et ce projet, il est vrai qu'il ne cessa jamais de l'aimer.

Bazin écrivit une centaine d'articles pour le magazine de Chartier qui, aujourd'hui, s'appelle *Télérama*, Chartier, de 1950 à sa mort, en 1979, écrivit sous le pseudonyme de Jean-Louis Tallenay, et il aimait à se souvenir que le dernier grand article de Bazin, une brillante analyse du *Crime de M. Lange* de Renoir, écrit la veille de sa mort, parut dans *Radio-Cinéma-Télévision*[23].

Bien qu'il eût un large public en 1950, ce n'était pas celui auquel il désirait vraiment parler. Peu de temps après la mort d'Auriol, Bazin et Doniol-Valcroze commencèrent des démarches pour faire renaître un mensuel uniquement consacré au cinéma. Quand Gallimard refusa nettement, Paul Flamand envisagea la possibilité de reprendre *La Revue du cinéma*. Flamand avait ouvert une petite maison d'édition, comme tant d'autres à l'époque de la Libération. Il connaissait le groupe *Objectif 49* et voulait lui venir en aide, mais la faiblesse de son entreprise l'empêchait de prendre ce risque. La maison de Flamand n'allait pas tarder à se transformer en l'une des éditions les plus importantes d'après-guerre en matière de nouvelles idées, artistiques et littéraires, Le Seuil. C'était d'ailleurs elle qui éditait *Esprit*, parmi d'autres revues. Mais en 1949, Bazin ne parvint pas à décider Flamand à se lancer dans une telle aventure.

Ce fut finalement en novembre 1950 que l'occasion se présenta. Bazin et Doniol-Valcroze avait tendu un véritable filet dans Paris à la recherche d'un éditeur, et bien que sans résultat, l'opération avait laissé des traces. Tout le monde était au courant de leur passion et de leur professionnalisme, et il était sans doute inévitable qu'un jour quelqu'un se décidât à les aider. Le quelqu'un fut Léonid Keigel. Keigel possédait plusieurs salles dans Paris et connaissait Bazin et Doniol-Valcroze depuis deux ans. Mais c'était surtout par son fils qu'il était lié à *La Revue du cinéma* ; celui-ci était en effet un membre enthousiaste d'*Objectif 49*. Keigel apportait une aide appréciable au groupe en leur obtenant des films, des salles, et en s'occupant de la publicité. Il prêtait souvent à Bazin et Doniol-Valcroze son bureau des Champs-Elysées, juste au coin de l'avenue George V, cœur du monde du cinéma français. Quand *La Revue* et *Objectif 49* disparurent, il fut témoin des discussions désespérées sur les moyens de les faire revivre. Puis les discussions cessèrent et il vit Bazin et Doniol-Valcroze passer Paris au peigne fin. En novembre 1950, il appela Doniol-Valcroze et lui dit : « Ecoutez, j'ai un peu d'argent. Pourquoi ne pas publier cette revue nous-mêmes ? Je suis prêt à essayer. »

Tout fut réglé très rapidement. Le bureau de Keigel se transforma en celui des *Cahiers du cinéma*, d'où fut fondée une nouvelle maison d'édition, les Editions de l'Etoile, à cause de la proximité de la place du même nom.

Le contrat fut signé en décembre, et un nouveau membre entra au comité éditorial, Lo Duca. Keigel insista sur le fait qu'il fallait élargir le comité de rédaction au-delà de Bazin et Doniol-Valcroze. A son avis, ils représentaient tous deux la même tendance, et la revue pourrait bénéficier de l'apport d'un courant plus « populaire » et « à la mode », en la personne du nouveau critique. Il voulait également que le magazine ait une base de distribution et de publicité aussi large que possible, et craignait, d'une certaine façon, que le côté ciné-club auquel il associait *Objectif 49* ait été un peu respon-

sable de la faillite de *La Revue*. Doniol-Valcroze accepta l'inclusion
de Lo Duca, qui paraissait avoir toutes les qualités requises. C'était
un critique connu et « chic ». Il venait du milieu de l'édition parisienne et il avait tout un réseau de relations. Il avait écrit deux ou
trois fois pour *La Revue* et comprenait parfaitement son orientation,
ainsi que celle du groupe *Objectif*. Dans ces circonstances, il représentait donc un choix très intelligent, et Doniol-Valcroze fut très
content quand Lo Duca accepta de faire tirer le premier numéro de
la revue, laquelle était quasiment prête à être mise sous presse le
jour de la signature du contrat. Quand le numéro 1 des *Cahiers du
cinéma*, numéro historique, sortit en avril 1951, il arborait la même
couverture jaune qui avait été le blason de *La Revue du cinéma*.

Bazin manqua la naissance de son magazine, puisqu'à l'époque il
prenait du repos dans les Pyrénées, repos destiné à l'éloigner des
tentations parisiennes. Quand il revint et qu'il put enfin prendre un
exemplaire entre ses mains, il hocha la fête de fierté, puis de déception et de colère : son nom ne figurait pas parmi les membres fondateurs. On ne sait toujours pas très bien ce qui s'est réellement passé.
Lo Duca affirma qu'il y avait eu malentendu, qu'il n'était en relation qu'avec Doniol-Valcroze et qu'il avait commencé à tirer le
numéro immédiatement, sans jamais avoir rencontré Bazin. Il en
avait conclu que Bazin n'était qu'un conseiller et non un égal.
Doniol-Valcroze était, pour sa part, désolé. Il en voulait beaucoup à
Lo Duca, mais se sentait également responsable, comme s'il avait
trahi un serment et deux ans et demi de préparation, de frustration,
de travail et d'espoir. Mais la déception de Bazin n'était pas due à
un sentiment de vanité. C'était ensemble que lui et Doniol-Valcroze
avaient créé les *Cahiers du cinéma*, tout comme ils étaient convenus
de se partager le cinéma dans *L'Observateur*. L'adjonction du nom
de Lo Duca à celui de Doniol-Valcroze, et l'oubli de son nom,
étaient une cruelle erreur qui allait éternellement figurer dans les
bibliographies et autres sources de références : « *Cahiers du cinéma*,
fondés à Paris, en avril 1951, par Lo Duca et Jacques Doniol-Valcroze. » Cette erreur fut fatale à Lo Duca aussi, puisqu'elle lui aliéna
la presque totalité de l'équipe. Il ne prépara plus jamais la revue ; on
le ne consulta plus que rarement pour les décisions importantes, et il
ne rencontra jamais la sympathie des jeunes critiques. Ses nombreux
articles, sur les femmes et le cinéma, sur l'érotisme et le cinéma, et
d'autres, furent toujours considérés comme étrangers à la ligne éditoriale de la revue. Finalement, en 1956, son nom disparut du som-
maire et fut remplacé par celui d'Eric Rohmer. Cela reflétait d'ail-

d'Eric Rohmer. Cela reflétait d'ailleurs une réalité, puisque Lo Duca ne venait que rarement au bureau des Champs-Elysées, alors que l'influence de Rohmer sur les jeunes critiques de la revue devenait de plus en plus grande.

La création des *Cahiers du cinéma* mit un terme à la période, dite d'« organisation et d'animation », pour Bazin. Elle avait commencé en 1942, dans une petite salle de classe, devant trois ou quatre cinglés de cinéma ; il avait contribué à développer en France une nouvelle conscience du cinéma qui pénétrait dans les usines, les revues littéraires, les centres culturels et les organisations de jeunesse, partout en Europe. Il avait également contribué à créer des cercles de cinéma partout : ciné-clubs ouvriers et pour enfants, jusqu'au prestigieux *Objectif 49*. Ses articles avaient rompu un long silence sur le cinéma, dès 1943, et il les avait vus aller des journaux d'étudiants aux feuillets distribués avant les séances de clubs, en passant par les fiches conservées puis reliées à l'IDHEC ou à *Peuple et Culture*, jusqu'aux critiques dans les quotidiens, aux commentaires dans les hebdomadaires et finalement aux revues intellectuelles mensuelles. Avec les *Cahiers du cinéma*, il présidait à la publication mensuelle de plus d'articles sur le cinéma qu'il n'en avait jamais été écrit par an pendant la période 1938-1943. Bazin écrivait à présent pour un très large public, car il avait personnellement tenu à s'adresser à tous : étudiants, travailleurs, intellectuels, cinéphiles. En 1951, il était en son pouvoir de leur parler dans *Le Parisien Libéré*, *Radio-Cinéma-Télévision*, *L'Education Nationale*, *L'Observateur*, *Esprit* et les *Cahiers du cinéma*.

Et même si sa santé l'avait empêché de créer de nouvelles structures de discussions dans tout le pays, en 1951 de telles structures existaient cependant. Bazin sentit sa vocation changer en même temps que sa santé ; il lui fallait maintenant faire pénétrer dans ces structures une pensée critique puissante et efficace, capable de transformer le public, le cinéma, et d'une façon ou d'une autre, la culture française. Entre 1951 et 1953, il fit paraître dans cet esprit certains de ses plus longs et plus beaux articles.

1 — Benigno Cacerès, *L'Histoire de l'éducation populaire*, Paris, Editions du Seuil, 1964, pp. 153-57.

2 — Idem, pp. 147-48.

3 — Voir note 15, Chapitre 4.

4 — Marcel Martin, « Réponses » (à un questionnaire), *Cahiers du cinéma*, n⁰ 126, décembre 1961, p. 73 ; et aussi « Enquête sur la critique de gauche », *Positif*, novembre 1960.

5 — Eric Rohmer, interview avec l'auteur, Paris, avril 1974.

6 — Bazin, « Le courrier des lecteurs », *Cahiers du cinéma*, n⁰ 50, août-septembre 1956, p. 55.

7 — Interview et lettre à l'auteur de Chris Marker, Paris, décembre 1973 et mars 1977, respectivement.

8 — Joseph Rovan, lettre à l'auteur, 28 juin 1977.

9 — Jean-Marie Domenach, interview avec l'auteur, Paris, mai 1974.

10 — Georges Sadoul, « Esprit et ses mythes », *Les Lettres Françaises*, 31 août 1950, p. 6.

11 — Roland Barthes, *Mythologies*, Paris, Editions du Seuil, 1957, p. 147.

12 — Bazin, « Le mythe de M. Verdoux », *La Revue du cinéma*, n⁰ 9, janvier 1948, pp. 3-25 ; repris dans *Qu'est-ce que le cinéma ?*, pp. 89-113, vol. 3, et *Charlie Chaplin*, p. 36 ; « William Wyler ou le janséniste de la mise en scène », n⁰ˢ 10 et 11, pp. 38-48 et 53-64 respectivement ; repris dans *Qu'est-ce que le cinéma ?*, pp. 149-73, vol. 1 ; « Le style c'est l'homme même », n⁰ 14, juin 1948 ; repris dans *Qu'est-ce que le cinéma ?*, vol. 3, pp. 33-41. Nelle éd. p. 207 ; « Le cinéma et la peinture (à propos de Van Gogh et de Rubens) », n⁰ˢ 19-20, automne 1949, pp. 114-19.

13 — Bazin « Théâtre et cinéma », *Esprit*, juin 1951, pp. 891-905, et plus spéciale-ment pp. 895-903, repris dans *Qu'est-ce que le cinéma ?* vol. 2, pp. 69-125. Nelle éd. pp. 129-178.

14 — Bazin, « A la recherche du temps perdu : *Paris 1900* », in *Qu'est-ce que le cinéma ?*, pp. 41-44, vol. 1.

15 — De 1945 à 1955, Rohmer signa ses articles Maurice Scherer ; il adopta ensuite la signature Eric Rohmer.

16 — On retrouvera ces impressions dans le *Jean Renoir*, Editions Champ Libre, plus précisément dans les notes manuscrites que Bazin prit à propos de *The Sou-therner*.

17 — C'est Claude-Jean Philippe qui relate ces événements dans « Un Objectif et un festival maudit », *Télérama* 914, 23 juillet 1967, pp. 39-42.

18 — Jean-Marie Domenach, *Emmanuel Mounier*, Paris, Editions du Seuil, 1972, pp. 144-59.

19 — Denise Palmer, née Buttoni, interview avec l'auteur, Le Havre, avril 1974.

20 — Lettre de Bazin à Denise Palmer, Paris, 15 mars 1950.

21 — Avec notamment « Pour un cinéma impur » *Qu'est-ce que le cinéma*, p. 7, vol. 2. Nelle éd. p. 81 ; et les deux parties de « Théâtre et cinéma » dans *Qu'est-ce que le cinéma ?*, p. 69, vol. 2. Nelle éd. p. 129.

22 — Jean-Louis Tallenay, « La Maison des Lettres », *Cahiers du cinéma*, n⁰ 91, janvier 1959, p. 11.

23 — Bazin, « *Le Crime de M. Lange* », *Radio-Télévision-Cinéma* 462, 23 novembre 1959, p. 11, repris dans *Jean Renoir*, p. 36, éd. Champ Libre.

Avec Janine Bazin et Claude Mauriac.

VI. LES CAHIERS DU CINEMA
ET L'EXTENSION D'UNE THEORIE

Principe I : un art en évolution

Avec sa couverture jaune et son hommage en première page à la mémoire de Jean-Georges Auriol, les rédacteurs essayèrent de lier le premier numéro des *Cahiers* à la défunte *Revue du cinéma*. Pourtant, l'année et demie qui sépara ces deux revues eut pour effet de permettre une certaine conscience des objectifs propres des *Cahiers*, et des valeurs qui allaient être défendues, dès les premiers numéros : elle allait donner naissance à une sorte de militantisme que ne connaissait pas *La Revue du Cinéma*. Il devint évident, par exemple, que les *Cahiers* ne publieraient de commentaires sur les films anciens que s'ils entraient dans le cadre d'une esthétique spécifique. L'article d'Eric Rohmer sur Murnau et Flaherty dans le n° 3 constitua la première utilisation du passé pour s'engager dans la révision des valeurs cinématographiques[1]. On vit aussi de grands articles porter sur de petits films indépendants (comme ceux par exemple d'Alain Resnais et Pierre Kast), alors qu'on n'accordait qu'une attention limitée aux productions françaises standard[2]. Finalement, et c'est ce qui était le plus important, on privilégiait pour les glorifier divers grands courants du cinéma international. Dans les trois premiers numéros, Hitchcock, Mankiewicz, Rossellini et le néo-réalisme en général furent adoptés comme la propriété des *Cahiers*. Bresson fut considéré comme le premier cinéaste français digne d'être soutenu, suivi bientôt de Tati, Cocteau, Ophuls et bien sûr Renoir, auquel fut consacré l'intégralité du numéro de janvier

1952. Même si la « politique des auteurs » n'était pas encore définie, l'équipe des *Cahiers* acceptait clairement une philosophie informulée, largement inspirée de Bazin. Le grand article de Bazin sur le montage, par exemple, où se trouvait l'essentiel de ce qui deviendrait plus tard « L'Evolution du langage cinématographique », allait ancrer le premier numéro[3]. Cet article est sans doute celui de Bazin le plus traduit et repris, et on peut affirmer qu'il a également situé toute l'esthétique critique et cinématographique de la Nouvelle Vague.

Bazin, qui avait poli son article dans le calme des Pyrénées, avait la ferme intention de lancer sa revue avec un coup de maître ; nous ne pouvons cependant pas considérer cet article comme absolument inattendu. Après tout, il avait conclu, six ans auparavant, son fameux « Ontologie de l'image photographique », par cette remarque sybilline et prometteuse : « *D'autre part, le cinéma est un langage* ». Cette phrase servait, en quelque sorte, à annoncer une suite, celle, justement, qu'il venait de terminer dans les Pyrénées.

Ces six années, qu'il avait passées en activités politiques et culturelles et en études approfondies de Rossellini, Welles, Stroheim et Renoir, le préparèrent à cette vision générale du langage cinématographique. Durant cette période, il accumula assez d'informations pour faire un tour d'horizon de toute l'histoire du cinéma et retracer, de manière révolutionnaire, son développement.

Cet article montre à quel point Bazin partageait toujours les grandes idées de Teilhard et Malraux : la croyance que les institutions culturelles se développent et changent en relation avec un certain code génétique d'un côté, les contraintes de l'environnement de l'autre. Cette position évolutionniste explique l'orientation historique des théories de Bazin. Pour comprendre le cinéma, il est essentiel de prendre en compte ses origines et d'observer les orientations de sa croissance dans un milieu changeant[4].

Le cinéma s'est développé en dépit, ou peut-être à cause de l'opposition des deux tendances qui lui avaient donné naissance : le réalisme et la culture populaire. Et si Bazin est connu pour avoir fait remonter l'exigence réaliste du film aux peintures rupestres dans « Ontologie de l'image photographique », il n'ignorait pas non plus les tendances réalistes dans la littérature. Depuis les commencements du roman, cet enfant de l'âge de la curiosité, l'art narratif s'était de plus en plus rapproché d'un idéal journalistique qui avait trouvé son apothéose, à la fin du XIXe siècle, dans un courant international qu'on avait qualifié de réaliste, naturaliste, documentiste ou vériste. Ainsi le cinéma semblait-il participer de la grande vague réaliste en peinture et en littérature, mais il semblait aussi libérer ces arts plus anciens de ce que Bazin avait appelé leur « névrose mimétique ». Bazin n'oubliait pas non plus que le XIX⁰ siècle, surtout dans sa seconde moitié, fut une ère d'optimisme scientifique sans précédent. Les créateurs de l'appareil cinématographique étaient moins attirés par l'art que par une sorte de curiosité scientifique. Ensemble, le mouvement artistique et la poussée scientifique vers le réalisme appelaient le cinéma.

Pourtant, une fois inventé, le cinéma fut immédiatement soumis à une autre sorte de pression, directement issue de l'industrie des loisirs. Bazin souligne maintes fois les rapports du cinéma avec la culture populaire, le roman à quatre sous, le music-hall, le théâtre de boulevard. Dès le début, cette fonction sociologique rivalisa avec les pièges du réalisme pour s'approprier l'avenir de ce médium. L'histoire du cinéma est la chronique de cette compétition.

En rendant compte des forces en jeu dans l'histoire du cinéma, Bazin omet de parler (et c'est étonnant) de sa technologie, alors que la plupart des historiens du cinéma ont retracé les progrès du septième art en relation avec les inventions qui ont modifié l'image et le son. Reprenant une idée de Malraux, Bazin suggère que l'ordre de l'histoire devrait être inversé. Ce n'est pas la technologie qui contrôle l'art ; elle n'est que le produit de ce que les artistes veulent faire, ce qui leur permet de réaliser leurs désirs. Bazin veut donc dire que la technologie est à la merci des rêves des artistes, rêves qui, de toute façon, doivent être réalisés d'une manière ou d'une autre. Si l'on considère, par exemple, l'arrivée du son, on s'apercevra que presque toutes les histoires du cinéma sont divisées par ce Nil technologique ; Bazin nous demandera cependant de reconsidérer les films de cette période. Le son mit effectivement fin à une certaine conception du cinéma comme système symbolique, réorientant l'énergie des films expressionnistes et des films de montage, comme ceux d'Eisenstein ou de Poudovkine. Pourtant, on ne pourrait dire que cela modifia fondamentalement le courant d'une autre tradition, celle des cinéastes comme Flaherty, Murnau et Stroheim. Ces trois réalisateurs s'attachaient plus à « révéler » la réalité qu'à lui « ajouter », le son arrive donc comme un prolongement naturel et un moyen de régénérescence de cette tradition. En d'autres termes, le son ne fut pas plus la pierre d'achoppement de cette tradition que la peinture à l'huile pour les peintres du Quattrocento. Ce ne fut, tout compte fait, qu'un changement de matériel. Si nous pouvons à juste

titre utiliser ce changement pour trouver la source de certaines tendances stylistiques, ces tendances, elles-mêmes, affirme Bazin, ne
dépendent d'aucun matériel particulier.

S'il est impossible de voir la continuité du style réaliste, c'est seulement parce que le son produisit un certain style classique de
cinéma dans les années trente, qui ne tolérait pas de rivalité. L'expressionnisme allemand débridé et l'école du montage soviétique
furent reconvertis, dans les années trente, dans un cinéma d'imagination subtil et léger, que nous appelons aujourd'hui le style hollywoodien. Les décors et les éclairages étaient irréels mais crédibles
(pensons au flou artistique et à l'éclairage en contre-jour des visages
des stars) ; quant aux principes abstraits du montage, ils donnèrent
naissance de façon invisible à des thèmes et des narrations
dépourvus de toute ambiguïté.

Alors que presque tous les historiens de bon sens voient le
cinéma des années trente comme un phénomène entièrement différent du muet, Bazin, lui, cite quelques continuités fondamentales.
Le son ne permit pas seulement aux lourds styles symboliques des
années vingt de se transformer en style hollywoodien, il put aussi
établir un rapport presque parfait entre le sujet et le style, donnant
naissance à une période qu'on a, à juste titre, appelée « classique ».
Bazin, utilisant une similitude qui date de ses études en géologie et
des théories de Teilhard de Chardin, décrit comme suit la stase qui
caractérise cette période :

« En 1939, le cinéma parlant en était arrivé à ce que les géogra-
phes appellent le profil d'équilibre d'un fleuve. C'est-à-dire à cette
courbe mathématique idéale qui est le résultat d'une suffisante
érosion. Atteint son profil d'équilibre, le fleuve coule sans effort de
sa source à son embouchure et cesse de creuser davantage son lit.
Mais survienne quelque mouvement géologique qui surélève la
pénéplaine, modifie l'altitude de la source, l'eau de nouveau tra-
vaille, pénètre les terrains sous-jacents, calcaires, se dessine alors
tout un nouveau relief en creux quasi invisible sur le plateau, mais
complexe et tourmenté pourvu qu'on suive le chemin de l'eau. »[5]

En suivant le cours du cinéma, Bazin était convaincu d'avoir
découvert une source potentielle d'érosion dans la figure de Jean
Renoir. Car c'était bien Renoir qui avait, presque seul, revivifié le
cinéma classique, adoptant des méthodes « capables de tout
exprimer sans morceler le monde, de révéler le sens caché des
êtres... ». Renoir avait continué la tradition de Stroheim et Murnau ;
c'était le prophète qui avait annoncé la période d'après 1939, où

Welles, Wyler, le néo-réalisme et d'autres styles allaient pénétrer encore plus profondément le lit du fleuve cinéma. Le premier essai historique des *Cahiers* était consacré à Flaherty et Murnau, et le premier numéro spécial à Renoir, parce que la revue se voulait l'avocat d'un grand style de cinéma, que les historiens d'avant Bazin avaient constamment sous-évalué ou tout bonnement refusé de reconnaître.

Dans cet essai de 1951, Bazin allait beaucoup plus loin que la simple affirmation de ses préférences esthétiques. En réalité, il y tentait une recherche sur les divers courants de l'histoire du cinéma, pour ensuite projeter cette histoire en une conception achevée de l'avenir de ce moyen d'expression. Comme son analogie fluviale le suggère, il ne voulait surtout pas séparer une histoire stylistique du cinéma d'une étude de l'évolution de son contenu. Et d'ailleurs, au même moment, Bazin était en train de composer un essai tout aussi étonnant, qui s'intitulait « Pour un cinéma impur : défense de l'adaptation », mais que nous devrions rebaptiser « L'Evolution du contenu du cinéma »[6].

Bazin, qui simplifie volontairement, divise l'histoire du contenu cinématographique, ou plus précisément du scénario, en trois époques. La première commença avec Méliès et se termina aux alentours de la Première Guerre Mondiale. La nouveauté du médium exigeait une diversité qui a poussé maints historiens à considérer cette période comme celle du « cinéma pur », que les conventions littéraires de l'époque qui suivit ruinèrent. Bazin met en pièces ce point de vue romantique en soulignant l'impact nécessaire et positif de l'art populaire sur un moyen d'expression qui répondait aux besoins d'un public populaire. C'étaient le vaudeville, le music-hall, les feuilletons et le mélodrame qui lui donnèrent leurs thèmes autant que leur public. Si les premières tentatives d'importer de force les grands classiques furent des échecs patents, le cinéma permit bien la résurrection des genres populaires, qui étaient en train de se perdre depuis des siècles. Les comédies burlesques faisaient renaître la farce de la Renaissance et le feuilleton policier, comme *Fantômas*, donnait au *conte* une nouvelle jeunesse. Il est inutile, affirme Bazin avec une largeur d'esprit caractéristique, de poser un genre de film comme étant supérieur à un autre. Les films et leurs auteurs sont les produits de leur époque et on doit apprendre à apprécier comme il convient chaque époque et ses moyens d'expression. Pourquoi choisir Rembrandt plutôt que Giotto, à cause d'une supposée pureté de l'expression ? Pourquoi ne pas voir en

Fantômas un vrai chef-d'œuvre, malgré sa dépendance obligée
envers la tradition narrative populaire, et un style aussi prévisible
que les épisodes qu'il conte ? En réalité, c'est cela qui fait un « classique du cinéma » : le mélange parfait entre un besoin social, un
scénario qui incarne ce besoin ou lui répond, et un style qui a évolué
dans le temps comme s'il n'était destiné qu'à donner naissance à un
tel scénario.

Si nous pouvons considérer cette première époque du scénario
comme celle de la diversité, pendant laquelle d'innombrables producteurs tentèrent de soumettre le cinéma à leurs intérêts propres
(avec les vues stéréoscopiques individuelles, les intermèdes dans les
spectacles, le théâtre enregistré, les récits à épisodes, les spectacles
de prestidigitation, etc), la deuxième période, qui commença avec
Griffith, fut celle de l'uniformité, dominée par un style cinématographique réifié.

Les vingt premières années d'existence du cinéma montrent à
quel point le médium s'est vite développé ; en partant d'un com-
mencement absolu, il arrive avec une incroyable célérité à un système formel de conventions capable de répondre aux aspirations
d'un immense public international. Lequel de ses inventeurs aurait
pu prévoir quelles dimensions prendrait l'industrie du cinéma en
1915 ? Mais surtout, qui aurait pu prévoir la forme que prendrait la
plupart des films, et que cette forme nous parviendrait pratiquement intacte ? En 1900, les formes et les fonctions du cinéma étaient
véritablement sans limites. Pourtant, avec la Première Guerre Mondiale, le sujet, la longueur et la structure narrative de presque tous
les films étaient déjà strictement contrôlés par un système rigide. Le
cinéma troqua la variété et la liberté de son enfance pour l'unifor-
misation et la rhétorique, que la stabilisation de tout système produit. A la fin de la Grande Guerre et, en tout cas, au début des
années vingt, on pouvait entendre les gens dire qu'ils « allaient au
cinéma » sans choisir, parce que la production hebdomadaire du
rituel culturel et esthétique qu'était « le cinéma » avait plus d'importance que le film particulier qu'ils auraient pu voir. C'était un langage standardisé qui donnait, sans effort, naissance à tous les films,
qu'ils soient bons ou mauvais.

Bazin aurait pu faire la même remarque sur l'attitude qu'on a,
aujourd'hui, face à la télévision. Nous allumons souvent le poste simplement pour « voir la télé », car l'homogénéité d'apparence, de son
et de structure des programmes nous apaise, nous captive et devient
l'objet de notre attention. La musique et les publicités nous sont

agréables. Même les génériques semblent avoir été conçus selon quelques canons bien établis. De même, dans les années vingt et trente, quand dans les seuls Etats-Unis, de cinquante à soixante-dix millions de spectacteurs fréquentaient hebdomadairement les salles obscures, on peut dire qu'une masse en venait à comprendre et à exiger un langage unique, qui avait triomphé de tous les autres et qui renforçait sa suprématie avec chaque film nouveau.

Ce langage dictatorial, plus encore que la convention sociale, déterminait le sujet du « cinéma classique ». Et les genres qui eurent le plus de succès parvinrent à ce résultat surtout parce qu'ils représentaient les meilleures vitrines de la machinerie cinématographique. Les adaptations littéraires, par exemple, ne prenaient leur source que dans ce que le cinéma pouvait transmettre de façon plaisante : de grandes œuvres, coupées comme de grands sapins, directement livrées des scieries de Hollywood. Il devenait inévitable que Shakespeare, Dickens et Hugo en sortent semblables comme des frères jumeaux ; et qu'ils ressemblent aux autres films de la même période. Ainsi le cinéma « classique », comme on le connaît aujourd'hui, dénaturait tous les sujets.

Malgré les valeurs indéniables liées à ce langage uniforme (subtilité d'expression et création d'une communauté internationale de spectateurs, c'est-à-dire un ensemble de valeurs de nature raffinée et sociologiquement puissantes), Bazin voulait avant tout souligner les dangers d'un tel cinéma, descendant comme un spectacle divin vers un public passif, désarmé par la magie de la technique. Toujours dialecticien, il désigne les quelques cinéastes qui résistèrent au cinéma codifié et exigèrent une autre relation du langage au matériau et du spectateur au spectacle. Parmi les annonciateurs muets de cette anti-tradition, Flaherty et Stroheim, les préférés de Bazin. Leurs grands films (*Les Rapaces, Nanouk, L'Homme d'Aran*) étaient principalement réalisés en décor naturel plutôt que sous les projecteurs de studios, et avaient donné naissance à un style visuel à la fois plus cru et plus vivant que les spectacles apprêtés de Hollywood. Ces hommes, qui plus est, avaient été jusqu'à refuser la logique dramatique conventionnelle, écrivant leurs films plus pour se trouver en harmonie avec leur matériau qu'avec une quelconque logique dramatique. Quand, en tournant *Les Rapaces*, Stroheim filma pratiquement toutes les scènes du roman, il refusait de réduire *Mc Teague* à son équivalent « cinématographique ». Il refusait de traiter un roman qu'il admirait comme un simple scénario de Hollywood. Flaherty, qui travaillait en indépendant, eut la possibilité d'oser encore plus ; il filmait d'abord et inventait ensuite ses histoires au montage. Les deux hommes respectaient scrupuleusement leur matériau et concevaient l'entreprise de réalisation plus comme une enquête qu'une présentation de leur sujet. Leur style, leur langage ne venaient pas d'une formule a priori, mais des exigences d'un projet particulier, d'une aventure filmique précise. Ils suivirent la poussée du cinéma vers le réalisme contre une industrie dévouée au divertissement de masse.

Ces deux vagabonds des années vingt et trente virent leur démarche justifiée, vers 1940, par un nouvel attrait pour le réalisme. *La Règle du jeu* et *Citizen Kane* sont, pour Bazin, les films qui marquent une nouvelle étape du cinéma, brisant à jamais les carcans du style officiel. Alors que la plupart des cinéastes, écrivait-il, peuvent toujours s'estimer satisfaits d'avoir répondu à l'attente du public, grâce à un style et à un message conventionnels, la route est pleinement ouverte pour de multiples essais exposant et exprimant de multiples aspects de la réalité. Bazin conclut son essai en faisant écho à son ami Alexandre Astruc, qui avait proclamé le règne de sa fameuse « caméra-stylo »[7] en 1948 ; pour lui, le cinéaste pouvait enfin être considéré sur un pied d'égalité avec le romancier, et se laisser dicter son style par les nécessités de son matériau et de sa propre attitude envers ce dernier. Ce que les deux hommes veulent dire, c'est qu'il n'existe plus une chose qu'on puisse appeler « cinéma » ; il n'y a que des films, et chaque film doit trouver son propre style.

De manière paradoxale, ce fut la relative liberté stylistique gagnée au début de la Seconde Guerre Mondiale, et qui s'épanouit en Europe après cette guerre, qui fit de l'époque moderne celle du contenu du film ou du sujet. Si le style est enfin devenu assez souple pour exprimer tout ce que le sujet en exige, l'histoire du cinéma moderne se résume à une histoire de ces sujets ou thèmes.

Pour examiner la façon dont le contenu du film a évolué, Bazin choisit une subtile méthode centrée sur l'histoire des adaptations, car les adaptations posent à chaque médium un problème particulier, dont la solution peut être considérée comme un indice de sa croissance. Dans les premières années, les producteurs trouvèrent ou sélectionnèrent des œuvres reconnues, tirées d'autres arts, susceptibles de gagner ou de garder le public, tout en permettant de tester les limites d'une technologie absolument neuve. L'époque classique, entre les deux guerres, fut celle de la confiance apparente qu'on avait dans le moyen d'expression. Les producteurs, sans s'embarrasser, forcèrent littéralement roman après roman à se soumettre aux exigences d'un mode d'expression qui clamait son identité et se vantait d'être plus important que ses sources. Ce fut l'époque, dit Bazin, de la domination de la forme sur le contenu, une ère durant laquelle les scénarios et même des genres entiers furent sacrifiés à la technologie du cinéma.

L'ère d'après 1940 peut être appelée « l'ère du scénario ». Le public, qui n'était plus envoûté par la forme policée du cinéma, commença de réagir positivement à de nouveaux genres d'histoires. Et ce fut dans l'adaptation que ce phénomène fut le plus apparent. Certains cinéastes pouvaient à présent penser à filmer un roman d'une façon qui préserverait le caractère unique de l'œuvre, et l'adaptation pouvait devenir le moyen de recommencer à faire l'expérience d'un objet culturel, non pas *en tant que* film, mais *par et à travers* lui.

Bazin précisa la difficile et moderne idée d'adaptation dans son essai sur Robert Bresson, écrit pour les *Cahiers* en cette année prolifique de 1951[8] ; cet essai, son traducteur anglais Hugh Gray allait le définir comme *« la plus parfaite critique de cinéma jamais écrite »*[9]. Bazin y soutient qu'en adaptant *Le Journal d'un curé de campagne* de Bernanos, Bresson avait évité les faciles renoncements du cinéma. Il avait filmé fidèlement, suivant le roman phrase à phrase. On n'y exhibe pas une technique brillante pour remplacer le style de l'original ; au lieu de cela, avec une intelligence brute, Bresson sacrifie volontairement le « cinéma » afin de pouvoir suivre le roman en un lieu géométrique de subtiles interactions entre le style, la psychologie, la morale et la métaphysique. De la sorte, *« sa dialectique* (entre littérature et cinéma)... *nous donne une œuvre à l'état second... un être esthétique nouveau qui est comme le roman multiplié par le cinéma. »*[10]

Avec Bresson, on est aussi loin qu'il est possible du cinéma classique et de la « cinématisation » des romans, puisqu'ici, *« il est presque insuffisant de la dire* [l'adaptation] *par essence "fidèle" à l'original, puisque d'abord elle* est *le roman »*[11], lequel est seulement présenté d'un autre point de vue et d'une façon nouvelle.

Ce qui ressort de ces articles, c'est une conception des romans comme objets culturels qui peuvent être transposés au cinéma comme tout autre objet. On peut les filmer à un haut degré d'imagination cinématographique ou les envisager objectivement, tout comme on filmerait un immeuble ou un meeting politique. Dans la mesure où le scénario appartient clairement au cinéma, l'approche

objective d'un roman doit se passer de scénario. Bresson filme *Le
Journal d'un curé de campagne*, dit Bazin, comme Alain Resnais un
tableau de Van Gogh : un objet pur, simple et toujours concret. Et
c'est pour cette raison paradoxale que le cinéma évolue avec
Bresson, alors qu'il se fige dans les adaptations maniérées et fas-
tueuses comme *Le Rouge et le Noir*. Bresson filmait comme un
documentariste un objet différent de tous les autres — le roman de
Bernanos — tandis que Claude Autant-Lara normalisait Stendhal
jusqu'à ce qu'il obéisse aux lois et aux modes du cinéma de 1954.

Dans son plus long essai de l'année 1951, publié en deux livrai-
sons dans *Esprit*, Bazin appliqua ces réflexions aux relations entre
cinéma et théâtre. L'idée de solidité et de matérialité des œuvres
d'art littéraires est plus apparente dans les représentations théâtrales
que dans les romans, et les conceptions que Bazin se faisait de
l'adaptation et de la situation du cinéma d'après-guerre sont donc
plus claires dans ce long article.

Le théâtre diffère de la vie par l'artificialité structurelle de sa
dramaturgie et de sa scénographie. Si le cinéma est normalement le
médium le plus ouvert à l'action spontanée et aux vastitudes du
monde naturel, il devrait se limiter à filmer une pièce de théâtre
dans l'artificialité qui en fait ce qu'elle est. Au lieu de faire des
effets de muscles technologiques, au lieu de transformer la pièce en
un scénario pour un film de voyage (« visitez le Danemark en assistant à *Hamlet !* »), le cinéma se rend mieux service, ainsi qu'au
théâtre, quand il met l'accent sur la concentration et la densité qui
font des pièces le drame de la volonté des hommes contre les
hommes ou des hommes contre les dieux. La voix humaine, médium
dominant de l'art théâtral, peut facilement être perdue ou irrémé-
diablement affadie dans l'adaptation, à moins que l'auteur ne limite
l'ubiquité du cinéma. Laurence Olivier dans *Henri V*, Welles dans
Macbeth, Cocteau dans *Les Parents terribles* et Wyler dans *Little
Foxes* ont tous trouvé des façons différentes pour réaliser l'adéquation des techniques cinématographiques au drame verbal ; le
cinéma a plus évolué que régressé dans la mise en valeur de
l'énergie de ce drame.

Les longues réflexions de Bazin sur les différences entre théâtre
et cinéma le conduisirent à affiner l'une de ses analogies les plus
belles et les plus élaborées. Le dynamisme du théâtre est centripète ;
tout y est mis en œuvre pour attirer le spectateur comme un
papillon, dans ses tourbillons de lumières. Celui du cinéma, en
revanche, est centrifuge, il projette ce même spectateur dans un

monde sombre et sans limites que la caméra cherche toujours à illuminer. Bazin utilise une des figures dont il s'était déjà servi dans un de ses premiers essais de 1943 : « *Le théâtre, écrit Baudelaire, c'est le lustre. S'il fallait opposer un autre symbole à l'objet artificiel cristallin, brillant, multiple et circulaire, qui réfracte les lumières autour de son centre et nous retient captifs dans son auréole, nous dirions que le cinéma c'est la petite lampe de l'ouvreuse qui traverse comme une comète incertaine la nuit de notre rêve éveillé : l'espace diffus, sans géométrie et sans frontières, qui cerne l'écran.* »[12]

Dans l'adaptation, on doit seulement transformer la torche du cinéma en lustre de théâtre, non pour donner la pièce comme on la verrait au théâtre, mais telle qu'on peut la voir au cinéma :

« *Il y a cent fois plus de cinéma, et du meilleur, dans un plan fixe de* Little Foxes *ou de* Macbeth, *que dans tous les travellings en extérieur, dans tous les décors naturels, dans tout l'exotisme géographique, dans tous les envers du décor par quoi l'écran s'était jusqu'alors vainement ingénié à nous faire oublier la scène. Loin que la conquête du répertoire théâtral par le cinéma soit un signe de décadence, elle est au contraire une preuve de maturité.* »[13]

Bazin formula ses idées sur l'adaptation, sur la relation du film aux autres arts et sur l'évolution du contenu du film pendant la seule et prolifique année 1951. Et de fait, toutes ces idées étaient indissolublement liées dans son esprit. A la fin de son « Pour un cinéma impur », il trouva le fil conducteur de toutes ces idées, et prolongea son analogie du « lit de la rivière » d'une manière magnifiquement synthétique. Ce passage, qui s'ouvre par la récapitulation de sa croyance en une transition qui aurait eu lieu vers 1940, menant à l'ère du contenu, s'y continue plus richement que jamais en un résumé de ses vues sur le passé et le futur de l'art cinématographique :

« *Comme ces fleuves qui ont définitivement creusé leur lit et qui n'ont plus que la force de mener leurs eaux à la mer sans arracher un grain de sable à leurs rives, le cinéma approche de son profil d'équilibre. Les temps sont finis où il suffisait de faire « du cinéma » pour mériter du septième art. En attendant que la couleur ou le relief rendent provisoirement la primauté à la forme et créent un nouveau cycle d'érosion esthétique, le cinéma ne peut plus rien conquérir en surface. Il lui reste à irriguer ses rives, à s'insinuer entre les arts dans lesquels il a si rapidement creusé ses gorges, à les investir insidieusement, à s'infiltrer dans le sous-sol pour forer des galeries invisibles. Le temps viendra peut-être des résurgences, c'est-à-dire du cinéma à nouveau indépendant du roman et du théâtre. Mais peut-être parce que les romans seront directement écrits en films. En attendant que la dialectique de l'histoire de l'art lui restitue cette souhaitable et hypothétique autonomie, le cinéma assimile le formidable capital de sujets élaborés, amassés autour de lui par les arts riverains au cours des siècles. Il se l'approprie parce qu'il en a besoin, et que nous éprouvons le désir de les retrouver à travers lui.*

Ce faisant, il ne se substitue point à eux, au contraire. La réussite du théâtre filmé sert le théâtre, comme l'adaptation du roman sert la littérature : Hamlet à l'écran ne peut qu'élargir le public de Shakespeare, un public dont une partie au moins aura le goût de l'aller écouter à la scène. Le Journal d'un curé de campagne *vu par Robert Bresson a multiplié par dix les lecteurs de Bernanos. En vérité, il n'y a point concurrence et substitution, mais adjonction d'une dimension nouvelle que les arts ont peu à peu perdue depuis la Renaissance : celle du public.*

Qui s'en plaindra ? »[14]

Cette vision synoptique du cinéma, insérée dans le finale complexe et puissant de ses méditations de 1951, montre que Bazin avait effectivement utilisé au mieux sa période de maladie. Il avait pris un certain recul envers Paris et la critique de films particuliers, pour parvenir à une vision globale de l'art et de son passé. Mais le plus important, c'était qu'à l'évidence il s'était remis à lire et avait commencé à voir le cinéma dans le contexte de cette vaste entreprise culturelle qui englobe tous les arts. En 1951, il avait préparé le terrain pour une histoire du cinéma qui tiendrait compte du caractère complexe de sa naissance et de son développement, autant que de ses relations avec les autres formes d'expression. Bazin parle du point de vue d'une longue tradition d'organicisme, quand il suggère qu'un enrichissement réciproque des arts entre eux est nécessaire aux premiers stades d'un art nouveau, surtout et même lorsqu'il lutte pour se singulariser. Sa grande chance fut d'avoir la générosité intellectuelle d'aimer chaque œuvre d'art pour elle-même, tout en y voyant le moment du développement d'une forme qui avait besoin d'évoluer au-delà. On pense à Malraux et Sartre quant il dit : « *L'existence du cinéma précède son essence* » ou « *le cinéma n'est pas encore inventé* ». Bazin aimait les films « impurs », même s'il attendait impatiemment un stade de plus grande pureté. Il aimait même ce cinéma classique que sa critique cherchait à dépasser.

Principe II : auteurs et genres

L'insistance que Bazin mettait à imposer sa conception évolutionniste de l'histoire produisit deux effets majeurs sur les *Cahiers*.
Comme nous l'avons vu, cette conception privilégiait une tradition
de cinéastes qui avaient été négligés : Flaherty, Murnau, Renoir,
Vigo, Rossellini, etc. Mais c'était aussi prêcher la religion d'une
approche « personnelle » du cinéma. Le premier effet donna naissance à une valorisation de grands metteurs en scène sur lesquels on
ne cessait d'écrire et qu'on interviewait constamment ; le second
effet fut la célèbre « politique des auteurs », par laquelle des
cinéastes moins connus furent soudain portés au pinacle.

Qu'ils aient écrit à propos du cinéma indépendant ou du travail
d'un metteur en scène attaché à une grande compagnie, Bazin et ses
disciples s'occupaient avant tout de ce qu'exprimait individuellement un artiste. La « caméra-stylo » fut un cri de bataille pour
exiger que le cinéma du futur ne vînt pas d'une usine institutionnelle, mais directement de la pensée et de la sensibilité de l'artiste. Il
devrait y avoir autant de styles de cinéma que de styles littéraires,
avait dit Astruc en 1948, et chaque style devrait être le résultat d'un
processus de conscience individuelle.

Bazin fit tout ce qu'il pouvait pour briser la glace institutionnelle
qui empêchait l'afflux d'un cinéma personnel. Il raillait les studios et
la censure. De plus, il s'imposait de découvrir et d'attirer l'attention
sur tout exemple de cinéma personnel qui pouvait surgir devant lui.
Son soutien passionné de *Farrebique*, de Rouquier, même s'il était
évidemment écrit pour faire l'éloge d'une certaine esthétique (le
réalisme), fut la défense en fait d'un nouveau mode de production
et de distribution qu'il trouvait stimulant[15]. De même, ses nombreux
articles sur le film documentaire français furent conçus plus pour
encourager des styles personnels qu'une conception du réalisme[16].
Mais une fois de plus, il ne se trompa guère, puisque les courts
métrages d'Alain Resnais, Pierre Kast, Pierre Braunberger, Georges
Franju, Jean Mitry, Luciano Emmer, Jean Painlevé, Nicole Védrès
et Jacques-Yves Cousteau nous enchantent encore aujourd'hui par
leur intégrité stylistique.

Il arrivait que la critique d'un film par Bazin l'amène à discuter
de la personnalité de l'auteur. C'est tout à fait ce qui se passa dans sa
critique des *Dernières vacances* de Roger Leenhardt (1947)[17], film
qu'on peut sûrement considérer comme une œuvre annonciatrice de
la Nouvelle Vague. Financé indépendamment, tourné presque

entièrement en décors naturels avec des acteurs amateurs et peu d'argent, *Les Dernières vacances* traite d'une manière délicate du passage de l'innocence à l'amour adolescent. Bazin fut touché par l'intensité de l'émotion et l'ingéniosité de certains traits stylistiques qui, disait-il, non seulement suppléaient aux inévitables défauts techniques qui s'étaient glissés dans ce premier long métrage réalisé sans grands moyens et de manière indépendante, mais encore étaient rehaussés par eux. Dans un geste qui anticipait ce qu'allait être la critique d'auteur aux *Cahiers,* Bazin se permettait de décrire non le film, ni même le style, mais la conscience du cinéaste qui donnait âme aux deux. Roger Leenhardt était un homme qu'il admirait, et Bazin considéra que son film avait plus de valeur que tous les films de qualité sortis cette année-là des studios français, car c'était la réalisation d'un projet personnel (au sens sartrien) et l'incarnation d'une attitude de la conscience.

Les critiques des *Cahiers du cinéma* assimilaient les principes esthétiques de Bazin, mais les appliquaient à leur façon. Ne s'intéressant que rarement au court métrage ou aux films indépendants, ils cherchèrent plutôt la part « personnelle » à l'intérieur des productions de studio. Pour tenter de justifier les films dont ils s'étaient nourris de tout temps, Truffaut, Godard, Chabrol, Rivette et compagnie arrivèrent à une formule qu'on appela « politique des auteurs » : un metteur en scène doué d'une forte personnalité pourra, au fil des années, laisser apparaître des caractéristiques stylistiques et thématiques dans des films qui, à l'évidence, sortent des chaînes des grands studios. Et malgré l'imposition des scénaristes, des acteurs et des monteurs, nous pouvons, si nous avons un sens de l'observation, deviner les constantes stylistiques qui révèlent la conscience de ce réalisateur. Bien que cette « théorie » ait été affinée et discutée durant les vingt dernières années, on peut la résumer à la croyance en la conscience créatrice dont le metteur en scène fera preuve dans le plus vulgaire studio de cinéma et à l'obligation de nous préoccuper seulement de cette conscience quand nous regardons son film.

On ne se posait pas de questions sur les « grands » comme Bergman, Welles et Renoir, car il était clair que ces hommes avaient le contrôle de la majeure partie des aspects de leurs productions. La nouveauté, dans la politique des *Cahiers,* et le scandale qu'elle suscita, tenait à l'élévation au Panthéon des grands créateurs possédant une vision du monde conséquente, de cinéastes tels que Mankiewicz, Howard Hawks, Otto Preminger, Vincente Minnelli et Alfred

Hitchcock. Bazin, comme nous le verrons, ne partagea pas entièrement cette conception hautement romantique de la création filmique isssue d'une seule conscience privilégiée, mais ses importants essais du début des années cinquante contribuèrent sans nul doute à sa formation.

Si la politique des auteurs fut à coup sûr la direction fondamentale des *Cahiers du cinéma*, la revue s'intéressa également beaucoup à la notion de « genre ». Bazin lui-même avait toujours été attiré d'instinct par une critique qui s'organiserait autour de l'intuition initiale du film de genre. Il procédait d'ailleurs toujours de cette façon : examiner un film de près, apprécier ses qualités propres et noter ses contradictions ou ses difficultés. Puis il imaginait le « genre » dans lequel le film entrait ou tentait d'entrer. Ensuite, il formulait les lois du genre en question, rappelant constamment des exemples tirés du film et d'autres du même genre. Ces « lois » se retrouvaient, dans la dernière phase, replacées dans le contexte de la théorie globale du cinéma. Ainsi, Bazin commence par les faits repérables singuliers — le film tel qu'il le voit — et en arrive, par un processus de réflexion logique et imaginative, à une théorie générale.

L'exemple le plus fameux de ce processus reste l'essai « Montage interdit ».[18] Ici, Bazin ne commence pas par se poser des questions sur le langage cinématographique, mais engage une discussion sur les possibilités d'un vrai cinéma de « conte de fées », esquissée à l'occasion de deux films pour enfants qu'il avait vus, dont l'un semblait avoir trouvé sa forme et l'autre non. En partant de prémisses aussi modestes, Bazin parvient à nous mener, sans en avoir l'air, à l'une des réflexions les plus importantes et les plus profondes jamais faites sur le langage cinématographique. Le conte de fées, affirme-t-il, procède d'une subtile dialectique entre le réel et l'imaginaire, que seuls les plus grands artistes ont réussi à mener — ceux, précisément, qui ont su faire émaner directement l'imaginaire du banal. Dans ce processus, au moins pour ce qui concerne le cinéma, le montage doit être banni. Dans son très réussi *Ballon Rouge*, Lamorisse eut la possibilité d'utiliser tous les trucages pour forcer ses ballons rouges à suivre le petit garçon, tous les trucages, en l'occurrence, qui ne dépendaient pas d'opérations cinématographiques. Car s'il avait coupé, entre le ballon et le regard émerveillé de l'enfant, la magie eût été celle du cinéma ordinaire, c'est-à-dire pas une magie du tout : « *On m'objectera alors que les ballons de Lamorisse sont truqués cependant. Cela va de soi, car s'ils ne l'étaient pas, nous serions en présence d'un documentaire sur un miracle ou sur le fakirisme, et ce serait un tout autre film. Or,* Ballon Rouge *est un conte cinématographique, une pure invention de l'esprit, mais l'important c'est que cette histoire doive tout au cinéma, justement parce qu'elle ne lui doit essentiellement rien. »*[19]

Pour lui, *Ballon Rouge* se rattache au genre « documentaire imaginaire » ou « image d'un conte ». C'est un conte qui est *imagé* et non *raconté* par le cinéma. D'où la réaction ambivalente que nous éprouvons à son égard ; d'où, également, son attrait constant. C'est le monde lui-même qui est montré comme possédant des pouvoirs, et non fabriqué pour les avoir, comme dans les films de Disney. En se servant des plans uniques et de la profondeur de champ, Lamorisse permet à son film de devenir une fable née de l'expérience qu'elle transcende afin que « *l'imaginaire ait sur l'écran la densité spatiale du réel* »[20]. A la fin de son essai, Bazin en vient à réfléchir sur l'effet du montage dans les autres genres. Dans chaque cas, c'est le but du film qui dicte le genre de montage qui sera admis, dans la mesure où c'est le montage qui établit, pour le spectateur, le type de réalité qu'il verra sur l'écran, et la clef spirituelle grâce à laquelle il acceptera l'information qui lui sera donnée. Dans son dernier paragraphe, cette analyse permet à Bazin de comparer deux genres aussi différents que le conte de fées et la comédie burlesque, puisque tous deux dépendent d'un certain type de rapports entre l'homme et les objets.

« Montage interdit » montre, mieux que tous ses autres essais, les deux grandes capacités que Bazin possédait : celle de discerner et de décrire les buts les plus profonds d'un film ou d'un genre de films, et celle, encore plus perçante, de souligner les moyens par lesquels on peut rendre hommage à tout acte artistique dans un film. Aucun critique de cinéma ne l'a égalé en cela, et son talent était reconnu, imité et cultivé, par ses collègues des *Cahiers*. D'ailleurs, l'intérêt qu'il portait aux genres laissa au moins deux traces profondes dans la revue. La première fut de pousser chaque critique à tirer d'une observation cinématographique spécifique un principe général : par exemple, la transcendance de la mémoire dans les films de Max Ophuls telle qu'elle s'exprimait dans ses longs plans circulaires. Le deuxième effet fut de justifier l'étude des genres en soi et pour soi, ce qui renforça les préjugés favorables de ces critiques pour les vieux films hollywoodiens. Bazin lui-même, à cette époque, était en train d'écrire l'un de ses quatre grands essais sur le western[21], et ses collègues des *Cahiers* ne tardèrent pas à le suivre dans cette voie avec de nombreux articles sur les films de gangsters (le fameux film noir) et les bouffonneries des Marx Brothers jusqu'à Jerry Lewis. Cet insistance leur donna également l'occasion de réévaluer leur cinéma national et de donner la préférence à des metteurs en scène moins prétentieux plutôt qu'au « cinéma de qualité » littéraire qui dominait entièrement la production cinématographique française des années cinquante.

En résumé, de 1950 à 1953, Bazin donna aux *Cahiers* les armes dont ils avaient besoin pour lancer une guerre totale contre l'establishment du cinéma : d'abord avec son adhésion à une vision évolutive de l'histoire du cinéma liée à une valorisation des vieux maîtres *réalistes* et des nouveaux venus *singuliers*, ensuite avec son mode d'approche générique, qui permettait au critique de disqualifier le plus imposant « film de qualité », et de lui préférer des œuvres plus modestes, mais plus rigoureusement construites, révélant un mode de conscience privilégié.

Pratique I : la guerre contre le cinéma établi

L'influence de Bazin sur les *Cahiers du cinéma* fut immense. Bien qu'il ne se soit que rarement embarrassé des détails techniques de la sortie du journal, il exerça bien une espèce de pouvoir éditorial sur le mensuel, surtout dans ses premières années. Ce pouvoir s'exprimait en particulier dans le choix qu'il faisait des articles à publier, mais c'était, plus subtilement, la présence continue de ses propres idées dans le magazine. Dans les 90 numéros des *Cahiers* qui parurent de son vivant, Bazin publia 116 articles. Dans seize numéros seulement, il n'écrivit pas. Il ne fait aucun doute qu'il était le principal auteur de la revue et son rédacteur le plus prestigieux.

Pourtant, son influence sur elle ne s'exprima pas par une participation personnelle intense. Quand il revint des Pyrénées, au milieu de l'année 1951, il évita la frénésie des milieux culturels et mondains, pour suivre les recommandations de son médecin, qui lui conseillait au moins encore un an de convalescence. Bazin installa dans la vieille maison de Bry-sur-Marne un grand et vieux bureau, et travailla dans ce que les autres membres des *Cahiers* qualifiaient avec envie de « *parfaites conditions* »[22]. Pour la première fois, Bazin devint un homme au foyer dont la vie était consacrée à la régularité de la famille et du travail. Sa santé s'améliora de façon remarquable, et l'on peut imaginer la satisfaction qu'il éprouva à constater, à distance, combien il était lu et imprimé. Entre son retour des Pyrénées et la fin 1953, il écrivit quelque 85 essais et 200 articles de journaux, sans compter les longs chapitres inscrits dans des ouvrages collectifs[23]. Bazin n'avait nullement ralenti son rythme. Mais c'était à présent sa famille qui bénéficiait de l'enthousiasme et de la vivacité sur lesquels il avait toujours vécu ; il se consacrait à sa femme, à leur fils Florent, à la ménagerie qui grandissait chaque jour, et surtout à leur *enfant terrible* d'adoption, François Truffaut.

Quand Bazin tomba malade au début de l'année 1950, Truffaut fut licencié de *Travail et Culture*. Il a décrit, dans un article et dans son film *L'Amour à vingt ans*, comment il passa le plus clair de son temps libre à faire la cour à une jeune fille qui ne l'aimait pas[24]. Comme dans le film, il alla même jusqu'à prendre une chambre dans l'hôtel qui se trouvait en face de chez elle, pour l'épier quand elle sortait avec d'autres soupirants. Truffaut écrivit, de cet hôtel, beaucoup de lettres à Bazin, lui narrant les combats épiques qu'il engageait immanquablement à propos d'un film dans un ciné-club ou un autre. Finalement, et sans rien en dire à personne, y compris Bazin, il s'engagea dans l'armée. En avril 1951, la veille de son embarquement pour l'Indochine, Truffaut déserta. Chris Marker le croisa par hasard devant l'église Saint-Germain-des-Prés et, après avoir évalué la situation, passa un coup de fil affolé à Alain Resnais, avec qui il réussit à emmener Truffaut jusqu'à Bry. Là, Bazin parvint à convaincre Truffaut d'aller à l'hôpital, d'abord parce qu'il avait l'air très malade, et ensuite parce que c'était un bon stratagème pour éviter une inculpation de désertion. Cette stratégie ne marcha qu'en partie ; on n'envoya pas Truffaut en Indochine, mais il devait rejoindre un autre régiment en Allemagne.

Truffaut commit l'acte le plus flagrant qu'un jeune homme eût pu faire pour s'attirer des ennuis sérieux : il déserta une fois de plus, la veille de son départ en Allemagne. Quand l'Armée le retrouva quelques jours plus tard, on l'envoya en prison sans appel ; le souvenir qu'il garde de cette expérience est celui des gardiens qui lui avaient passé les menottes de telle façon qu'il pouvait tourner les pages de l'article de Bazin sur Bresson, qui venait d'être publié dans le numéro 3 des *Cahiers du cinéma*.[25]

C'est durant ce séjour détestable dans une prison militaire, bondée de déserteurs d'Indochine et de Corée, qu'eut lieu l'incident qui allait toucher si profondément Truffaut qu'il le ferait revivre en détails dans son article d'hommage à Bazin[26], et finirait même par l'immortaliser dans la séquence d'introduction de *Baisers volés*. Les

Bazin, ne pouvant obtenir un mot pour les rassurer sur le sort du jeune François, allèrent jusqu'à la prison et tentèrent tout ce qu'ils pouvaient pour le voir ; Bazin, qui mit dans l'entreprise toutes les ressources de sa logique, fit croire aux gardiens que sa femme et lui étaient les parents du prisonnier. Quand tous les stratagèmes se furent avérés inopérants, et qu'on s'apprêtait à prendre le chemin du retour, Bazin ouvrit brusquement une fenêtre à l'extérieur du bâtiment et se mit à hurler le nom de Truffaut dans le couloir. Truffaut l'entendit, passa sa tête entre les barreaux et, pendant une bonne minute, ils purent se voir. Truffaut eut immédiatement la sensation qu'il avait été adopté. Grâce à six mois de plaidoyers passionnés de Bazin et de dossiers émanant de divers psychologues, on relâcha Truffaut. Et personne ne fut surpris qu'il s'installât dans une mansarde chez les Bazin ; il allait y vivre près de deux ans.

Sa réinsertion sociale ne fut pas longue. Il passait ses journées au grenier, à lire, surtout des romans ou des livres de cinéma, tandis que Bazin écrivait. Quand il descendait, il jouait avec le petit Florent. Mais son activité principale consistait à parler cinéma pendant les repas, ce qui durait le plus souvent de longues heures. Janine, qui était un vrai cordon bleu, n'aimait pas beaucoup que l'on dédaignât sa cuisine en faveur de discussions interminables. C'était pourtant ce qui arrivait le plus souvent. Ce qui est remarquable, c'est que ni elle ni Truffaut ne parviennent à se souvenir d'une seule conversation sérieuse, durant ces deux ans de déjeuners et de dîners, qui n'eût porté sur le cinéma. Truffaut était un fanatique et il faut bien dire que Bazin l'encourageait dans cette voie. Ils étaient incapables de regarder un paysage sans y voir une scène de Jacques Becker ou de tel autre cinéaste.

Deux fois par semaine, Bazin quittait son pavillon de banlieue et replongeait dans le tumulte parisien. Le lundi, il participait à la table ronde de six heures à *Esprit* et allait voir deux films. Le lendemain, il passait la majeure partie de la journée aux *Cahiers* et allait encore voir deux films. En général, Truffaut retrouvait Bazin pour le dernier film et revenait à Bry avec lui. Janine se souvient encore avec amusement et colère d'un discussion très vive entre Truffaut et Bazin sur un point mineur d'esthétique cinématographique ; la querelle se poursuivit toute une journée. Au petit déjeuner, cela commença et le ton monta sur la route de Paris. Après le déjeuner, il y eut un répit, car les combattants allèrent chacun de son côté ; mais les films qu'ils avaient vus dans l'après-midi leur servirent de munitions pour des hostilités qui n'allaient qu'empirer sur le chemin du

retour. Quand Janine remarqua que la tête d'André était plus souvent tournée vers le siège arrière que vers la route, elle descendit de
voiture à un feu rouge. Elle se demande toujours si on s'aperçut de
son absence.

Bazin se mit à encourager Truffaut à mettre ses idées par écrit.
Si son manque d'éducation universitaire était largement compensé
par la quantité incroyable de livres qu'il avait lus, son style choquait
pourtant Bazin ; il le trouvait tendancieux et fragile. Truffaut brûlait d'entrer aux *Cahiers*, surtout après que Godard et Rivette y
eurent été publiés au début de l'année 1953[27], mais il faisait preuve
de si peu de modération que la rédaction hésitait.

Son premier papier parut dans le numéro 21, juste après l'essai
de Rohmer sur le *Tabou* de Murnau. La critique que fait Truffaut
du *Sudden Fear* de David Miller[28], s'ouvre sur une attaque au vitriol
du cinéma français de qualité, attaque qu'il allait mener sans inter-
ruption jusqu'à ce que ses propres films aient ouvert une brèche
dans le système, « *car le cinéma français est cela : trois cents plans
de raccord bout à bout, cent dix fois par an.* »[29] Il y fait une satire
caustique de l'aspect chic, du scénario littéraire, des mots d'auteur,
enfin de tout ce qui faisait la « tradition de la qualité » qui alourdis-
sait le cinéma français, et l'éloignait du caractère direct, franc, spon-
tané et tonique de films tels que *Sudden Fear*. Truffaut défend ce
film d'une manière typiquement « auteuriste », en invoquant d'autres films de Miller et en les comparant aux vrais maîtres : Bresson,
Hitchcock et Nicholas Ray.

Cette guerre ouverte à l'état du cinéma en France commença de
gagner les essais des autres critiques des *Cahiers*, comme les articles
de Rivette sur Howard Hawks ou la prise de position de Rohmer sur
Hitchcock.[30] On tient généralement Truffaut pour responsable de
ton méchant et polémique que prirent alors les *Cahiers*. Il avait l'habitude d'adopter une attitude cinglante envers quelqu'un ou
quelque chose chaque fois qu'il prenait la plume et, très rapidement, ses victimes se mirent à riposter. Aujourd'hui, il est assez amu-
sant de relire les numéros d'août/septembre et d'octobre 1953 ;
Truffaut s'y livre, numéro après numéro, à une défense farouche de
sa propre personne contre les lettres acides de spécialistes du
cinéma, outrés du traitement qu'ils avaient reçu de sa part.[31]

La première lettre, émanant du prolifique Jean Queval, commence ainsi :

« *Cher Bazin, Cher Doniol,*

François Truffaut s'en prend à beaucoup de monde, dans votre dernier numéro, avec la sympathique arrogance du premier âge. Je lui conseille des vacances lénifiantes au bon air de la campagne. Mais je lui réponds pour que ne s'accrédite pas une légende. Le grand homme Marcel Carné serait la victime, en ma personne, d'un venimeux iconoclaste. »

Bazin laissa Truffaut contre-attaquer en publiant une lettre de réponse dévastatrice juste à côté de la lettre de Queval. Les lecteurs n'avaient plus le temps de choisir leur camp, car dans le numéro suivant, il y avait une pleine page de vitupérations contre François Truffaut écrite par Jean d'Yvoire, rédacteur en chef de *Télé-Ciné*. Truffaut avait en effet décrit comme étant amateur, fallacieux et stupide, un numéro spécial de *Télé-Ciné* consacré à Jean Renoir, par toute une palette de critiques de premier plan et d'invités de marque. Yvoire ne daignait même pas s'adresser indirectement à Truffaut, comme l'avait fait Queval. Il exigeait en revanche que Bazin et Doniol-Valcroze forment un « comité de vigilance », puisqu'ils étaient clairement dans l'incapacité de contrôler seuls les débordements de leur galopin.

En fait, Bazin avait fait tout ce qu'il pouvait pour modérer un peu le tempérament de feu de son protégé. Par exemple, toutes les controverses qu'il engagea ou dans lesquelles il était mêlé se retrouvaient confinées aux dernières pages de la revue, avec les courtes notules sur les films ou les livres de cinéma, et simplement signées des initiales F.T. Mais dès qu'il eut goûté au combat, Truffaut voulut désespérément bombarder le milieu du cinéma français de toute la force d'articles majeurs. Bazin ne cessait de lui demander de récrire ses essais, dans l'espoir que Truffaut en adoucirait le ton.

Mais il fut impossible de retenir longtemps ce fougueux jeune homme, surtout parce qu'il jouissait du soutien de ses jeunes collègues des *Cahiers*, y compris un nouveau venu dans la rédaction, Claude Chabrol. En novembre 1953 (numéro 28), la transition vers une orientation résolument « auteuriste » était devenue évidente. La partie « critiques de films » de la revue était dominée par la naissante Nouvelle Vague : Jacques Rivette sur *Madame de...* d'Ophuls, Truffaut sur *Stalag 17* de Billy Wilder et Claude Chabrol qui écrivait pour la première fois, dans un étonnant hymne à la gloire du *Singin' in the Rain* de Stanley Donen. Les trois articles étaient à l'évidence excessifs dans le soutien qu'ils apportaient aux films dont ils parlaient, et tous trois s'inscrivaient nettement comme de virulentes attaques contre le courant principal du cinéma de l'époque.

Les choses se calmèrent un peu dans les deux mois qui suivirent, puisque les sous-entendus restèrent des sous-entendus. Mais il y avait, sur le bureau de Doniol-Valcroze, un article de Truffaut qui n'était plus une insinuation mais une véritable bombe. La rédaction se déroba pendant des mois ; Bazin ne cessa de conseiller des variantes et des notes pour couvrir son protégé ; mais cela n'empêcha pas la bombe d'exploser dans le premier numéro de l'année 1954.

Doniol-Valcroze date la naissance du véritable « esprit *Cahiers du cinéma* » de ce numéro 31, et de la publication du brûlot de Truffaut, intitulé, de façon anodine, « Une certaine tendance du cinéma français ».[32] Soigneusement illustré des photographies de l'ennemi, l'article dénonçait complètement et longuement la « tradition de qualité », les scénaristes et les cinéastes qui l'avaient établie. Il opposait directement Renoir, Bresson et Ophuls à Claude Autant-Lara, Christian-Jaque, Jean Delannoy, Yves Allégret, René Clément, et leurs scénaristes inévitables Jean Aurenche et Pierre Bost.

Quand ils travaillaient avec d'autres scénaristes, disait-il, ces cinéastes réalisaient régulièrement des films sans valeur (ce qui était une cruelle allusion à Clément, que d'autres rédacteurs des *Cahiers* défendaient). Donc, contrairement au grand auteur américain du système de studio, ces Français n'étaient à tout prendre que des *tâcherons* sans personnalité, sans vision, sans technique significative. Ils faisaient leurs films selon une simple formule de bon goût, si bien qu'en définitive, tout ce qui sortait des studios se ressemblait. C'était seulement lorsqu'ils avaient la chance de tourner un scénario d'Aurenche et Bost qu'ils obtenaient des prix à Cannes ou Venise. Et pourquoi ? Parce qu'Aurenche et Bost étaient des spécialistes des classiques littéraires qu'ils savaient à merveille adapter à une langue et une moralité modernes. Ces films « de qualité » combinent les valeurs de devanture avec des valeurs morales aguichantes et modernistes, sans compter qu'ils font apparaître les plus grands acteurs français, campant les personnages de la meilleure littérature française.

L'analyse dévastatrice de Truffaut en vient à se concentrer sur le *Journal d'un curé de campagne*, car il avait pu obtenir une adaptation de ce roman faite par Aurenche et Bost en 1947, adaptation que Georges Bernanos avait refusée sur-le-champ. Truffaut choisit deux scènes de l'adaptation refusée pour les opposer au travail de Bresson qui, tout en étant résolument original, reste absolument fidèle ; la démonstration s'organise donc sur plusieurs questions essentielles :

1. En guise d'adaptation, Aurenche et Bost ont nivelé tous les grands romans pour que Gide, Bernanos, Radiguet et Stendhal semblent tous délivrer le même message dans le même style. 2. Ce message se résume à une version moderne libérale d'anticléricalisme, une espèce de blasphème fade, véhiculé grâce à une méthode qualifiée de « réalisme psychologique », le tout épicé de mots couverts à connotations grivoises. En bref, le message est bourgeois, bien que masqué d'un apparent courage et d'un caractère osé estampillé des noms prestigieux de Gide et Stendhal. 3. Le style est « *fait de cadrages savants, éclairages compliqués, photo léchée* », et d'innombrables autres formules correctes qui font des décors et des costumes exactement « *ce qu'il faut* » ; les Français peuvent ainsi se sentir à la fois à l'aise et fiers de leurs classiques littéraires.

L'essai devient de plus en plus percutant à mesure que Truffaut cite plus d'exemples, pour s'écrier finalement : « *Vive l'audace !...* », et en venir à un changement de ton et à la liste de ses cinéastes préférés : Tati, Becker, Bresson, Ophuls, Cocteau et Renoir qui sont, affirme-t-il, des « hommes de cinéma *et non plus des scénaristes, des metteurs en scènes et non plus des littérateurs* ». Il y a plus d'art et plus de cinéma dans la démarche du personnage de Tati, M. Hulot, lance-t-il, que dans tous les insipides dialogues concis et nerveux sur la vie, l'amour et Dieu qu'on entend dans une douzaine de films de qualité.

L'essai de Truffaut doit beaucoup à l'influence de Bazin et couronne l'impulsion que ses articles de 1951 et 1952 avaient donnée aux *Cahiers*. On y distingue nettement l'impact des conceptions que Bazin avait de l'adaptation, ses attaques contre le style « institutionnel » et son appel à un cinéma personnel. On sent également l'esprit de Bazin dans la colère assez étrange dont Truffaut fait montre, face au libéralisme politique et à l'attitude blasphématoire des hommes qu'il attaque. Il est vrai que Bazin fut toujours écœuré par une bourgeoisie qui étalait ses opinions de gauche. Et il est également vrai que Bazin ne supportait pas l'athéisme sûr de lui qui rabaisse les croyances et les pratiques religieuses. Mais Bazin lui-même se rendait souvent coupable de grands blasphèmes, et ses opinions de gauche étaient connues de tous les membres des *Cahiers*. Il devait indubitablement être satisfait de l'essai de Truffaut, même s'il essayait, à sa manière habituelle, de montrer à son protégé que, sous une autre lumière et dans un autre contexte, ni ces hommes ni leurs films n'étaient vraiment aussi mauvais que cela. « *Il défendait, non le cinéaste ou le scénariste, mais l'homme* », dit Truffaut.[33] Il avait dû passer beaucoup de temps à présenter d'« *intelligents et généreux plaidoyers* » en faveur de ces cibles, mais Truffaut ne lâcha pas sa proie. Le numéro suivant comportait une critique de deux pages, débordante d'acrimonie, consacrée à la version révisée de l'histoire du cinéma écrite pendant la guerre par Bardèche et Brasillach.[34] Cette fois, Doniol-Valcroze se sentit obligé de faire précéder l'article d'une note de la rédaction pour en adoucir le ton.

Cette notoriété valut à Truffaut un poste régulier de critique cinématographique dans la revue *Arts*, qui lui permit de passer du grenier de Bazin à un appartement parisien. Il avait besoin d'être plus près des salles de cinéma et trouvait que la demeure de Bazin le distrayait un peu trop, avec cet enfant de cinq ans et ses innombrables animaux un peu partout. Jusqu'à la mort de Bazin en 1958, pourtant, Truffaut vint passer fidèlement tous ses week-ends à Bry, puis, quand les Bazin déménagèrent, à Nogent.

Alors que Truffaut devenait rapidement la figure la plus en vue et la plus controversée d'une équipe des *Cahiers* se livrant elle-même de plus en plus à la polémique, Bazin ne se retira pas pour autant dans une tour d'ivoire théorique. Il est vrai que les essais principaux de Bazin de la période 1951-1953 donnèrent à Truffaut le pouvoir de s'attaquer au cinéma conventionnel et, en tant que rédacteur en chef, Bazin donna à Truffaut la possibilité de rendre publiques ces attaques mordantes. Mais Bazin participa aussi en personne à la bataille, soutenant ouvertement la position de Truffaut dans plus d'un court article, où les « vues généreuses » du « père » modéraient quelque peu les cinglantes prises de position du « fils ». Parfois, comme dans sa critique du film *Le Rouge et le Noir*[35], Bazin prenait le parti d'un film adapté par Aurenche et Bost et mis en scène par Autant-Lara, parce que, malgré ses défauts patents et la prétention de son apparence « de qualité », il considérait le film comme plus intelligent, intéressant et riche que ceux qu'on pouvait d'ordinaire voir sur les écrans. Mais derrière cette réaction compréhensive se cachait un reproche encore plus dur. En fait, Bazin disait à Autant-Lara qu'il n'était pas loin d'avoir réussi quelque chose de vraiment bon, et que ce n'était plus qu'une certaine conception du cinéma et de la littérature qui l'en empêchait. Il va sans dire que cette « certaine conception » n'était autre que la « certaine tendance » que Truffaut avait dénoncée.

On pourrait penser que Bazin tentait de réconcilier sa revue avec l'industrie du film français, à la suite de l'état de guerre ouverte que Truffaut avait déclaré. Jean Delannoy et Yves Allégret étaient les plus éminents parmi les lecteurs exaspérés qui demandaient que Truffaut revînt sur son article et fût chassé des *Cahiers*. Autant-Lara avait été blessé, lui aussi, et l'éloge que Bazin fit du *Rouge et le Noir* peut sans doute être considéré comme une sorte de baume. Il est vrai que Bazin avait une certaine sympathie pour Autant-Lara, à cause des sentiments antibourgeois que celui-ci professait, et que dans sa critique il essayait vraiment de souligner comment Autant-Lara avait glissé malgré lui dans l'idéologie qu'il désirait dénoncer. Truffaut s'en était gaussé ; Bazin se contentait de le lui reprocher.

Mais avec d'autres films et d'autres cinéastes, Bazin était également capable d'indignation. Dans un essai très brillamment mené que publia *Esprit*, Bazin condamne la « tradition de qualité » avec une ampleur toute particulière. « La Carolinisation de la France »[36] est apparemment une critique du film de Christian-Jaque *Caroline Chérie*, le record de recettes de l'année 1954, avec Martine Carol, mais au-delà, c'est aussi un assaut total contre le « chic culturel » dans toutes ses manifestations. Craignant que l'auteur du best-seller, Cecil Saint-Laurent, fût pris au sérieux à cause du côté officiel de l'adaptation filmique, Bazin en vient à la double équation suivante : 1. Si le roman *Caroline Chérie* + un scénariste + un metteur en scène « de qualité » égalent un film de qualité et, 2. si un grand roman comme *La Symphonie Pastorale* de Gide est sujet à une adaptation similaire et devient également un film de qualité, *Caroline Chérie* doit être égal à *La Symphonie Pastorale*, en termes de cinéma. Cette mathématique esthétique permet à Bazin de laisser entendre que la littérature de seconde zone essaiera toujours d'utiliser le prestige d'un certain type de cinéma afin de se faire passer pour une œuvre d'art et d'accéder ainsi au rang de littérature majeure. Bazin donne corps à ses soupçons en soulignant que Cecil Saint-Laurent est le pseudonyme de Jacques Laurent, « écrivain sérieux » qui, à la suite du succès du film, révéla qu'il était l'auteur de *Caroline*. Bazin mettait ici en lumière une tendance, constante dans la culture française, à l'érotisme léger et aux valeurs morales de supermarché, qui se déguisaient en productions de grands artistes conscients des grands problèmes de leur temps. Le ton de Bazin, pour être moins véhément que celui de Truffaut, ne l'empêche nullement d'aller encore plus loin dans l'exploration d'une zone, vaste à en être déprimante, de la vie française. Père et fils pensaient de la même façon, parlaient différemment et s'entraidaient dans leur lutte contre l'ennemi commun.

Pratique II : le rite des festivals

Les pages des *Cahiers du cinéma* et d'autres revues n'étaient que l'un des lieux où se menait la lutte sur l'avenir du cinéma français. Les grandes batailles de cette guerre avaient lieu durant les festivals, où les critiques se retrouvaient face aux cinéastes, de l'autre côté d'une table d'interview, ou dans un jury ; les deux groupes étant chargés de décider ensemble quels avaient été les meilleurs films de l'année. Les plus jeunes critiques des *Cahiers* gardaient une attitude ironique envers les festivals, auxquels ils participaient pourtant. A Venise et surtout à Cannes, ils reprenaient conscience de l'immense force de cette industrie qu'ils désiraient tant révolutionner.

Pour Bazin, il en allait différemment. Il avait participé aux grands festivals de 1946 et 1947, lors desquels le néo-réalisme avait été mondialement reconnu, David Lean et Carol Reed avaient semblé donner à l'Angleterre un espoir vite déçu, où le Mexique avait étonné le monde avec des œuvres réalistes qui permettaient le retour de Buñuel, où la Suède avait présenté Bergman, où l'on vit pour la première fois en Occident *Ivan le Terrible* et, surtout, où l'on eut l'occasion de redécouvrir le cinéma américain, dont l'Europe avait été privée pendant l'Occupation. En ces jours, les critiques accouraient dans les festivals non tant pour l'événement-spectacle en soi, que pour le savoir et les connaissances essentiels à leur métier. Et ce furent ces festivals, plus que tout autre phénomène, qui menèrent à l'internationalisation de certaines tendances stylistiques importantes. De Sica signa un contrat à Hollywood en grande partie grâce au fait que ses petits films avaient été montrés à Cannes et Venise. La France et l'Italie entrèrent dans une ère de coproductions qui fleurirent à la fin des années cinquante, grâce aux contacts pris dans les festivals, et un solitaire comme Buñuel, travaillant au Mexique, pouvait espérer en France la reconnaissance et les occasions dont il avait besoin.

L'incroyable effervescence de ces premiers festivals déclina brutalement après 1947, quand les intérêts économiques et politiques transformèrent Venise et surtout Cannes en d'immenses vitrines publicitaires. La guerre froide entraîna le bloc communiste à retirer ses films et, en France et en Amérique, les majors compagnies se mirent à contrôler la sélection des films chargés de représenter leurs pays. Bazin se plaignit de cet état de choses en 1948 et une nouvelle fois en 1952, exigeant qu'on fît concourir des films indépendants ou au moins périphériques au système des studios. Il affirmait que de tels films avaient besoin d'être montrés dans les festivals, et que de plus, l'industrie cinématographique avait besoin de les voir. Nous avons vu qu'en 1949 Bazin, Cocteau et d'autres, avaient cherché à réagir contre la détérioration de ce genre de manifestations avec leur propre « Festival du Film Maudit » de Biarritz, et qu'Henri Langlois organisa parallèlement un festival alternatif à Antibes. Mais ces solutions ne valaient qu'à court terme et, au bout d'un an, tout enthousiasme les avait quittés.

Malgré la médiocrité des festivals, Bazin les attendait impatiemment. Il aimait particulièrement Venise qui le lui rendait bien ; il y fut d'ailleurs plus d'une fois membre du jury. Venise, où il allait représenter *Esprit*, était un festival plus sérieux, avec moins de stars et plus de films audacieux. Les grands cinéastes y donnaient des conférences de presse et les historiens du film organisaient des projections de matériel d'archives. En outre, Venise était la ville préférée de Bazin, et même si le festival avait lieu au Lido, il s'arrangeait pour se ménager quelques petites excursions à Venise même et dans les îles.

Cannes était très différent. Il y venait en tant que critique du journal bourgeois *Le Parisien Libéré*. Officieusement, bien sûr, il y était considéré comme l'instigateur de la position polémique qu'avaient prise les *Cahiers* à l'égard de l'industrie du film. Pour lui, ce festival était plein de petites humiliations, surtout celle d'y voir le cinéma exhibé avec obscénité. Les *Cahiers du cinéma* combattaient Cannes sans discontinuer. Bazin qui, de tous les membres, était celui qui avait le plus de sympathie pour le festival, l'attaquait quand même au moins une fois par an. Il ne parvenait pas à percer le mystère d'une manifestation qui préférait la parade à la vision des films. Il n'arrivait pas à comprendre que, contrairement à Venise, Cannes ne présentât pas de rétrospective pour équilibrer ses programmes. Comme il le disait, « *sous la géographie superficielle... il faut approfondir la géologie du cinéma.* »[37]. Mais c'étaient avant tout les procédés de sélection et d'attribution des prix qui le choquaient. Le chef-d'œuvre de De Sica, *Umberto D*, se trouva tout à fait négligé en 1953, alors que sa faible tentative hollywoodienne, *Stazione Termini*, fut accueillie par une nuit de gala, deux ans plus tard. Faisant clairement allusion au traitement que les « jeunes Turcs » des *Cahiers* recevaient au festival, il se plaignit de ce que les membres du comité de sélection eussent tous dépassé la trentaine. Les films un peu inhabituels leur faisaient peur.

Son attitude ambiguë envers Cannes lui rappela la position qu'il adoptait envers l'Eglise et la religion en général. Dans un long essai de 1952, il donna plus de corps à la comparaison, suggérant qu'il y avait dans la liturgie creuse et la pompe de Cannes quelque chose qui mettait à l'épreuve la croyance qu'on avait en l'art, mais que, derrière cette ritualisation criarde qui avait pris le pas sur l'art qu'elle était censée servir, on pouvait entrevoir la lueur de cette foi, dans les projections privées et les murmures passionnés des critiques.

Cette communion des fidèles, qui se faisait généralement plus volontiers dans des cafés ou de minuscules salles de projection que dans la grande salle-cathédrale, permettait à Bazin d'aller au-delà de la banalité et du sentiment de malaise qu'il éprouvait envers ce festival. Pour avoir l'occasion de parler à Mizoguchi ou à De Sica, et pour voir leurs dernières œuvres, il était prêt à passer sur les campagnes promotionnelles outrageuses des super-productions, et à rire des pitreries qu'on organisait chaque année pour attirer l'attention sur une star. Même lorsqu'on lui interdit l'accès à la première de l'*Othello* de Welles pour avoir oublié de se mettre en smoking, il fut très content de voir le film plus tard dans une salle tranquille avec, en seconde partie, *Los Olvidados*, l'étonnant film de Buñuel. Ces films et les discussions qu'ils engendraient (discussions avec Buñuel en personne, en l'occurrence) rendaient supportable la trivialité de la manifestation.

L'essai qu'écrivit Bazin en 1955, « Du Festival considéré comme un ordre »[38] développait l'analogie liturgique conçue en 1952. Tout est là : les obligations vestimentaires, la petite chambre d'hôtel qu'on quitte pour rejoindre les autres « moines » dans le vestibule du cinéma ; l'horaire découpé en matines, laudes et vêpres ; la révérence avec laquelle on assiste aux séances sacramentelles ; la présence de certains saints ou hommes d'église (acteurs et producteurs, respectivement) ; la hiérarchie des attributions de sièges ; le rituel du strip-tease sur les rochers dont s'acquitte, chaque année, une starlette différente. C'est, dit-il, une retraite annuelle de dix-huit jours dans une atmosphère de détachement du monde, où l'air qu'on respire est fait de cinéma mais où, cinématographiquement parlant, on risque de perdre son âme.

Truffaut, Godard, Rohmer et Rivette ne comprirent jamais l'empressement de Bazin à participer au Festival de Cannes malgré tout le mal qu'il en disait. Mais Bazin avait toujours eu cette capacité de tout transformer en événement positif. En fait, il adorait y aller. Même en 1953, quand sa voiture tomba en panne à mi-chemin et que le jeune Florent se mit à crier sans s'arrêter, Bazin ne perdit pas la bonne humeur que ces voyages lui procuraient. Il essayait de voir tous les films, de rencontrer les cinéastes qu'il admirait et d'aller pendre un verre avec les critiques des autres pays, qui avaient toujours envie d'échanger un mot avec le plus grand critique français. Il trouvait aussi le temps de faire autant de tourisme qu'il lui était possible. A Cannes, toute la curiosité et la sociabilité qui le caractérisaient apparaissaient de façon éclatante.

Bazin avait toujours beaucoup aimé voyager. Son voyage le plus long et le plus mémorable coïncida une fois de plus avec un festival, qui eut lieu à Sao Paulo en février 1954 ; c'était Salès Gomes, le biographe de Jean Vigo, qui le dirigeait. Bazin devait y représenter la critique française, mais éprouva quelque difficulté à convaincre sa femme et son médecin que sa santé était assez bonne pour pouvoir envisager un tel déplacement. En fait, il était assez malade à l'époque, et même plus qu'on ne le croyait, mais tout le monde convint qu'il valait mieux le laisser prendre deux semaines de repos au Brésil.

Quelqu'un croyait-il vraiment qu'il allait s'y reposer ? L'Amérique du Sud était, de tous les endroits de la Terre, celui qu'il voulait le plus connaître. Le festival en lui-même, dominé par des films venant des Etats-Unis, s'avéra assez décevant, mais jamais Bazin ne s'amusa autant. A Sao Paulo, un festival cinématographique est, à l'instar d'une fête religieuse, un événement à l'échelle de la ville. Et si c'est à cause de cela qu'on projeta *Les Rapaces* de Stroheim dans une salle de 3 000 places, ce fut dommage pour les critiques, mais excellent pour l'atmosphère du festival.

Bazin eut droit à tous les égards : un interprète et un chauffeur pour le conduire dans les zoos et les coins les plus sauvages. Il visita des bouts de jungle et vit des animaux dont il ne connaissait l'existence que par des livres qu'il avait lus toute sa vie. Le cinéaste Alberto Cavalcanti organisa une réception en son honneur dans une élégante villa. Mais l'épisode le plus mémorable fut l'effort incroyable de Bazin pour ajouter un perroquet parleur à sa ménagerie personnelle de Bry-sur-Marne. Les aventures dans lesquelles ce projet le plongea furent transformées en l'un de ses essais les plus brillants, « De la difficulté d'être Coco », repris par les *Cahiers du cinéma*, dans leur numéro spécial d'hommage à Bazin ; et ce fut sans doute parce que cet essai illustre parfaitement sa curiosité d'esprit, sa bonne volonté, et ses grandes capacités de description.[39]

Après avoir repéré « Coco » dans un marché d'animaux que lui avait conseillé un Dominicain, ami du directeur d'*Esprit* Albert Béguin, et après avoir pris la décision de rapporter ce remarquable oiseau en France, Bazin se retrouva confronté à des législations d'exportation et d'importation entièrement antithétiques. Pour satisfaire les douanes françaises, il devait contrevenir aux lois brésiliennes, et vice-versa. Au terme de plusieurs jours de négociations, il décida d'obéir aux autorités de Sao Paulo et de tenter sa chance à Orly. Quand il alla chercher ses papiers la veille de son départ, tous les bureaux étaient fermés en raison du Carnaval. Il s'ensuivit toute une série de coups de téléphone, de courses en taxi et une foule d'autres incidents dans lesquels Abel Gance, Michel Simon et une actrice qui essayait de ramener un chien avec elle, furent impliqués. Tout se compliqua encore davantage quand le mauvais temps força à un changement d'appareil à Rio de Janeiro et que le nouveau pilote refusa que les passagers fussent accompagnés d'animaux. Bazin, qui avait confié Coco à Abel Gance, appela les passagers à la grève générale ; quand une actrice se mit à fondre en larmes, le pilote finit par céder. Vingt-cinq heures plus tard, à Orly, le drame atteignit son point culminant. Ses papiers officiels en main, l'esprit prêt à utiliser n'importe quel argument, et aidé de nombreux témoins pour corroborer ses dires, Bazin fit face à son douanier, Coco logé entre ses bras, dans une boîte. Le douanier, pas du tout dans le ton, se contenta de hocher la tête sans même vérifier le contenu de la boîte. Bazin avait réussi ; cette *happy end* ne fut gâchée que par l'aphasie congénitale du pauvre Coco ; il ne parvint jamais à dire un mot.

A son retour de Sao Paulo, Bazin était sérieusement malade. Il avait dû subir des pluies torrentielles et craignait une rechute de tuberculose. Mais il n'avait pas le temps de se soumettre à un examen médical, car le festival de Cannes, qui se tenait plus tôt que d'habitude en cette année 1954, commençait presque. Ce fut un festival passionnant en bien des aspects. Bazin était membre du jury et devait donc soutenir, du haut de son prestige nouveau, les audacieux articles que Truffaut venait de publier. Sa tâche de juré n'était pas aisée non plus ; il y eut une querelle qui faillit bien mettre un terme définitif au festival. C'était l'année où le film de Kinugasa, *La Porte de l'Enfer*, conquit tous les suffrages, ce qui constituait un véritable camouflet pour Hollywood. Le film américain en compétition, *Tant qu'il y aura des hommes*, venait de recevoir plus d'Oscars qu'aucun autre film depuis *Autant en emporte le vent*, et ses distributeurs avaient déjà fait imprimer d'énormes affiches qui annonçaient que

que le film avait reçu la Palme d'Or à Cannes. Après une telle
déconvenue, les distributeurs imprimèrent une petite mention en
bas d'affiche : « Hors Compétition ». En fait, *Tant qu'il y aura des
hommes* reçut un excellent accueil, éclipsant totalement le *Monsieur Ripois*, de Clément, du palmarès. Ce qui provoqua également
une bataille dans laquelle les jurés étaient impliqués, en particulier
Bazin et Buñuel, qui ne cessèrent de soutenir Clément. La bataille
fit rage pendant des mois dans les journaux et les revues de tous
genres, avec, bien entendu, plus de véhémence encore dans les
Cahiers.

Au milieu de tout ce tumulte, Bazin et Buñuel devinrent les
meilleurs amis du monde. Buñuel, qui était célèbre pour son ironie
et son tempérament colérique, trouva chez Bazin une profondeur et
une honnêteté de vision qui le mettaient à une place particulière
dans la cohorte des critiques. Avant même de le rencontrer, Buñuel
disait avoir « *découvert certains aspects de* [son] *œuvre ignorés de*
[lui]-*même.* »[40] Plus tard, Buñuel allait décrire ses projets de films à
Bazin avant de terminer son scénario, espérant de la sorte bénéficier
par avance du savoir que celui-ci lui aurait sans doute prodigué plus
tard dans ses critiques. Mais les deux hommes avaient d'autres terrains d'entente : leur amour des animaux non-domestiques, leur
combat contre le catholicisme rigide dans lequel ils avaient été
élevés, lutte que chacun d'eux poursuivait à sa façon.

Buñuel se souvient que, lorsqu'il aperçut Bazin pour la première
fois, au printemps de 1954, il pensa se trouver, mis à part les yeux
pétillants, face à un cadavre. Bazin avait terriblement maigri et
pâli[41]. Buñuel n'avait hélas pas tout à fait tort. Bazin eut enfin le bon
sens d'aller consulter un médecin de Cannes. L'examen donna un
nom à cet aspect cadavérique, à l'état de faiblesse permanent et à ce
qui finirait par tuer Bazin — la leucémie.

Le médecin prévint Bazin que la maladie en était à un stade
avancé et qu'il ne lui donnait que quelques mois à vivre. Bazin fit
ses valises en toute hâte et s'excusa auprès du jury. Doniol-Valcroze
se souvient de l'avoir accompagné à la gare afin qu'il retrouve sa
famille le plus vite possible, et d'avoir dit à Claude Mauriac, qui
était venu avec eux, être certain de le voir vivant pour la dernière
fois[42].

1 — Maurice Scherer (Eric Rohmer), « Vanité que la peinture », *Cahiers du cinéma*, n° 3, juin 1951, pp. 22-30.

2 — Les articles suivants sont représentatifs du nouveau ton qu'adoptaient les *Cahiers* : Lo Duca, « Un acte de foi » (à propos du *Journal d'un curé de campagne*), n° 1, avril 1951 : 45-47 ; Jacques Doniol-Valcroze, « All About Mankiewicz », n° 2, mai 1951 : 21-30 ; Bazin, « La Stylistique de Robert Bresson », n° 3, juin 1951 : 7-21 ; repris dans *Qu'est-ce que le cinéma ?* vol. 2, pp. 33-53. Nlle. éd. pp. 107-127 ; Maurice Bessy, « Les Vertes statues d'Orson Welles », n° 12, mai 1952 : pp. 28-32 ; Maurice Scherer, « Le Soupçon » (à propos de *The Lady Vanishes*), n° 12, mai 1952 : pp. 63-65 ; R. Gabert, « Le jongleur de Dieu est-il français ? » (à propos de Rossellini), n° 1, avril 1951 : pp. 52-53 ; A. Ayfre, « Néo-réalisme et phénoménologie », n° 17, novembre 1952 : pp. 6-18 ; J.-L. Tallenay, « Un cinéma enfin parlant » (sur Cocteau et Bresson), n° 9, février 1952 : pp. 30-36.

3 — Bazin, « Pour en finir avec la profondeur de champ », *Cahiers du cinéma*, n° 1, avril 1951, pp. 17-23.

4 — Dudley Andrew, *The Major Film Theories : An Introduction*, New York, Oxford University Press, 1976. Voir tout spécialement pp. 172-179.

5 — Bazin, *Qu'est-ce que le cinéma ?* vol. 1, p. 139. Nlle éd., p. 71.

6 — Idem, vol. 2, pp. 7-32. Nlle éd. pp. 81-106.

7 — Alexandre Astruc, « The Birth of a New Avant-Garde : La Caméra-Stylo », in *The New Wave*, Ed. Peter Graham, Garden City, N. Y., Doubleday, 1968, pp. 17-23.

8 — Bazin, « La stylistique de Robert Bresson », pp. 7-21 ; repris dans *Qu'est-ce que le cinéma ?*, vol. 2, p. 33, Nlle éd. p. 107.

9 — Hugh Gray « Introduction », *What is Cinema ?* p. 7 (édition américaine de *Qu'est-ce que le cinéma ?*).

10 — Bazin, *Qu'est-ce que le cinéma ?* pp. 50-52, vol. 2. Nlle éd., pp. 124-126.

11 — Idem., p. 53, vol. 2. Nlle éd. p. 127.

12 — Ibidem, p. 101, vol. 2. Nlle éd. p. 161.

13 — Ibidem, p. 25, vol. 2. Nlle éd. p. 99.

14 — Ibidem, pp. 31-32, vol.2. Nlle éd. pp. 105-106.

15 — Bazin, « Farrebique ou le paradoxe du réalisme », *Esprit 15*, 1947, pp. 676-80.

16 — Voir tout spécialement *Qu'est-ce que le cinéma ?* pp. 37-74, vol. 1. Nlle éd. pp. 207-215.

17 — Bazin, « Les Dernières vacances », *La Revue du cinéma*, n° 14, juin 1948 ; repris dans *Qu'est-ce que le cinéma ?* pp. 33-41 vol. 3. Nlle éd. pp. 207-215.

18 — Bazin, *Qu'est-ce que le cinéma ?* p. 117 vol. 1. Nlle éd. p. 49.

19 — Idem, p. 122, vol. 1 Nlle éd. p. 54.

20 — Ibidem, p. 124, vol. 1. Nlle éd. p. 56.

21 — Bazin, « Préface » in *Le Western ou le cinéma américain par excellence*, de J.-L. Rieupeyrout, Paris, Editions du Cerf, 1953 ; repris dans *Qu'est-ce que le cinéma ?* pp. 136-45, vol. 3, Nlle éd. p. 217. Les trois autres essais, « Evolution du western », Nlle éd. p. 229. « Un western exemplaire : *Sept hommes à abattre* » Nlle éd. p. 241 et « *La Vallée de la poudre* », ont également été repris dans la 1ère édition de *Qu'est-ce que le cinéma ?* pp. 146-56, 157-63 et 164-66 respectivement, vol. 3.

22 — Eric Rohmer, interview avec l'auteur, Paris, avril 1974.

23 — Parmi ces livres, les plus importants sont : H. Agel et al., *Sept ans de cinéma français*, Paris, Editions du Cerf, 1953 ; Georges Michel Bovay, *Cinéma, un œil ouvert sur le monde*, Lausanne, La Guilde du Livre, 1952 ; Jacques Chevallier,

Regards neufs sur le cinéma, Paris, Editions du Seuil 1963 ; J.-L. Rieupeyrout, *Le Western ou le cinéma américain par excellence ; Vittorio de Sica* (en italien), Rome, Granda, 1951.

24 — François Truffaut, interview dans *L'Express*, 23 avril 1959 ; reprise dans *The 400 Blows*, David Denby, New York, Grove Press, 1969, p. 219.

25 — Denby, p. 220.

26 — Truffaut, « Il faisait bon vivre », *Cahiers du cinéma*, n° 91, janvier 1959, p. 25.

27 — Le premier article de Jean-Luc Godard fut publié sous le pseudonyme d'Hans Lucas : « Les bizarreries de la pudeur » *(No Sad Songs for Me)*, *Cahiers du cinéma* n° 8, janvier 1952, pp. 68-69. Le nom de Jacques Rivette apparut peu de temps après avec « Un nouveau visage de la pudeur » *(Un été prodigieux)*, *Cahiers* n° 20, février 1953, pp. 49-50. Entre temps, Godard publiait deux autres articles, « Suprématie du sujet » *(L'Inconnu du Nord-Express)*, *Cahiers*, n° 10, mars 1952, pp. 59-61, et « Défense et illustration du découpage classique », *Cahiers*, n° 15, septembre 1952, pp. 28-32.

28 — Truffaut, « Les extrêmes me touchent », *Cahiers*, n° 21, mars 1953, pp. 61-63.

29 — Idem, p. 61.

30 — Par exemple Rivette, « Génie de Howard Hawks », *Cahiers* n° 23, mai 1953, pp. 16-23 ; et Rohmer, « Le soupçon », *Cahiers* n° 12, mai 1952, pp. 63-66.

31 — Jean Queval et François Truffaut, « Correspondances », *Cahiers*, n° 26, août/septembre 1953, p. 64 ; Jean d'Yvoire et Truffaut, « Correspondance », *Cahiers*, n° 27, octobre 1953, p. 64.

32 — Truffaut, « Une certaine tendance du cinéma français », *Cahiers*, n° 31, janvier 1954, pp. 15-29.

33 — Truffaut, « Il faisait bon vivre », *Cahiers du cinéma*, n° 91, janvier 1959, p. 26.

34 — Truffaut, critique de l'*Histoire du Cinéma* de Maurice Bardèche et Robert Brasillach, *Cahiers du cinéma*, n° 32, février 1954, pp. 59-60.

35 — Bazin, « Des Caractères », *Cahiers du cinéma*, n° 41 (septembre 1954) : pp. 38-40.

36 — Bazin, « De la Carolinisation de la France », *Esprit* 22, 1954, pp. 298-304.

37 — Bazin, « Pour un Festival à trois dimensions », *Cahiers du cinéma*, n° 23, mai 1953, pp. 5-15.

38 — Bazin, « Du Festival considéré comme un ordre », *Cahiers du cinéma*, n° 48, juin 1955, pp. 6-8 ; partiellement repris dans *Qu'est-ce que le cinéma ?*, pp. 7-11, vol. 3.

39 — Bazin, « De la difficulté d'être Coco », *Carrefour*, 17 mars 1954 ; repris dans *Cahiers du cinéma*, n° 91, janvier 1959, pp. 52-57.

40 — Luis Buñuel, « Témoignages », *Cahiers du cinéma*, n° 91, janvier 1959, p. 28.

41 — Idem.

42 — Doniol-Valcroze, interview avec l'auteur, Paris, juin 1974.

A Nogent-sur-Marne en 1956.

VII. LA FIN D'UNE CARRIERE

Le choc de la sentence de mort qu'il avait reçu à Cannes fut quelque peu atténué par d'autres analyses médicales, conduites à Paris. Grâce au repos et à un traitement, Bazin parut recouvrer rapidement la santé, mais celle-ci n'était qu'apparente et alterna, dans les quatre années qui lui restaient à vivre, avec de très graves crises. Tout dépendait à présent de la proportion, sans cesse changeante, des globules blancs et rouges dans son sang.

Bazin sembla accepter cette épreuve avec détachement, mais il était clair qu'il avait désormais l'intention de profiler sa vie de façon à pouvoir faire le plus de choses possible dans le temps qui lui restait. Juste après que Truffaut déménagea du grenier de Bry, à la fin de l'année 1953, la maison fut promise à la pelle des promoteurs. Les Bazin trouvèrent un petit appartement de deux étages à Nogent-sur-Marne, à moins d'un quart d'heure à l'ouest de Vincennes et non loin de Paris. Après avoir aménagé un espace pour les divers animaux, on prit des dispositions pour que Bazin pût travailler. Son grand bureau fut transféré dans sa chambre et l'on plaça le poste de télévision de manière à ce qu'il pût le voir de son lit. On y avait fixé une sorte d'écritoire qu'il pouvait rabattre sur ses genoux quand il désirait écrire.

Même s'il passait de plus en plus de temps au lit, Bazin n'était aucunement invalide. Jusqu'en 1956, il fréquenta souvent les projections et les petites fêtes qui les suivaient, et recevait aussi souvent que possible. Durant l'été 1955, un ami prêta aux Bazin un appartement à Pigalle — celui que l'on voit dans *Les 400 coups* et où vit le camarade d'Antoine que ses parents négligent. On y organisait des dîners et des réceptions presque tous les soirs, cet été-là ; Bazin profitait d'un regain de forme et de ce grand appartement bien situé pour être avec ses amis d'*Esprit* et des *Cahiers* et recevoir des cinéastes tels que Rossellini ou Buñuel.

A la fin de l'année, Bazin estima qu'il était en état de repartir pour l'Amérique du Sud, au festival de Punta del Este, en Uruguay. Même dans ses deux dernières années, il trouva l'énergie d'aller à la mer, la première fois à l'Ile de Ré et la seconde au Portugal, sans parler des expéditions annuelles obligées de Venise et Cannes. Il paraissait pourtant plus maigre que jamais et ses amis commencèrent à prendre de lui un soin un peu trop grand, comme s'ils avaient peur de le voir chaque jour pour la dernière fois. Dans cette dernière période, ils gardèrent d'affectueuses images de Bazin, telles celui-ci discutant une contravention à l'aide d'impeccables syllogismes ou prenant des passagers à un arrêt de bus de Nogent parce qu'il considérait comme immoral de rouler seul en voiture quand il y avait trois places disponibles, ou le même Bazin faisant rire ses compagnons en leur racontant des histoires drôles au petit matin, tandis qu'on attendait qu'un mécanicien réparât cette même voiture dans le froid.

Son sens de l'humour procédait parfois d'un grand effort fait sur lui-même. La plupart du temps, il ne sortait pas et les rares jours où il devait le faire, il revenait chez lui complètement épuisé. Il lui était bien plus aisé de recevoir chez lui. Les descriptions des soirées chez Bazin ne manquent pas. Ses animaux constituaient une attraction, ainsi que les petits plats que Janine aimait à préparer ; Bazin les appréciait, même s'il se contentait souvent de regarder ses amis manger, faute d'appétit. L'appartement incitait aux longues discussions à bâtons rompus. Personne ne se choquait de voir Bazin interrompre une conversation avec un cinéaste pour remettre une tortue sur ses pattes ou réparer le train électrique de Florent. La meilleure description que nous ayons de ces soirées reste celle qu'en fit Jean Renoir, qui fut si souvent attiré à Nogent :

« *Les déjeuners, merveilleusement élaborés par Madame Bazin, étaient une fête pour moi. Les mets étaient toujours délicieux. André était gourmand et gourmet. Quant à Madame Bazin, elle savait passer avec grâce du classement minutieux des documents à la confection d'un chef-d'œuvre culinaire. Tous deux s'ingéniaient à faire oublier à leurs amis que les jours de leur hôte étaient comptés. Lui, savait que le mal qui le dévorait était sans remède. Elle, était arrivée au bout de l'inquiétude et de la fatigue.*

Et tous deux souriaient, heureux de voir leurs amis heureux ; non pas de ce sourire-masque qui semble répéter à chaque instant : « Voyez comme je suis courageux. » Au contraire, la joie était de la vraie joie.

Notre dernière réunion fut avec Roberto Rossellini. Les plaisanteries fusaient, les paradoxes s'épanouissaient. Le rire de Bazin éclairait son visage diaphane. Autour de nous, tout contribuait à nous maintenir dans cette ambiance heureuse : les petits personnages de lanterne magique, aux couleurs vives, épinglés sur les murs, les objets d'art populaire brésilien ou polonais, l'iguane amical et le chien frétillant. N'allez pas imaginer une sorte de bric-à-brac. Chez Bazin, écrivain français et ordonné, les objets avaient leur place et leur équilibre. On n'imagine pas Diderot accrochant au hasard une assiette à son mur. Mais cet ordre n'était pas visible. Dans cet intérieur, il semblait que les êtres et les choses eussent trouvé leur place tout naturellement. Pour l'ami de passage que j'étais, l'impression était celle d'une harmonie naturelle, une sorte de suite ou de préface à l'œuvre littéraire du maître de céans. Ce résultat surprenant ne peut être expliqué que par l'immense amour de Bazin pour tout ce qui constitue le monde où nous vivons. »[1]

La description que Renoir fait de l'appartement est très révélatrice de la personnalité des deux hommes : l'amour du naturel, la subtile perception d'un ordre qui semble émaner de la disposition accidentelle des choses ; l'appréciation de ce qui est mineur ou bizarre ; l'importance d'un environnement qui soit personnel et mystérieux à la fois et qui puisse être habité et étudié en même temps.

La meilleure démonstration que Bazin donna des positions qu'on retrouve tout au long de sa vie et de son œuvre critique, reste le seul projet de film dans lequel il s'engagea. Au début de l'année 1957, au terme de quelques conversations avec Pierre Braunberger, l'homme qui produisit tant des premiers films de la Nouvelle Vague, Bazin s'engagea à faire un court métrage documentaire sur les églises romanes de Saintonge, la région où il avait grandi. Le projet de ce film, que les *Cahiers du cinéma*[2] publièrent après sa mort, révèle l'auteur avec une étrange clarté. Ces églises passionnaient Bazin parce qu'elles étaient des œuvres d'art autour desquelles la nature avait poussé et qu'elle avait érodées, et aussi parce qu'elles représentaient des formes religieuses qui, au cours des siècles, avaient perdu leur destination originelle. Ce qu'il en reste se résume à une nou-

velle sorte de rapport entre le bâtiment, l'homme et la nature, relation organique qui, bien que située au-delà des catégories de l'art et
de la religion, a acquis un certain pouvoir de révéler à la fois
l'homme et la nature.

Le ton qu'utilise Bazin pour parler de ces églises nous rappelle
celui qu'il utilisait toujours pour parler du cinéma. Leur côté terrien
et grossier lui plaisait, ainsi que leur peu de rapport avec le grand
art, et le fait qu'elles révèlent la foi d'un âge primitif. Bazin suggère
qu'en notre siècle, il est difficile de parler des grands édifices culturels sans adopter un ton décadent ou ironique. Mais ces églises profanes, nous pouvons en parler en toute honnêteté ; elles nous en
récompensent par des révélations sur le monde et la place que nous
y occupons, et ce sont des révélations que nous devrions accueillir
autant que celles que nous procurent l'art et la religion.

Le film de Bazin devait attirer l'attention sur ces humbles ruines
qui sont généralement moins appréciées par les touristes et les lettrés
que les belles églises romanes de Bourgogne. Comme d'habitude,
Bazin était attiré par ce qui était humble et obscur : « *Ne le cachons
pas, en effet, l'architecture religieuse de Saintonge ne fait pas
partie des grandes écoles romanes... Et pourtant, nulle part* [ail-
leurs]*... l'art et l'architecture romane n'apparaissent sûrement, de
façon plus constante et plus subtile, entretenir avec la géographie
physique et humaine de relation aussi nécessaire et aussi naturelle... Ce qui frappe, presque à chaque découverte d'une église
saintongeaise, c'est le naturel de son implantation, non seulement
architectural, mais humain. Endormies dans les villages depuis des
siècles, mais non point mortes, elles se sont laissé investir et
comme absorber par la vie d'alentour et jusqu'à la vie végétale.* »[3]

Bazin prit au moins une centaine de photographies de ces
églises, où on les voit recouvertes de lierre et de buissons. Des vaches
paressent devant elles et des fermiers ont empilé du bois, du foin ou
des outils contre leurs murs antiques. Le film pour lequel ces photos
furent prises devait être tourné dans ce style documentaire qu'il
avait toujours défendu. Nous ne devons pas, disait-il, transformer ces
églises en un film d'art bien léché ; nous devons simplement :

« *...Enregistrer, pendant qu'il en est encore temps, cette harmonie naturelle et ancestrale où la vie rurale contemporaine paraît
en quelque sorte poursuivre avec l'église une amitié si vieille qu'elle
en a perdu sa nature religieuse. Nul sentiment de sacrilège pourtant dans cette profanation, peut-être justement parce que
quelque chose dans l'art roman saintongeais le prédisposait à cette
lente et insensible humanisation paysanne.* »[4]

Hélas ! il ne restait plus assez de temps à Bazin pour réaliser ce projet. Ses médecins l'obligèrent à limiter ses activités de la façon la plus stricte ; il n'avait plus droit qu'aux articles, nombreux, et notes critiques qu'il devait écrire pour vivre. On peut percevoir ce retranchement de la vie également dans son activité journalistique, car malgré son incroyable capacité d'écriture, il semblait se séparer même des périodiques qui avaient tant compté pour lui.

Il n'écrivait plus pour *Esprit* qu'occasionnellement et ne participait plus aussi souvent à la réunion hebdomadaire. Même s'il écrivait quelque chose pour pratiquement chaque numéro des *Cahiers*, et passait par leurs bureaux à chaque voyage à Paris, il paraissait néanmoins, dans ses dernières années, avoir enfin atteint une sorte d'indépendance. Les *Cahiers* étaient à présent devenus une institution et ne nécessitaient plus l'attention personnelle qu'il leur avait prodiguée au début des années cinquante. De 5 000 exemplaires initiaux, les ventes étaient passées au double à la fin de la décennie. Les critiques qu'il avait aidés volaient à présent de leurs propres ailes. En fait, en 1957, Rohmer, Godard et Truffaut avaient tous réalisé des courts métrages et commençaient à trouver des fonds pour des projets plus importants. Claude Chabrol s'apprêtait à tourner *Le Beau Serge* et Jacques Rivette *Paris nous appartient*.

Bazin se mit à prendre quelque distance par rapport à la politique éditoriale des *Cahiers* en 1957, mais, trois ans auparavant, les premiers signes d'un amical conflit étaient apparus dans un court essai qu'il avait ouvertement écrit pour prendre la défense de ses jeunes amis. Quand Georges Sadoul, Lindsay Anderson et un grand nombre d'autres critiques établis se mirent à attaquer Rohmer, Rivette, Truffaut, Chabrol et Lachenay pour le numéro des *Cahiers* consacré à Hitchcock, Bazin se sentit obligé de soutenir la profession de foi de la rédaction pour Hitchcock, Hawks et Ray, malgré les réserves qu'il pouvait lui-même faire sur la véritable importance de ces cinéastes[5]. Après tout, les *Cahiers* idolâtraient ces réalisateurs pour les valeurs, et même la métaphysique, qu'impliquait leur style, et c'était bien Bazin qui leur avait inculqué le principe sartrien qui consiste à identifier l'homme et le style. Bazin ne pouvait cependant pas s'empêcher de déplorer « *la stérilisation idéologique de Hollywood* »[6] que les derniers films de ces auteurs exhibaient.

Même si l'on aime le style d'un Hawks, disait-il, il n'y a aucune raison de se réjouir qu'il s'exprime, en ces années cinquante, dans l'infantile *Les Hommes préfèrent les blondes*, alors que dans les années trente, il pouvait se donner libre cours dans des sujets aussi solides que *Scarface* et *Seuls les anges ont des ailes*. Si les jeunes Turcs des *Cahiers* ont montré comment voir « *l'intelligence formelle de la mise en scène qui se cache derrière l'idiotie des scénarios qu'on a proposés à Hawks*, [cela] *ne doit pas pour autant nous faire fermer les yeux sur l'idiotie en question.* »[7]

Les précautions de Bazin à l'égard de l'enthousiasme de la rédaction des *Cahiers* l'éloignèrent un peu de la direction de la revue. Le vrai guide spirituel en fut, surtout à partir de 1955, Eric Rohmer, qui signait à cette époque sous le nom de Maurice Scherer. Bien que presque du même âge que Bazin, Rohmer avait toujours semblé être plus proche des Godard, Rivette et autres Truffaut. Au début des années cinquante, il enseignait la littérature à la Sorbonne et écrivait un peu dans les *Cahiers*, mais après 1954, avoue Truffaut, il était devenu l'« éminence grise » qui se cachait derrière la ligne « auteuriste » dure qu'avait adoptée la revue[8]. Rohmer était un absolutiste et s'était toujours opposé à la tolérance de la vision évolutionniste que Bazin avait du cinéma. Pour celui-ci, tout film prenait une certaine valeur quand on le considérait du point de vue de l'évolution du septième art dans son ensemble. Pour Rohmer, il n'existait que certains chefs-d'œuvre ou plutôt certains grands artistes, qui seuls méritaient de retenir l'attention et d'être honorés. C'était Rohmer qui avait pris l'initiative de la liste des « dix meilleurs films » que chaque rédacteur des *Cahiers* établissait en fin d'année, et ce fut également Rohmer qui lança le « Conseil des Dix » mensuel, une pleine page où, par tout un système de points et d'étoiles, on donnait une opinion sur les films qui venaient de sortir.

Bazin et Rohmer, en tant que co-rédacteurs en chef, faisaient un bon travail ensemble, car leurs positions critiques venaient des mêmes credo : l'objectivité essentielle de l'image photographique, la valeur transcendante de Murnau, Renoir et Rossellini ; la vocation qu'avait le cinéma de révéler un cosmos mystérieux. Pourtant, les personnalités des deux hommes étaient rigoureusement antithétiques : Rohmer avait transformé sa foi en une critique romantique des grandes personnalités ; Bazin, qui possédait une perspective plus scientifique et sociologique, insistait pour lier le cinéma à l'histoire et à la politique.

Dans un article publié un an avant sa mort et qui fut beaucoup réimprimé depuis, Bazin fait ouvertement état de son désaccord avec les tendances « auteuristes » de son propre magazine[9]. Son principal argument était que les grands films résultent de la rencontre circonstancielle du talent nécessaire avec une époque. Certains réalisateurs qui, dans leur jeunesse, semblaient, comme Stroheim, promis à l'avenir le plus brillant, virent le temps filer sous eux de façon telle que leurs dernières œuvres, même si elles étaient tout aussi pleines de talent, furent sans doute bien moins importantes. De l'autre côté, certains cinéastes peu inspirés ont été capables, à un moment donné, d'exprimer une vague qui secouait la société, comme le fit Curtiz dans *Casablanca* ; ensuite, ils peuvent très bien perdre tout intérêt à nos yeux.

Bazin insistait sur le fait qu'il n'y avait aucune raison de privilégier les personnes sur les films, comme les *Cahiers* avaient commencé à le faire, ou de mettre les auteurs avant les genres, ou de mettre des individus qui font des films avant le public qui les aime et qui paye pour les voir. C'était une attitude d'un romantisme infantile, qui faisait que les « auteuristes » s'intéressaient moins au progrès du cinéma qu'à la canonisation de certains cinéastes. Bazin voulait bien concéder que les auteuristes avaient un goût très sûr, mais il détestait toujours autant le dogmatisme. Ces critiques, en bâtissant par la liste de leurs films favoris un Panthéon d'auteurs, interdisaient l'étude d'autres cinéastes, d'autres genres et surtout du contexte historique et sociologique dont les films dépendaient et auquel ils participaient.

C'était, pensait-il, une stratégie particulièrement myope en ce qui concernait le cinéma américain. Bazin avait toujours affirmé que le Hollywood du film parlant était analogue à la littérature française de la fin du XVIIe siècle, en ce que son langage et ses conventions étaient si strictement stipulés et raffinés que même l'artiste le plus ordinaire y devenait capable d'atteindre à un certain degré de précision et d'élégance. Mais une telle situation ne nous amène-t-elle pas à faire l'examen d'un tel langage, de ces conventions et du contrat qu'ils impliquent avec un vaste public, plutôt que de passer notre temps à trier les grands artistes de ceux qui ne sont qu'artisans compétents ? Si Racine avait réussi dans la tragédie classique, là où Voltaire avait misérablement échoué, ce n'était pas que Voltaire ait été un écrivain de moindre envergure, mais parce que les mutations sociales du XVIIIe siècle avaient entraîné des métamorphoses empêchant que la tragédie fût aussi pure et hautement rigoureuse que celle qui dominait sous le règne de Louis XIV.

Si Rohmer, Truffaut et consorts persuadèrent en fin de compte Bazin d'admirer Hitchcock et d'aimer Hawks, il ne succomba jamais au romantisme qui transformait ces hommes (ou plutôt leur style) en entités morales et métaphysiques immuables. Grâce à une vision plus « botanique », il voyait en ces auteurs les fleurs distinctes produites par un organisme complexe et nourries par un sol très spécial, l'idéologie de la société américaine. Dans la mesure où tout l'opposait à cette idéologie, il lui devenait difficile de se laisser totalement aller à la louange d'un auteur ou d'un film qui était le produit de ce sol. Mais le fonctionnement de ce système botanique le fascinait, et lui permettait de plus apprécier un genre comme le western qu'un auteur tel que Mankiewicz. Les auteurs américains qu'il aimait le plus étaient Stroheim, Sturges et Welles, sans doute parce qu'ils échappaient, en partie, à ce système. Pourtant, Bazin comprenait mieux que ses collègues le danger que pouvaient représenter de telles fugues : *M. Arkadin*, pour prendre un exemple précis de l'année 1955, malgré les louanges sous lesquelles on l'avait enfoui aux *Cahiers* et ce qu'il en pensait lui-même de bien, n'était qu'une pâle copie de *Citizen Kane*, déformée par l'inévitable processus de paupérisation qu'il avait dû subir, étant un film américain qui ne provenait pas de Hollywood.

Les objections de Bazin à l'auteurisme semblent s'exprimer dans l'esprit d'un débat familial. Il prenait toujours un grand plaisir à se faire l'avocat du diable et à résister au mouvement d'allégeance contagieuse. Profondément, bien sûr, il était d'accord avec la politique des auteurs, et sa mise en garde ne visait que l'application aveugle d'une méthode par ailleurs fructueuse ; c'était un plaidoyer pour que la critique sérieuse fût réservée aux auteurs les plus sérieux.

La méfiance qu'éprouva Bazin, à la fin de sa vie, devant l'immense intérêt qu'on accordait à tant de réalisateurs américains, est paradoxale, puisque dix ans avant, c'était lui qui avait promu le cinéma américain au premier rang avec son « Festival du Film Maudit », ses études sur le western, ses essais sur Wyler et Chaplin et l'encouragement qu'il prodigua au fanatisme naissant de Truffaut et Godard. Mais en 1957, sans doute en raison d'une fin qu'il sentait proche, Bazin mit tout son poids dans une réévaluation du cinéma américain. Puisqu'il lui fallait à présent réduire son champ d'intérêt, renoncer à ses projets de films et concentrer ses capacités critiques, Bazin ne pouvait plus soutenir les efforts que les *Cahiers* déployaient à propos de cinéastes qu'il tenait pour mineurs, ou au mieux, dont l'intérêt n'avait de sens qu'en relation à une culture grotesque et creuse : celle de l'Amérique des années cinquante. Le seul metteur en scène américain sur qui il écrivit jusqu'à la fin fut Welles, et Welles l'attirait précisément parce qu'il s'était exilé de Hollywood.

Si Bazin semblait indépendant des coteries, c'était parce qu'il avait choisi sans l'ombre d'une hésitation ce qui valait qu'il lui sacrifie son film, ce pour quoi il allait donner ses dernières forces : son livre sur Jean Renoir. Bazin s'était toujours passionné pour Renoir et, à la suite de leur première rencontre en 1949, il n'était jamais revenu sur le jugement qu'il avait porté : Renoir est le plus grand cinéaste français. Ce ne fut pourtant que lorsqu'il vit que son existence touchait à sa fin qu'il prit la décision d'écrire ce que Truffaut a qualifié de « *meilleur livre de cinéma, écrit par le meilleur critique sur le meilleur metteur en scène.* »[10]

Renoir personnifiait les qualités que Bazin avait toujours voulu atteindre de toutes ses forces : un amour franciscain de la nature, une passion rabelaisienne pour la vie et la sensualité, et une générosité universelle pour l'homme. Bazin admirait l'aisance avec laquelle Renoir portait la riche culture dans laquelle il était né et à laquelle il avait été nourri ; c'était cette aisance qui lui conférait cette intimité avec la gestuelle française, le discours français, le sol français, et qui lui permettait pourtant de prendre une envergure universelle. Mais ce que Bazin aimait plus que tout chez Renoir, c'était son amour de la liberté, sa capacité de changer et de grandir en naturel et en simplicité. Bazin désirait avant tout parler de Renoir en évitant les pièges de l'académisme dans lesquels la plupart des critiques sont tombés, quand ils ont parlé des films d'un homme qui avait toute sa vie combattu l'académisme.

Finalement, le fardeau de la construction de ce livre s'avéra trop lourd pour sa santé. Il ne pouvait travailler que quelques heures par jour et l'insistance qu'il mettait à faire de scrupuleuses recherches retarda beaucoup les progrès de l'ouvrage. Le recueil que nous possédons et qui est dû à un travail posthume de François Truffaut[11], nous donne un aperçu malheureusement incomplet du sens que Bazin désirait donner à son livre. Il voulait traiter de tous les films, même les plus pauvres, les plus oubliés, et surtout ne pas se contenter de fournir une somme critique ou une analyse thématique, mais une description du travail que Renoir fournissait pour aboutir à l'objet fini. L'intérêt qu'il portait à la production d'un film ne venait pas d'une simple curiosité, mais de ce qu'il pensait que la genèse d'une œuvre est le lien crucial entre la vision finale du film et la réalité dont il s'inspire.

Bazin alla parfois très loin pour se renseigner sur les conditions de production d'un film oublié. En une occasion, il lut toute une série de bottins pour retrouver un nième assistant de *On purge bébé*

(1931), afin de lui poser toutes les questions possibles sur les problèmes nouveaux qu'avait dû affronter Renoir avec l'enregistrement du son[12]. La méticulosité de Bazin ne se cantonnait pas aux recherches historiques. Il prit l'habitude de chronométrer les scènes et enregistra plus d'une fois sur magnétophone l'intégralité de la bande-son d'un film. Même si ces pratiques peuvent sembler évidentes à un chercheur d'aujourd'hui, elles démontraient, dans les années cinquante, un amour extraordinaire de la précision.

Le livre sur Renoir, par sa dimension et le soin avec lequel il fut écrit, reste de loin l'entreprise la plus ambitieuse de Bazin. Mais cela ne l'isola pas pour autant du milieu social et intellectuel dans lequel il avait toujours vécu. Bazin écrivait sur un ami vivant, un homme au sommet de ses moyens, et les articles, les conférences et les interviews qui préparèrent l'ouvrage étaient en partie destinés à offrir Renoir au public français.

Le *Renoir* ne diffère qu'en degré, pas en nature, de la critique qu'il avait pratiquée toute sa vie, et ce travail lui donna une telle conscience de sa propre œuvre qu'il lui inspira un essai sur les rapports du cinéma et de la politique et un autre sur la fonction même de la critique[13]. La critique, dit-il, ne doit ni ne devrait changer le cours de l'art. Elle ne devrait pas forcer les œuvres d'art à se soumettre à quelque vérité supérieure, qu'elle soit politique ou métaphysique, car la « vérité » de la critique est d'une nature toute spéciale :

« *Mais il n'y a pas (en art) d'erreurs absolues. La vérité en critique ne se définit pas par je ne sais quelle exactitude, mesurable et objective, mais d'abord par l'excitation intellectuelle déclenchée chez le lecteur : sa qualité et son amplitude. La fonction du critique n'est pas d'apporter sur un plateau d'argent une vérité qui n'existe pas, mais de prolonger le plus loin possible dans l'intelligence et la sensibilité de ceux qui le lisent, le choc de l'œuvre d'art.* »[14]

Ce passage rend compte de la stratégie de Bazin ; il écrivait sur les films qui lui plaisaient de façon à expliquer et à faire partager ce plaisir. Toutes ses études sur l'histoire, la sociologie et la technique cinématographique (les approches les plus scientifiques étant destinées à aller au cœur du médium), Bazin ne les entreprenait que pour soutenir ce qu'il avait toujours considéré comme primordial : l'expérience du film. Dans les dernières années de sa vie, ce fut la tentative d'expliquer et de faire revivre le choc que les œuvres de Renoir avaient toujours suscité en lui, qui le maintint littéralement en vie. Il voulait que ce choc traversât la culture tout entière. Et il voulait que cette culture offrît à Renoir l'occasion de la choquer une fois de plus avec un de ses films imprévisibles.

C'était là presque tâche de missionnaire et non uniquement une recherche de lettré, car si l'on appréciait Renoir en France, c'était pour ses chefs-d'œuvre d'avant-guerre ; ses cinq films hollywoodiens ou ses productions internationales (*Le Fleuve* et *Le Carrosse d'Or*) n'avaient pas plu. Bazin aussi se sentait attiré par le Renoir français, par *Boudu sauvé des eaux*, *Les Bas-Fonds*, *Le Crime de M. Lange*, et surtout *La Règle du jeu* (dont Renoir lui dédia la version intégralement reconstituée). Mais il pensait profondément que ce cinéaste ne pouvait pas réaliser un film médiocre et que l'on devait faire un effort pour apprécier le Renoir américain. Il était secrètement ravi qu'on ne pût décrire Renoir par une formule. Producteurs et critiques ne pouvaient que tenter de suivre sa vision du monde, telle qu'elle se développait, et la spontanéité de son tempérament.

En réaction, ils ignorèrent Renoir plus d'une fois ou déplorèrent ses entreprises les moins prévisibles. Bazin avait lui-même été surpris par les plus récentes œuvres de Renoir, mais sa curiosité, combinée à sa foi inébranlable en l'homme, le poussèrent à réexaminer ses propres présuppositions ; il fut heureux d'avoir l'occasion de les abandonner. Bazin considérait les films américains de Renoir comme l'un de ses animaux, subitement transplanté dans un environnement nouveau. Les postures étranges et les mouvements inhabituels ne pouvaient sembler inélégants qu'à un œil qui refusait d'apprendre. Bazin, pour sa part, apprit à apprécier le nouveau comportement de cet animal, et commença à comprendre le sol étranger sur lequel il courait.

En 1952, déjà les *Cahiers du cinéma* avaient, sous la direction de Bazin, tenté de présenter une nouvelle fois Renoir aux Français avec un numéro spécial entièrement consacré à son récent retour au pays[15]. La présentation du *Carrosse d'Or*, de *French-Cancan* et d'*Elena et les hommes*, dans les années qui suivirent, donnèrent à Bazin et à ses amis de nouvelles occasions de défendre le maître.

Claude Beylie, critique de cinéma, se souvient d'avoir rencontré Bazin pour la première fois dans une salle de conférence de l'Ecole Normale Supérieure de la rue d'Ulm, en 1956, où il présentait *Le Journal d'une femme de chambre* à un public hostile, où figuraient des intellectuels tels que Gurwitz et Merleau-Ponty.[16] Bazin parla presque une demi-heure après le film, puis dut à la fois défendre Renoir et lui-même contre de sévères critiques. Merleau-

Ponty affirma que la comédie de Renoir appartenait au même
genre que les farces du jeune René Clair, mais qu'elle n'était ni aussi
bien rythmée, ni aussi nettement contrôlée. Bazin écarta aisément
cette objection, montrant avec des exemples précis que le film de
Renoir était totalement différent. L'attitude de Renoir vis-à-vis du
son et des acteurs, par exemple, exigeait une construction plus
légère, que Merleau-Ponty justement jugeait faible et pleine de
temps morts. Qui plus est, le genre lui-même était plus difficile que
tout ce que Clair avait jamais tenté, sorte de farce tragique qui ne
possédait pas le pouvoir de séduction immédiat de la comédie
légère, mais qui, comme dans *La Règle du jeu*, pouvait être tellement riche. Mais Bazin ne pouvait pas se permettre de répondre
avec hauteur, car il se souvenait de la déception qu'il avait lui-
même éprouvée quand il avait vu le film pour la première fois, en
1948 :

> « *...Je continuais à penser par devers moi* [que ses films améri-
> cains] *étaient bien inférieurs aux français et si je ne profitais pas
> davantage des occasions de les revoir, c'était en toute bonne foi
> que je craignais bien plus d'avoir à me confirmer dans ma décep-
> tion que de revenir sur les jugements qu'ils m'avaient inspirés lors
> de leur sortie... Je vois bien aujourd'hui quel préjugé critique
> m'aveuglait, celui du "réalisme" de Renoir, j'en projetais la grille
> sur ce* Journal d'une femme de chambre *dont les références natura-
> listes paraissaient justifier doublement* a priori *qu'on le juge à
> cette aune... Dès lors que le vain critère du réalisme était aban-
> donné et que je pouvais m'abandonner à rêver le film avec Renoir,
> sa rigueur m'apparaissait avec évidence, aussi bien de construction
> que de style, et notamment pour la direction d'acteur, qui est
> d'une liberté et d'une audace dont je puis déjà annoncer qu'on ne
> la retrouvera si grande que dans* Elena et les hommes. *Sans doute
> Renoir n'est-il jamais allé plus loin que dans* Le Journal *quant au
> mariage du dramatique et du comique...*[17] »

Ce passage illustre l'incroyable maturité critique que Bazin avait
atteinte à la fin de sa vie. Ses premières découvertes, les plus importantes, avaient trait au réalisme ; il les avait faites en partie grâce
aux chefs-d'œuvre français de Renoir. Sa capacité à « *abandonner
le critère du réalisme* » et à « *rêver le film avec Renoir* » témoigne
parfaitement de cette attitude phénoménologique (curieusement
absente chez Merleau-Ponty), qui lui permettait d'enrichir
« l'œuvre » de sa propre ressource[18], de s'insinuer autour et en elle
jusqu'à ce qu'elle lui révèle sa totalité. Renoir était nécessairement le

dernier cinéaste dont Bazin allait se faire le champion, parce qu'il était le plus complexe et le plus changeant. Welles, Rossellini, De Sica et Bresson sont tous des exemples de la force de son engagement dans une certaine vision du cinéma, vision que Bazin avait patiemment explicitée dans chaque cas. Mais Renoir n'avait pas de vision du cinéma en soi. Il n'était, pour reprendre la vieille image, qu'un animal doué d'un grand instinct. Bazin était convaincu qu'avec Renoir, le cinéma allait prendre des chemins imprévisibles, et il n'en était que plus déterminé à serrer cet animal d'aussi près que possible, afin de « rêver avec lui », mais pas de trop près, de façon à ne pas l'enfermer dans une image toute faite.

En Renoir, c'était l'indépendance personnelle que Bazin aimait, cette indépendance qu'il appréciait tant dans sa propre vie. Comme Renoir, lui aussi refusait d'entrer dans les catégories où les gens voulaient le faire entrer. Bien que rédacteur en chef des *Cahiers*, il s'éloignait de leur politique des auteurs ; il était catholique, cultivé, truffait ses essais d'allusions théologiques, et prenait pourtant des distances avec toute vraie croyance religieuse ; il était engagé, en esprit comme en action, dans la pratique sociale, mais n'adhéra pourtant jamais à un parti politique.

Tandis que femme et amis le trouvaient de plus en plus déroutant, sa vie intérieure se camouflait toujours davantage sous le côté énergique et extraverti de son comportement. Sa participation au festival de Cannes, en mai 1958, le mit plus que jamais au premier plan, en partie à cause de son protégé, François Truffaut, qui avait été banni de la manifestation en raison de ses articles provocants dans *Arts*. Il chercha la compagnie de ses vieux amis de Cannes, sachant qu'il ne les reverrait sans doute jamais, et passa en même temps de longs moments à défendre ses jeunes Turcs avec des débordements de paternalisme qui n'étaient peut-être qu'à moitié sérieux. « *Mes quarante ans me permettent une certaine objectivité vis-à-vis du nouveau style critique* » écrivit-il peu après le festival. Cette objectivité l'amena à louer le livre que Chabrol et Rohmer venaient de publier sur Hitchcock comme le premier livre de critique cinématographique écrit dans le style et l'esprit de la meilleure critique littéraire. Mais ce fut au nom de la même objectivité qu'il refusa le jugement que ce livre portait sur Hitchcock. Une fois de plus, Bazin se trouva entre deux générations, comme précurseur et arbitre, conseiller et pierre de touche. L'année suivante, Cannes devait voir le fruit de cette méditation : l'*establishment* du cinéma rendrait hommage à l'incorrigible Truffaut, accepterait et récompenserait les premiers films de la Nouvelle Vague.

De Cannes, Bazin se rendit au Festival de Bruxelles où, en compagnie des plus grands critiques internationaux, il vota pour désigner les dix plus grands films de tous les temps. La liste des films (*La Grande illusion, La Ruée vers l'Or, Le Cuirassé Potemkine, La Terre, Le Dernier des hommes, Citizen Kane, Caligari, La Mère, Le Voleur de bicyclette, Intolérance*) consterna tant Bazin et l'équipe des *Cahiers*, que Rohmer décida de faire voter une contre-liste: Bazin fut le seul critique à participer aux deux scrutins. La liste des *Cahiers* désigna *L'Aurore* comme plus grand film de tous les temps, suivi de *La Règle du jeu, Voyage en Italie, Ivan le Terrible, Naissance d'une Nation, M. Arkadin, Ordet, Les Contes de la lune vague, L'Atalante*.

De retour à Paris, Bazin se mit à la hâte à reprendre plusieurs projets qu'il voulait absolument terminer, et qui devaient donner consistance et un certain degré d'unité à ses quinze années d'activité critique. Il prépara, avec l'aide de Patrick Brion et Doniol-Valcroze, une filmographie précise d'Orson Welles et termina une longue interview qu'il avait commencée à Cannes. Bazin envisagea une réimpression de son livre de 1950 sur Welles, épuisé depuis longtemps. Il voulait que cette nouvelle version paraisse en même temps que les essais qu'il était en train, parallèlement, de réunir sous le titre de *Qu'est-ce que le cinéma ?* Il espérait surtout, de l'espoir fou du condamné, pouvoir terminer son étude sur Renoir, tant qu'il en avait le pouvoir et la volonté.[19]

Ce fut pendant qu'il corrigeait les épreuves du volume I de *Qu'est-ce que le cinéma ?* vers la fin du mois d'août 1958, que Bazin eut une attaque qui faillit lui coûter la vie. Guy Leger et Doniol-Valcroze l'emmenèrent immédiatement à l'hôpital, s'attendant au pire. Mais Bazin survécut et, dès qu'on lui permit de rentrer chez lui, se replongea furieusement dans le *Renoir*. De fait, on le vit fréquemment, pendant ces derniers deux mois, dans Paris, rassemblant des informations pour son livre, faisant une halte au bureau des *Cahiers* trois jours à peine avant sa mort, pour prendre quelques vieux numéros. D'une bonne humeur remarquable, il interrogeait chacun sur ses projets d'hiver, écartant toute question sur sa santé en disant qu'il était trop occupé pour y songer. Un soir, il regarda *Le Crime de M. Lange* à la télévision et lui consacra son dernier essai[20].

Ce fut le lendemain après-midi que la maladie entra dans son stade final, et Guy Leger vint en voiture pour administrer à son vieil ami, à moitié inconscient, les quatre sacrements de l'église, y compris, pour complaire aux parents de Bazin, la bénédiction de son mariage civil qui avait été prononcé neuf ans auparavant. Truffaut arriva tard le soir, épuisé par son premier jour de tournage des *400 coups*. Jean-Pierre Chartier et sa femme Janick Arbois complétèrent la douloureuse assemblée qui assista à l'agonie de Bazin ; ils virent son regard perdre peu à peu de son intensité et sa langue cesser de former des mots. Toute sa vie, Bazin avait animé, organisé et dynamisé le monde qui l'entourait, par la puissance de sa vision et de son discours. Roger Leenhardt se souvient encore que, lors de sa première rencontre avec Bazin, en 1942, ce furent ses yeux qui le frappèrent d'abord[21]. Il tournait autour de quelqu'un comme autour d'un objet ou d'un paysage. Ces yeux, soudain, tout en continuant à fixer la personne, se tournaient vers l'intérieur. On pouvait littéralement les voir se mettre à réfléchir et parvenir à la compréhension. On n'avait plus, alors, qu'à attendre le réflexe vocal, car la voix de Bazin prenait fidèlement le relais d'une perception toujours nouvelle, toujours pleine de sens.

« *Regard toujours discret, qui ne rappelait ni l'appréhension impérieuse de l'œil du peintre, ni le flou lumineux d'un regard de poète, mais passait continuellement avec une mobilité et une aisance que j'ai rarement trouvées chez d'autres, du dehors au dedans, de la perception à la réflexion, de l'objet à l'idée.* »[22]

C'étaient les yeux d'un critique-né et quand, ce jour de novembre, ils perdirent leur pouvoir critique, le critique ne put leur survivre.

C'est Truffaut qui fut le plus atterré de tous, car il voulait tant raconter à Bazin les joies et les déceptions du travail sur un film dont ils avaient si souvent parlé et rêvé ensemble, mais Bazin n'était déjà plus là. Ce qui désespéra Truffaut, c'était le silence de Bazin. « *Pour la première fois, André, privé de la parole, m'apparut faible et malheureux comme un enfant malade que je ne pouvais aider.* »[23]

Bazin, qui avait toujours vu par les autres, regardé les autres, compris les autres et parlé aux autres, n'était plus. A trois heures du matin, son corps accepta la défaite. On était le 11 novembre 1958, quarantième anniversaire de la mort d'Apollinaire, comme le rappellerait le poète Edmond Humeau dans son élégie.[24]

Beaucoup, en écrivant à son sujet, ont été tentés d'appeler Bazin « un Saint François moderne » : à cause de son amour de la nature, de sa modestie personnelle et des simples préceptes de logique et de morale qu'il appliqua aux multiples péripéties de son existence, si minuscules fussent-elles, à cause du fait qu'il ne put jamais s'empêcher de répandre l'humour, l'intelligence et la bonne volonté autour de lui. Contrairement à Saint François, Bazin n'était ni pieux ni mystique ; il n'avait même pas le réconfort de convictions religieuses inébranlables. Si la comparaison avec Saint François est valable, ce doit être celui dont William Carlos Williams parla, le François qui apprenait à prier aux animaux non parce qu'il voulait les mener à Dieu, mais parce qu'il désirait devenir aussi naturel qu'eux[25]. Pour Williams, ce fut uniquement la poésie de ses prières qui permit à François de devenir l'égal des oiseaux pépiant ou des bêtes rugissantes des forêts.

Bazin aussi dut, à sa façon, apprendre à penser, à analyser, à écrire et à parler, pour pouvoir se sentir chez lui au milieu des animaux qu'il gardait, et libre dans la société des hommes de son temps. Ce fut son attitude envers l'existence qui en fit le plus subtil, le plus naturel et le plus important penseur que le champ cinématographique ait jamais eu.

1 — Jean Renoir, « André Bazin, notre conscience », *France-Observateur*, 20 novembre 1958.
2 — Bazin, « Les Eglises romanes de Saintonge », *Cahiers du cinéma*, n° 100, octobre 1959, pp. 55-58.
3 — Idem, p. 56.
4 — Ibidem, p. 58.
5 — Bazin, « Comment peut-on être hitchcocko-hawksien ? », *Cahiers du cinéma*, n° 44, février 1955, pp. 17-18.
6 — Idem, p. 18.
7 — Ibidem, p. 18.
8 — François Truffaut, interview avec l'auteur, Beverley Hills, Californie, août 1973.
9 — Bazin, « De la politique des auteurs », *Cahiers du cinéma*, n° 70, avril 1957, pp. 2-11.
10 — François Truffaut. « Introduction » au *Jean Renoir* de Bazin, Paris, Editions Champ Libre, 1971.
11 — Bazin, *Jean Renoir*.
12 — Claude Beylie, interview avec l'auteur, Paris, juin 1974.
13 — Bazin, « Cinéma et engagement », *Esprit*, avril 1957, pp. 681-84 ; et « Réflexions sur la critique », *Cinéma* 58, n° 32, 1958, pp. 91-96.
14 — « Réflexions sur la critique », p. 96.
15 — Ce numéro des *Cahiers du cinéma*, n° 8, janvier 1952, comprend l'article de Bazin, « Renoir français », pp. 33-40, et plusieurs articles sur des films précis, ainsi qu'un article et une interview de Renoir lui-même.
16 — Beylie, interview avec l'auteur, Paris, mai 1974.
17 — Bazin, *Jean Renoir*, p. 89.
18 — Claude Roy, « Il rendit heureux », *Cahiers du cinéma*, n° 91, janvier 1959, p. 18.
19 — Voir note 23, chapitre 4.
20 — On peut trouver cette critique dans *Radio-Cinéma-Télévision*, n° 462, 23 novembre 1958.
21 — Roger Leenhardt, « Du côté de chez Socrate », *Cahiers du cinéma*, n° 91, janvier 1959, pp. 15-16.
22 — Idem.
23 — Truffaut « Il faisait bon vivre », *Cahiers du cinéma*, n° 91, janvier 1959, p. 27.
24 — Edmond Humeau, « Je me souviens », *Esprit*, mai 1959, pp. 838-42.
25 — William Carlos Williams, « Comment », in *Selected Essays of William Carlos Williams*, New York, Random House, 1954, pp. 28-29.

Au Festival du Film Maudit (Biarritz 1949). De gauche à droite, au premier rang : Alexandre Astruc, André Bazin, Claude Mauriac. Au deuxième rang : Grisba Dabat, René Clément, Jean Grémillon, Raymond Queneau, Jacques Doniol-Valcroze, Jean Cocteau, Jean-Charles Tacchella, Jean Tronquet, Roger-Marc Thérond, France Roche, Pierre Kast, Jean-Pierre Vivet, Jacques Bourgeois.

LE TEMPS DES LUTTES
ou l'itinéraire d'André Bazin, de 1945 à 1950

par Jean-Charles Tacchella

Quand on lit les textes écrits par André Bazin sous l'occupation et à la Libération, on s'aperçoit que les meilleurs d'entre eux cherchent à établir une *définition* du cinéma. Comme si Bazin, avant de se lancer dans la bataille, essayait d'en délimiter le champ et d'explorer ainsi les multiples possibilités offertes aux cinéastes.

Cinq ans plus tard, quand la maladie est venue le frapper, Bazin avait déjà choisi et exprimé toutes ses grandes options. Il était reconnu comme le premier maître à penser (ou plutôt à réfléchir) du cinéma, et la jeunesse cinéphile le suivait. Entre ces deux dates, quelque chose avait changé dans les rapports de la critique avec le cinéma.

De 1945 à 1950, Bazin mena un combat incessant, non pour imposer ses idées (Bazin n'a jamais cherché à imposer son point de vue à qui que ce soit, il l'expliquait, c'est tout) mais bien plutôt pour qu'on accepte une nouvelle approche du cinéma. J'ai eu la chance de participer presque quotidiennement à ses luttes au cours de ces cinq années, et il m'apparaît qu'aujourd'hui on confond beaucoup de choses quand on parle de Bazin. J'ai lu en effet, pendant la dernière décennie, pas mal de textes parus sur lui en France, et surtout à l'étranger. Le livre de Dudley Andrew est le seul — avec les écrits de François Truffaut — qui réussisse à donner une image juste et vraie de Bazin.

Ce que je voudrais aider à préciser ici, c'est ce que fut sa démarche à travers ces années de combat. Comment il s'est découvert peu à peu, comment il a élargi le domaine de ses connaissances sur le cinéma, et par là-même, les conclusions qu'il en tirait. Je le fais pour deux raisons. D'abord parce qu'il me semble qu'à présent on a tendance à prendre Bazin pour une somme, pour un tout. Alors qu'il a suivi un chemin précis, en différentes étapes. La seconde raison : je trouve qu'on évoque souvent Bazin désormais — aux Etats-Unis autant qu'en France —, mais on suit de moins en moins son exemple.

°

°   °

Ceux qui n'ont pas vécu cette époque ont sans doute du mal à imaginer ce que furent le printemps et l'été 1945. La guerre s'achevait, la France était libre, mais surtout, de par la fin de l'occupation, les structures avaient sauté. C'était le renouveau dans tous les domaines, un immense espoir pour une autre société.

Sur les écrans déferlaient les films américains, russes, anglais des années interdites. Le premier journal de cinéma à paraître — en dehors des corporatifs — fut *L'Ecran Français*, un hebdomadaire dont ses deux fondateurs, Jean Vidal et Jean-Pierre Barrot, avaient décidé que leur publication n'accepterait aucune publicité cinématographique, dans le but, bien entendu, de rester indépendante[1].

Autour de *L'Ecran Français* se réunirent dès les premiers numéros bon nombre de critiques et de cinéastes importants. Ainsi que quelques jeunes cinéphiles désireux de s'exprimer.

J'étais un de ceux-ci et faisais déjà partie de l'équipe rédactionnelle quand Bazin a apporté ses deux premiers articles — consacrés aux trucages, à propos de *Tom, Dick and Harry* de Garson Kanin et de *Our Town* de Sam Wood. J'avais adoré le premier de ces films, nous en parlâmes. J'ignorais encore qu'André aimait à faire lire ses articles (souvent à l'état de manuscrit), afin d'être sûr qu'on le comprenne, quitte à les corriger, les remanier.

A l'époque, la littérature et l'édition n'avaient pas découvert le cinéma. A part l'*Histoire du cinéma* de Bardèche et Brasillach, on ne trouvait rien en librairie. Les fanatiques possédaient la collection d'un mensuel paru quinze ans plus tôt, *La Revue du cinéma* de Jean-Georges Auriol. En dehors de cela, pour se documenter, il n'existait que les magazines grand public d'avant guerre... et ses propres souvenirs. Pas la moindre filmographie (le mot existait-il ?)[2]. Pour combler cette lacune, j'avais tenté de dresser une liste des films de tous les metteurs en scène du monde entier. Bazin voulut aussitôt en prendre connaissance, et nous passâmes plusieurs jours à éplucher soigneusement cette liste, en échangeant en même temps nos points de vue sur les cinéastes en question.

Pour un passionné de cinéma, André Bazin se révélait d'emblée merveilleux. Il savait expliquer, prenant son temps, se mettant toujours au niveau de son interlocuteur. Il était simple, chaleureux, plein d'humour. Je venais d'arriver de province. Depuis des années, j'accumulais des impressions de spectateur sans savoir avec qui les partager. De plus, ce qui m'intéressait avant tout, c'était l'écriture cinématographique dans ses rapports avec le contenu. Avec Bazin, je pouvais enfin parler, d'autant que sa culture (en particulier sur la construction littéraire et romanesque) et son intelligence lui permettaient d'aller plus avant que moi dans l'analyse des films.

Notre grand problème était de voir ces films du passé, les classiques du muet et des débuts du parlant, dont nous avions entendu parler, mais que nous ne connaissions pas. En moins de deux ans, Henri Langlois, à la Cinémathèque, ainsi que les ciné-clubs (qui commencèrent à se multiplier dès 1946) nous permirent de rattraper notre retard, souvent au rythme d'un ou deux films par jour. A chaque vision, on se retrouvait à peu près les mêmes : Bazin, Kast, Doniol-Valcroze, Thérond, Astruc, Colpi, moi et quelques autres. Nos discussions étaient sans fin, bien sûr.

En cet immédiat après-guerre, Bazin concentrait ses efforts sur les explications de films devant et avec le public. Il se voulait d'abord pédagogue. Son action au sein de *Travail et Culture* fut complètement révolutionnaire (c'était d'ailleurs la première fois que l'on associait le mot culture au mot cinéma). Pratiquement chaque jour, Bazin présentait des films, aussi bien dans des écoles que dans des usines, partout où on le lui permettait. Il fut très vite le présentateur le plus demandé dans les ciné-clubs. Ses conclusions, il les publiait dans *L'Ecran Français* ou dans le bulletin de *Travail et Culture*. Il était d'une rare honnêteté vis-à-vis du public. Ainsi, il recommandait aux autres présentateurs « *de se méfier des commentaires préalables à une projection* », et qui risquaient d'orienter l'attention des spectateurs, « *de les armer de jugements a priori qui, même justes, modifient les réactions que l'œuvre pouvait provoquer en eux. De quel droit ?* »

Pour aller jusqu'au bout de ses réflexions, il choisit d'abord un film, un seul, qu'il présenta d'innombrables fois à tous les publics : *Le Jour se lève* de Marcel Carné. Il en connaissait les plus infimes détails et chaque nouveau débat avec le public lui permettait d'approfondir son sujet.

Après plus d'un an de contacts populaires et autres avec *Le Jour se lève*, il se décida, en 1947, à publier son étude sur ce film — étude qui était destinée à aider et guider d'autres présentateurs éventuels du *Jour se lève*, expliquant non seulement le film mais les réactions possibles des spectateurs. Je me souviens qu'un soir, nous avions rendez-vous pour aller au cinéma. André accourut, brandissant son étude sur *Le Jour se lève* (qui venait de sortir de l'imprimerie). « *Tiens*, me dit-il, *garde ça, c'est la première chose sérieuse que j'écris* » (lui-même ne conservait pas toujours ses écrits).

Tout en se passionnant pour cette forme alors nouvelle de pédagogie, il aimait à poursuivre son idée que le cinéma ignorait encore ses frontières, et que bien des terres en étaient mal connues. Dans ce but, il s'intéressa à un tas de films que la majorité des critiques dédaignaient ou même ignoraient : des documentaires, des films de Walt Disney, des productions scientifiques ou d'exploration. J'ai souvenir d'avoir passé deux jours avec André au Musée de l'Homme, dans un congrès de médecins, pour voir des films chirurgicaux que nous trouvions particulièrement surréalistes et signifiants.

*
*   *

La critique d'alors était avant tout subjective, se préoccupant plus de l'histoire racontée que d'autre chose. Cette ancienne école, celle des critiques d'avant-guerre, en était encore à se poser des questions du genre : « Qui est l'auteur d'un film ? Le scénariste ou le metteur en scène ? » Pour nous autres, s'interroger ainsi nous paraissait ridicule. Il allait de soi que seul le metteur en scène était l'auteur.

Au sein de *L'Ecran Français*, nous formions un petit groupe de quatre qui avions l'ambition de nous battre pour un nouveau cinéma : Bazin, Astruc, Thérond et moi. Roger Leenhardt nous assurait de sa protection. Se joignirent épisodiquement à nous : Grisha et Mitsou Dabat, Henri Robillot et Jacques Sigurd. Deux de nos aînés, Nino Frank et Jean-Pierre Barrot, nous encourageaient, et voyaient d'un bon œil une jeune équipe essayer de secouer un certain traditionnalisme du cinéma français et de la presse de cinéma.

Le choix des articles et des films était décidé le lundi matin, en présence de tout le monde. Il y avait des traditions aussi bien que des spécialités. En 1946 et 1947, Altman et Vidal se chargeaient des films à problèmes humains, Sadoul avait droit à presque tous les grands films sociaux, et c'est à Roger Leenhardt qu'incombait la tâche de parler de nouveaux films (généralement américains) intéressants du point de vue artistique. C'est lui qui répondit à Jean-Paul Sartre à la suite de l'article paru dans notre journal, où Sartre s'en prenait à *Citizen Kane* qu'il n'avait pas compris. Bazin s'inclinait parfaitement devant cette préséance. Il avait une profonde admiration pour deux hommes dont les écrits l'avaient marqué : André Malraux et Roger Leenhardt.

Mais au cours de l'année 1947, les choses changèrent. L'actualité du cinéma allait permettre à Bazin d'exprimer ses idées sur deux grands sujets : le néo-réalisme italien et le nouveau cinéma américain.

Quand le cinéma néo-réaliste italien apparut sur les écrans (*Rome ville ouverte* à l'automne 1946, puis *Sciuscia*), on se posa bien des questions. Un nouveau cinéma, plus humain, était-il en train de naître ? A *L'Ecran Français*, Sadoul et Altman s'enflammèrent les premiers. Bazin, que le documentaire et le fait social avaient toujours passionné, ne pouvait être que séduit par le néo-réalisme, mais il attendit, pour tirer des conclusions, d'avoir vu un certain nombre de films venus d'Italie. Sa plus importante étude sur ce sujet, « Le réalisme cinématographique et l'école italienne de la Libération », ne parut dans *Esprit* qu'en janvier 1948. Rossellini, De Sica et Visconti (celui de *Ossessione* et bientôt de *La Terre tremble*) étaient les cinéastes transalpins auxquels Bazin s'intéressait le plus. Il est à noter qu'à partir de 1949, alors que bon nombre de critiques et d'intellectuels parisiens se détournèrent de Rossellini (les modes passent... en fait, les cinéastes néo-réalistes cherchaient autre chose, et Rossellini le premier), Bazin resta fidèle à l'auteur de *Rome ville ouverte* et prit toujours sa défense.

⁂

Avant même la venue du néo-réalisme, nous avions commencé à voir, depuis la Libération, bien des films américains tournés durant les années de guerre. Leur sortie s'étala sur deux ou trois ans, un peu au hasard des caprices des distributeurs. Ce nouveau cinéma américain nous parut très vite différent de celui que nous avions connu avant-guerre. Plus personnel, plus profond. Bazin résuma ses premières impressions sous le titre « Le nouveau style américain : le cinéma est-il majeur ? ». (*L'Ecran Français*, 21 août 1946).

Nous avions découvert tour à tour : Preston Sturges, les premiers Hitchcock américains, un Wyler nouvelle manière. Enfin, Welles arriva.

En fait, au lendemain de la guerre, il y eut deux grandes révélations (qui allaient amener deux courants nouveaux) : *Citizen Kane* (tourné six ans plus tôt) et *Rome ville ouverte*. Deux formes de cinéma qui, pour Bazin, se complétaient[3]. Le cinéma d'auteur en Amérique (car c'était bien de cela dont il s'agissait avec Welles) — et le néo-réalisme en Europe. Authenticité du cinéma italien. Et dans le cinéma américain, position de l'auteur-créateur à l'égal des romanciers et des peintres.

L'exemple de Welles était sans précédent. La parfaite illustration de ce dont nous rêvions. Pour la première fois, dans l'histoire du cinéma, et qui plus est à Hollywood, au cœur même d'un système industrialisé à outrance, un homme de vingt-cinq ans s'était improvisé cinéaste et auteur de films. Il n'avait pas été assistant, il ne connaissait rien aux studios — et il réussissait *Citizen Kane* ! Truffaut a bien raison quand il écrit que jamais un film n'a suscité autant de vocations que *Kane*.

Cette notion de cinéma d'auteur fut tout de suite intimement liée à Welles. Bazin commence ainsi sa critique des *Amberson* : « *Orson Welles est décidément l'un des cinq ou six auteurs de l'écran mondial dignes du nom d'auteur — l'un des cinq ou six qui portent en eux une vision du monde. Il arrive le plus souvent qu'ils soient intégralement auteurs : auteurs du scénario, auteurs de la mise en scène. Il arrive aussi — comme pour John Ford — qu'ils parviennent, à travers les scénarios des autres, à exprimer leur propre univers. Peu importe... » (L'Ecran Français,* 19 novembre 1946). Ainsi, à travers Welles, Bazin définissait, déjà, sans ambiguïté, le cinéma d'auteur.

Au cours des années 1947 et 1948, il se multiplia pour expliquer en quoi l'exemple de Welles était révolutionnaire. Ce fut son premier combat et l'un des plus durs. Parmi la vieille critique, les résistances étaient nombreuses à l'égard de Welles (un « amateur », il filme des plafonds, ça c'est déjà fait au temps du muet, etc.). Comme nous préférions aussi Hitchcock, Sturges et les films « noirs » à un certain cinéma français du moment, nous étions régulièrement pris à partie par bien des confrères. Bazin, par son talent, sa lucidité, allait plus loin que nous dans ses analyses — et il fut toujours en première ligne. Les « vieux » l'accusaient de décortiquer pour rien les films. A ses détracteurs souvent haineux ou ricanants, il répondait

avec calme, s'excusant de ne pas s'être fait comprendre — et reprenait ses arguments sous une autre forme qu'il essayait de rendre plus
« à la portée de tous ». Pour tenter d'en finir après des mois de
bataille, il écrivit « Je plaide pour Orson Welles » *(L'Ecran Français,*
20 janvier 1948), et « L'apport d'Orson Welles » *(Ciné-club,* mai
1948).

J'avais interviewé Welles et je voulais que Bazin fasse sa connaissance. André était plutôt réticent à l'idée de rencontrer des
cinéastes. Inconsciemment, il avait peur de perdre une certaine
indépendance de jugement. Mais Welles l'attirait. Je fis venir Welles
un soir dans un ciné-club où André présentait les *Amberson* (que
Welles n'avait jamais vu sous sa forme définitive)[4]. Bazin et Welles
sympathisèrent tout de suite. Après l'échec public de *Macbeth* au
Festival de Venise 1948, nous passâmes la nuit, au bar de l'Excelsior,
à remonter le moral de Welles, à lui vanter les qualités de son film
et « pourquoi il ne devait pas s'en faire » (!). On a tellement bu cette
nuit-là, que Welles et nous pleurions sur la fin de sa carrière américaine.

Nous ne quittions plus Welles (qui se plaisait en Europe et envi-
sageait de ne pas retourner aux Etats-Unis), et à la suite de nos
diverses rencontres avec lui, nous publiâmes, André et moi, le
résultat de nos entretiens dans un article commun, sous le titre un
peu prétentieux (il devait être de moi!), « Les secrets d'Orson
Welles » (21 septembre 1948). C'est à cette époque qu'André commença à accumuler des notes en vue d'un livre sur Welles.

o

o   o

En 1947, Bazin avait entrepris de se battre également pour un
autre grand du cinéma : Charlie Chaplin. Lui aussi était passé de
mode auprès d'une certaine critique qui lui reprochait d'avoir abandonné son personnage de Charlot. Quand sortit *Monsieur Verdoux,*
ce fut la curée.

Pourtant dans *L'Ecran Français,* Jean Renoir, pour faciliter la
sortie du film en France, avait préparé le terrain en écrivant un
article intitulé « Non, Monsieur Verdoux n'a pas tué Charlie Chaplin ».

Contre la vague anti-Chaplin, Bazin fut le seul à tenter une re-
lecture de l'auteur de *Monsieur Verdoux,* à partir de ce film.
D'abord, dans *L'Ecran Français* (30 décembre 1947) : « Monsieur

Verdoux ou le martyre de Charlot », puis dans *La Revue du
cinéma* — qui venait de reparaître (janvier 1948) : « Le mythe de
Monsieur Verdoux ».

Les prises de position de Bazin en faveur de *Verdoux* et de Chaplin aggravèrent son cas auprès de ceux qui contestaient ses conclusions sur Welles, l'école américaine, Wyler et la profondeur de
champ. Mais auprès d'une jeunesse qui découvrait le cinéma à travers les ciné-clubs, Bazin commençait à faire figure de pionnier.

✼
✼ ✼

Il déployait alors une activité incroyable. Toujours par monts et
par vaux pour aller expliquer des films (il se rendait maintenant en
Algérie et à l'étranger — parfois avec un camion-cinéma — et tentait de favoriser la naissance de ciné-clubs partout, même au
Hoggar !) Il n'en écrivait pas moins de nombreux articles pour différentes publications. Souvent plusieurs à la fois.

Jamais complètement satisfait de ceux-ci, il ne cessait d'en
reprendre le sujet, ajoutant un paragraphe ou développant certaines
idées. Dans les années 1947 à 49, son premier article de fond était le
plus souvent réservé à *L'Ecran Français*. Au préalable, il avait déjà
publié une critique plus « grand public », dans *Le Parisien libéré*.

Bazin aimait à rechercher les réactions provoquées par ses réflexions. C'était un plaisir de le voir entrer dans la salle de rédaction du
journal le lendemain de la sortie d'un de ses papiers. Il venait pour
en discuter, glaner des arguments pour ou contre.

Et puis, deux mois plus tard, il publiait un second article sur le
même sujet. Cette fois, dans *La Revue du cinéma* ou dans *Esprit*, ou
bien *Ciné-club*. Parfois, il y avait un troisième, quatrième article
(certains destinés aux journaux étrangers). Il serait intéressant pour
ceux qui voudraient étudier la pensée de Bazin de suivre le chemi-
nement de ses principaux thèmes à travers les années et surtout
d'étudier les modifications successives apportées à ses remarques.

✼
✼ ✼

Très vite, Bazin comprit qu'il ne suffisait pas d'analyser les films
et d'aider à ce que le cinéma devienne un phénomène culturel, il
fallait encore chercher à modifier l'organisation de la production.

La phrase de Malraux : « *Par ailleurs, le cinéma est une industrie* »,
n'a cessé de hanter Bazin. Pour que cela change, et pour aider à ce
qu'un jour les metteurs en scène de cinéma puissent œuvrer avec
autant de liberté que les autres artistes, il était nécessaire de
repenser les structures de la production.

Le cinéma de ces années-là était complètement verrouillé de
l'intérieur. Il n'y avait aucune aide pour les jeunes cinéastes[5]. Les
rares débutants suivaient la filière de l'assistanat. Tout un système
mis en place, à la fois par les producteurs et les syndicats, empêchait
que quiconque fasse du cinéma s'il n'était pas un « professionnel »
de longue date. On interdisait par exemple à Christian Bérard (le
plus grand décorateur de théâtre de l'époque) de signer (autrement
que du mot « maquette ») les décors de *La Belle et la Bête,* parce
que Bérard n'avait pas fait trois films comme assistant-décorateur...

Puisqu'il se révélait impossible de faire une brèche dans le système (c'est Chabrol, Truffaut et Malle qui devaient réussir à la faire,
dix ans plus tard !), Bazin s'évertua à encourager les entreprises mar-
ginales. Dès 1948 débutèrent ainsi Jean-Pierre Melville avec *Le
Silence de la mer,* Jacques Tati avec *Jour de fête* — et deux collaborateurs de *L'Ecran Français,* Roger Leenhardt qui tourna *Les Dernières vacances* et Alexandre Astruc qui s'attaqua à *Aller-Retour.*

Astruc est le premier de nous tous à être passé derrière la
caméra. Il donnait à *L'Ecran Français* de brillants articles souvent
pamphlétaires qui complétaient fort bien les analyses de Bazin. Au
printemps 1948 — c'était la conséqence directe de *Citizen Kane* —,
Astruc publia son manifeste sur la « caméra-stylo » et décida de
passer aux actes. Ce qu'il fit quelques mois plus tard, grâce à l'aide
d'un producteur indépendant, Pierre Braunberger.

Les entreprises les plus téméraires séduisaient Bazin. Un jour, il
entendit parler d'un jeune Suédois, Rune Hagberg, qui avait tourné
un film de long métrage avec 500 000 francs. (5 000 francs d'aujour-
d'hui). Il s'empressa de lui consacrer un papier.

Mais Bazin n'a jamais envisagé de devenir lui-même un cinéaste.
Nous en rêvions tous, ou presque. Pas lui. Quand on en parlait, il
nous écoutait. Si on lui posait la question, il se réfugiait dans un éclat
de rire. Modestie ? Ça lui semblait tellement impensable. En tout
cas, il n'arrivait pas à l'imaginer[6].

°

°   °

L'année 1948, fertile en événements cinématographiques, nous apporta *Les Parents terribles* de Jean Cocteau. Une révélation dans la manière d'adapter une pièce à l'écran.

Les débuts du parlant avait engendré tant de pièces filmées que les critiques s'en prenaient automatiquement à tout ce qui était théâtral. C'est ainsi qu'ils ont démoli sans discernement les films de Pagnol et de Guitry. Ils n'acceptaient une pièce à l'écran que si on « l'aérait ».

C'est exactement le contraire que fit Cocteau dans *Les Parents terribles*. Il n'avait rien changé à la pièce. Toute la valeur artistique du film reposait sur la mise en scène et le découpage technique. Bazin souligna l'importance de l'événement, et alla à l'encontre de tout ce qu'on avait dit ou écrit sur les adaptations théâtrales. « Du théâtre transformé par la magie blanche et noire en pur cinéma », c'est le titre de son article dans *L'Ecran Français*.

Bazin était alors aussi préocupé par les adaptations de romans à l'écran. Perpétuel sujet de discussions. Nous étions peu enclins, dans l'ensemble, à voir adapter en films les grands romans de la littérature. Ça nous paraissait vain. Bazin, lui, ne voyait pas pourquoi le cinéma devait se priver de mettre en image des classiques, du moment qu'ils engendraient de bons films.

Je ne suis pas sûr que dans cette acceptation des adaptations de classiques, il n'y avait pas une réaction généreuse de professeur, je dirai même d'instituteur, heureux à l'idée que le cinéma permette d'atteindre à une plus grande connaissance de la littérature.

°

°   °

Au début de l'hiver 1948/49, Bazin avait déjà exprimé son point de vue sur Welles, le nouveau cinéma américain, le néo-réalisme,Chaplin, le théâtre à l'écran, etc. Puisque ce point de vue rencontrait bien des oppositions et qu'il fallait se battre, pourquoi ne pas créer un mouvement qui aurait pour ambition de promouvoir une nouvelle avant-garde ?

Cette idée germa, je crois, au cours du Festival de Venise 1948. Les rencontres de Bazin avec Welles et surtout avec Cocteau y furent pour quelque chose. Ce mouvement, ou plutôt ce club, allait s'appeler *Objectif 49* — et le président d'honneur en fut Jean Cocteau.

Depuis des années, la Maison de la Chimie était le lieu de rencontres et de débats après la projection de films souvent inédits ou rares. Parfois aussi se déroulaient d'intéressantes « premières » au cinéma Broadway, aux Champs-Elysées[7]. L'inauguration, si l'on peut dire « officielle » d'*Objectif 49*, prit place au Studio des Champs-Elysées début décembre 1948 — avec la projection des *Parents terribles*, présentés par Bazin et Cocteau.

Deux semaines plus tard, Bazin publiait dans *L'Ecran Français* sa « Défense de l'avant-garde ». C'était une véritable définition de ce que pouvait être et devait être une avant-garde nouvelle. Reparler d'avant-garde pour le cinéma en 1948 était proprement audacieux, car depuis l'avant-garde du muet, qui avait pris fin avec l'apothéose du *Chien Andalou*, du *Sang d'un poète* et de *L'Age d'or*, personne en France — à l'exception d'Henri Langlois — n'osait employer le mot « avant-garde » à propos du cinéma. En fait, dans ce texte, Bazin s'efforce de conjurer les critiques qui déjà pleuvent sur *Objectif 49*, et il répond principalement à Henri Jeanson, le plus virulent de ses détracteurs[8].

Cette année 1949 qui commençait allait voir se développer d'une manière aiguë et parfois insensée, un conflit au sein même de la critique. La cassure était complète : on s'insultait quand on se rencontrait dans la rue.

La Corde de Hitchcock — film tourné, comme on le sait, en "un seul plan" — venait d'être présenté. Enthousiasmé par ce tour de force, Roger Thérond et moi décidâmes de dire tout ce que nous pensions de ce cinéaste que nous admirions et qui était considéré par beaucoup comme un simple faiseur de films policiers. Il fut décidé, avec la rédaction de *L'Ecran Français*, qu'on commencerait par une interview d'Hitchcock, laquelle serait suivie pendant plusieurs semaines d'une enquête sur Hitchcock auprès des cinéastes français.

« Hitchcock se confie » parut le 25 janvier 1949. Si je raconte cet épisode personnel, c'est qu'il devait avoir des conséquences au sein même de la rédaction de *L'Ecran Français*, conséquences auxquelles Bazin, le premier, allait se trouver mêlé.

L'admiration que nous portions, Thérond et moi, à Hitchcock, était inconditionnelle. Nous avions même pris au sérieux ce qui pour « Hitch » n'était qu'une boutade : à savoir que si un film est bien préparé, le metteur en scène n'a plus besoin d'aller sur le plateau ! Bazin avait essayé de freiner notre ardeur. Mais, malgré ses réticences, ses hésitations sur Hitchcock, il n'était pas mécontent de voir que notre position déclenchait un tollé[9].

Aux yeux de la critique établie, celle qui déjà n'acceptait pas Orson Welles, c'était un crime de défendre Hitchcock ! Deux semaines après l'interview d'Hitchcock, Claude Vermorel dans *L'Ecran Français* nous prenait violemment à parti. D'autre part, notre enquête auprès des cinéastes français témoignait de cette incompréhension à l'égard d'Hitchcock. Parmi les cinéastes interrogés, deux seulement accordèrent mérite et talent au metteur en scène de *L'Ombre d'un doute* : René Clément et Maurice Tourneur. Ce dernier écrivit de lui-même au journal pour protester contre Claude Vermorel. « *Pour moi, c'est Hitchcock qui a raison* » disait Maurice Tourneur.

Les choses, très vite, se compliquèrent. Louis Daquin attaqua en bloc *Objectif 49* et ses fondateurs (plus particulièrement Alexandre Astruc) dans un article intitulé « Remarques déplacées » (*L'Ecran Français*, 8 mars 1949). Il ressassait les griefs habituels à l'encontre des jeunes critiques, mais montait singulièrement le ton en nous traitant d'esthètes et de formalistes. Ceci, à la veille d'un débat sur l'avant-garde qui allait opposer, deux jours plus tard, le 10 mars à la Maison de la Pensée Française, Georges Sadoul et André Bazin. Daquin n'hésitait pas à proclamer que nous étions des « escrocs » et concluait : « *Permettez-moi de vous dire que vous n'êtes pas dignes de cette liberté et de cette indépendance de la critique que vos aînés ont eu tant de mal à acquérir* ».

Cette soirée à la Maison de la Pensée Française donna lieu à une belle empoignade. Les adversaires d'*Objectif 49*, menés par Sadoul et Daquin, nous accusaient de sacrifier le fond à la forme. En fait, c'était un débat entre un cinéma pro-politique et un cinéma différent. Mitry, Astruc et Leenhardt participèrent aussi à la soirée.

Deux semaines plus tard, André Bazin et Pierre Kast répondaient dans *L'Ecran Français* (29 mars 1949) aux attaques de Daquin, récusant le reproche de formalisme et défendant *Objectif 49*, vilipendé avant même d'avoir fait ses preuves. « *Tout ce qui sert vraiment le cinéma*, écrivait Bazin, *reviendra un jour ou l'autre au public, même s'il arrive aux prophètes de crier dans le désert* ». L'intelligentsia cinématographique de l'après-guerre était en fait dominée par Sadoul, qui commençait à faire figure de sérieux historien du cinéma. Son enthousiasme, son honnêteté n'étaient pas en cause, mais sans doute autour de lui voyait-on d'un mauvais œil une autre intelligentsia se mettre en place, qui accorderait moins d'importance à la politique.

Il est à noter que toute cette polémique s'était instaurée au sein même de *L'Ecran Français* — et que le débat à la Maison de la Pensée Française avait été organisé par cet hebdomadaire, dont Pierre Barlatier assurait à présent la direction. Par suite de difficultés financières, *L'Ecran Français* venait d'être racheté et devait peu à peu s'intégrer dans le groupe de la presse communiste[10]. Ses nouveaux dirigeants étaient ravis d'avoir dans leur équipe à la fois Sadoul et Bazin. Mais cet affrontement du printemps 1949 devait laisser des traces. Pour l'heure, on enterra la hache de guerre. Un peu plus d'un an après, l'unité de l'équipe rédactionnelle n'existait plus.

Ce reproche de formalisme adressé notamment à Bazin était mal venu, et il en fut blessé. Lui qui aimait Flaherty, Donskoï et se battait pour un cinéma pur, signifiant, aux résonances sociales, lui qui n'arrivait jamais à adhérer vraiment à la production hollywoodienne parce qu'il la trouvait souvent mensongère, creuse, trop éloignée de la vie[11] —, l'accuser d'être un esthète prônant un cinéma inutile, c'était dur à accepter. Il en a toujours été ainsi dans la critique de cinéma : vous êtes souvent traité de formaliste ou d'indifférent à votre époque, quand vous n'adhérez pas à une cause ou à un discours politique.

Un an et demi plus tard, après que les esprits se soient apaisés et que la rupture avec les communistes ait été définitive, Bazin fit le point dans un article « De la forme et du fond ou "la crise" du cinéma». Il écrit: «*Les rapports de la "forme" et du "fond" ne sont pas ceux du contenant au contenu, de la bouteille à la liqueur, mais bien plutôt du coquillage à sa coquille. Celle-ci n'est point une forme superflue et interchangeable, mais une architecture spécifique sécrétée par une chair informe dont la mort ne laisserait nulle trace.* »

○
○ ○

Sous l'impulsion de Bazin et de Cocteau, les amis et fondateurs d'*Objectif 49* décidèrent d'organiser un festival différent de ceux que l'on faisait alors, un festival qui serait uniquement consacré aux cinéastes et à leurs œuvres. Ainsi fut décidé le Festival du Film Maudit de Biarritz, qui eut lieu du 29 juillet au 5 août 1949[12].

Ce qui nous révoltait dans les autres festivals, c'est qu'ils faisaient partie d'un système établi et rigide qui ne laissait aucune place aux marginaux. Les films, le plus souvent, étaient choisis « bien représentatifs » par les nations elles-mêmes. Le palmarès dépendait d'un gymkana diplomatique.

Biarritz voulait réparer une injustice : montrer les chefs-d'œuvre qui n'avaient eu aucun succès (parce que le public ne voulait pas les voir) et présenter aussi des films intéressants qui ne trouvaient pas de distributeur en France

C'était donc un festival sans mainmise politique ou commerciale. « *Nous choisirons nous-mêmes nos films*, annonça Jean Cocteau, *nous serons de parti pris* ». Vingt films de long métrage furent présentés, dont dix inédits en France. Les Russes refusèrent de participer[13].

Outre Cocteau, d'autres cinéastes ou auteurs soutenaient activement le Festival et *Objectif 49 :* Jean Grémillon, René Clément, Alexandre Astruc, Raymond Queneau, Claude Mauriac, etc.

Le bilan fut positif. On parla beaucoup de cette manifestation, qui avait eu le mérite de faire passer, peut-être pour la première fois, l'art cinématographique avant tout autre considération. C'était en tout cas un festival d'auteurs.

o
o   o

Au cours de l'été 1949, Bazin terminait la rédaction de son livre sur Welles. Jean Cocteau en écrivit la préface au mois d'août, après Biarritz. Le livre allait paraître au début de l'année 1950. C'était à ma connaissance la première monographie éditée en France et consacrée à un cinéaste. Sur la couverture du livre, les noms de Cocteau et de Bazin sont à égalité, comme s'ils avaient écrit le livre ensemble[14].

Est-ce la conséquence du Festival de Biarritz, et de la politique choisie et définie par *Objectif 49*, ou bien une décision personnelle ? Mais à partir de ce moment, Bazin commença à polariser son attention sur certains metteurs en scène, délaissant un peu les autres. Certes, il continuait à voir tous les films, mais son choix quant à ses auteurs de prédilection était pratiquement fait.

Dans la production française, il avait toujours suivi avec grand intérêt les œuvres de René Clément, dont il sut parfaitement analyser la mise en scène. Le *Farrebique* de Rouquier avait été pour lui une révélation : ce cinéma authentique le rassurait. La sympathie de Bazin allait aussi, bien entendu, au metteur en scène du *Jour se lève*.

Bazin ne fréquentait jamais les plateaux pendant les tournages (tout au moins avant 1950). Or, il rendit visite à Marcel Carné pour l'interviewer pendant la réalisation de *La Marie du port*.

Celui pour lequel il nourrissait la plus grande admiration — avant de rencontrer Renoir —, c'était Stroheim. Son génie maudit le fascinait, tout comme son bannissement de Hollywood. A propos de *La Danse de Mort*, il écrivit plusieurs articles sur « Stroheim perdu et retrouvé ». *« Il a fait des films vrais comme des pierres et libres comme des rêves »*, a dit Bazin de Stroheim.

En novembre 1949, *L'Ecran Français* chargeait Bazin d'aller interviewer Jean Renoir à son retour d'Amérique et de passage à Paris. Comme nous tous à l'époque, Bazin avait mal jugé les films américains de Renoir. Nous en étions restés à *La Règle du jeu*, et tout nous semblait déception. Sans nier les difficultés d'un cinéaste en exil, nous ne voulions pas nous interroger sur les nouvelles démarches de Renoir. La rencontre de Bazin avec Renoir fut déterminante et entraîna, pour Bazin, une re-lecture de Renoir (qu'il devait poursuivre, amplifier et enrichir jusqu'à sa mort). C'est tout à l'honneur de Bazin de s'être ainsi remis en question. Il est rare, hier comme aujourd'hui, qu'un critique reconnaisse par écrit qu'il s'est trompé.

On peut dire qu'en 1950, pour Bazin, ses « auteurs », parmi les cinéastes en exercice, étaient : Welles, Rossellini, Wyler, De Sica, Sturges, Cocteau, Renoir, Clément et Chaplin. A ceux-ci, s'ajoutèrent bientôt Bresson et Buñuel. Le premier à partir du *Journal d'un curé de campagne*. Le second, après *Los Olvidados*.

Dans le panthéon personnel de Bazin, il ne restait plus qu'à faire entrer Tati (*Les Vacances de M. Hulot* furent le déclic plus que *Jour de fête*), Kurosawa (les films japonais n'étaient pas encore arrivés en Europe) et Fellini (qui débutait à peine).

o
o o

1950 fut l'année noire. Une nouvelle guerre commençait en Corée. Aux Etats-Unis, c'était la chasse aux sorcières. En URSS, le stalinisme, dernière période. Dans les journaux, on se barricadait à droite comme à gauche. L'affrontement allait-il avoir lieu entre l'Est et l'Ouest ?

Au début de l'année, Bazin tomba gravement malade et dut réduire ses activités.

A *L'Ecran Français*, l'équipe se transforma. Bazin, Astruc, Thérond s'en allèrent au fil des semaines. Moi-même je m'occupais (depuis mai 1949), avec Henri Colpi, d'un mensuel, *Ciné-Digest*, et n'étais plus attaché à la rédaction que comme pigiste.

Il y eut au cours de l'année 1950 un second festival de Biarritz baptisé « Le Rendez-vous de Biarritz », encore patronné par *Objectif 49*. On présenta *Chronique d'un amour*, premier film d'Antonioni, *They Live by Night* de Nicholas Ray, *Give us this Day* de Dmytryk. En fait, *Objectif 49* était mort. La situation internationale dramatisait tout. Les jeux de l'avant-garde semblaient dépassés.

Jean-Pierre Chartier créa un nouvel hebdo, *Radio-Cinéma-Télévision* (futur *Télérama*). Bazin y donna les articles qu'il réservait jusqu'ici à *L'Ecran Français*[15].

Pour ma part, j'essayais de me faufiler dans le cinéma comme scénariste.

Ainsi se terminait le bout de chemin que j'avais fait auprès de Bazin.

Une autre aventure s'apprêtait à commencer l'année suivante, à partir d'avril 1951, celle des *Cahiers du cinéma*, où Bazin fit tout de suite figure d'inspirateur, de père, de protecteur. A plusieurs reprises, il me demanda de rejoindre l'équipe des *Cahiers*. La fin malheureuse de *Ciné-Digest* m'avait dégoûté du journalisme. Je partis travailler à des films en Italie.

L'échec d'*Objectif 49* nous laissait, à quelques-uns, un goût amer. L'impression d'avoir échoué sur toute la ligne. Non seulement notre « avant-garde nouvelle » avait sombré lamentablement, mais nous n'avions pas réussi avec nos articles à entamer un tant soit peu le système de production.

Ce que nous ne savions pas, c'est que parmi les spectateurs de *Objectif 49* se trouvaient bon nombre de futurs collaborateurs des *Cahiers du cinéma*. Et que la génération suivante allait réussir là où nous avions échoué. L'année même de la mort de Bazin.

Jean-Charles Tacchella, février 1983.

1 — Lire à ce propos l'excellent livre d'Olivier Barrot : *L'Ecran Français 1943/1953, histoire d'un journal et d'une époque* (Les Editeurs Français Réunis).

2 — Le premier livre qui essaya d'établir un bilan des cinéastes du monde entier ne devait paraître qu'en 1947 : *Le Cinéma et ses hommes* de Henri Colpi (Causse, Graille et Castelnau). Ce fut pendant longtemps une bible pour les cinéphiles. Elle précéda de peu deux *Histoires du cinéma*, celle de René Jeanne et Charles Ford, et celle de Georges Sadoul.

3 — Bazin portait beaucoup d'intérêt aux tentatives de Louis de Rochemont et Henry Hathaway d'allier le cinéma américain traditionnel au néo-réalisme. Dans l'ensemble ce furent des déceptions. Néanmoins, certains films américains de la fin des années 40 subissaient l'influence évidente du néo-réalisme (Dassin, Dmytryk, etc.).

4 — On sait que les producteurs empêchèrent Welles de monter son film et que deux scènes n'étaient pas de lui. Welles avait toujours refusé de visionner le film avant ce soir là — était-ce vrai ? A l'issue de la projection, en tout cas, il était horrifié et furieux.

5 — Tout cela n'est arrivé qu'à la fin des années 50 et au début des années 60.

6 — Il fit rarement allusion dans ses écrits à cette éventualité. A propos du *Paris 1900* de Nicole Védrès, il commença sa critique par « *J'apprécie ce soir le bonheur de n'être point metteur en scène car je n'oserais plus toucher une caméra après avoir vu* Paris 1900 ! *Voilà le cinéma pur ! d'une pureté déchirante jusqu'aux larmes. Je dois au film de Nicole Védrès quelques-unes des émotions les plus intenses que m'ait données le cinéma* » (30 septembre 1947, *L'Ecran Français*).

7 — Salle aujourd'hui détruite, dont le propriétaire était Léonid Keigel (le père du cinéaste Léonard Keigel). Il encouragea non seulement *Objectif 49* et le « Festival du film Maudit » mais permit en 1951 la naissance des *Cahiers du cinéma* dont il fut le directeur-gérant.

8 — Dans la plaquette consacrée au Festival Maudit de Biarritz, Bazin donna un autre texte : « L'Avant-Garde Nouvelle » — moins polémique. Cette plaquette contient en outre, des textes de Cocteau, Grémillon, Welles, Leenhardt, Queneau, Artaud, Lise Deharme, Jacques Bourgeois, Grisha Dabat, Doniol-Valcroze, Pierre Darcangues et Lautréamont.

9 — Un an plus tard, Bazin, dans son article le plus sévère à l'égard de Hitchcock, devait se démarquer de nous. Il écrivait notamment : « *Si je me décide à attaquer aujourd'hui un metteur en scène considéré par certains de mes camarades comme un des fanions de « l'avant-garde » cinématographique actuelle, ce n'est point pour compromettre cette notion qui nous est chère. Vive Hitchcock contre la plupart de ses détracteurs ! Mais entre nous il nous a eus...* » (« Panoramique sur Hitchcock », *L'Ecran Français*, 23 janvier 1950). Hitchcock ou l'éternel cas de conscience de Bazin. Sur « Hitch », Bazin s'interrogea jusqu'au bout sans avoir trouvé la réponse, *sa* réponse. Même son interview de Hitchcock dans les *Cahiers du cinéma* (octobre 1954) ne résout rien.

10 — *L'Ecran Français* n'était plus, depuis longtemps, le seul hebdomadaire de cinéma à paraître en France. D'autres en avaient eu l'autorisation (le papier était rare dans les années d'après guerre) : *Paris Cinéma* (qui fut absorbé par *L'Ecran Français*), *Cinémonde*, *Cinévie*, *Cinévogue* (ces deux derniers devaient à leur tour disparaître au profit de *Cinémonde*).

11 — Je peux en témoigner. Passionné de comédies musicales et de films noirs, quel mal j'ai eu à essayer d'amener Bazin à s'intéresser à ces films ! Il était plein de bonne volonté, se laissait traîner par moi à revoir *Ziegfeld Follies*, un Siodmak ou un John Brahm. Pour me faire plaisir, il disait : « *Tacchella saurait mieux vous en*

parler que moi... ». En fait, ces films idéalisaient ou sublimaient le cinéma et Bazin avait du mal à y adhérer. Trop loin du document ou du documentaire ? Il se gardait néanmoins — comme il l'a toujours fait, par honnêteté morale — de contrarier le plaisir des autres. C'était la même chose en ce qui concerne les histoires policières et criminelles. Le meurtre du *Jour se lève*, il l'acceptait, mais pas ceux de la plupart des films américains.

12 — Pour organiser ce festival, on se réunissait une ou deux fois par semaine au printemps 1949, dans un café des Champs-Elysées, le *Madrigal*, à côté du « Broadway ». On lançait en l'air des titres de films maudits et après on essayait d'en dénicher des copies.

13 — Films présentés à Biarritz. Des classiques : *Zéro de conduite, L'Atalante, Time in the Sun, 1860* (Blasetti). Des reprises : *The Long Voyage Home, Our Town, Lumière d'été, Les Dames du bois de Boulogne, None but the Lonely Heart* (C. Odets), *La Belle ensorceleuse, Shangaï Gesture.* Des inédits : *Address Unknown* de R. Mate et W.C. Menzies, *The Southerner* de Renoir, *Kuhle Vampe* de Dudow, *Ride the Pink Horse* de Montgomery, *Le Nuit porte conseil* de Pagliero, *Unter den Brücken* de Kaütner, *Mourning Becomes Electra* de D. Nichols, *Forgotten Village* de Herbert Kline et John Steinbeck, *Ossessione* de Visconti.

Le jury, présidé par Cocteau, a choisi de « porter l'attention du public » sur le film *Mourning becomes Electra*, sur l'interprétation de Katina Paxinou dans ce film et sur celle de Vittorio de Sica dans *La Nuit porte conseil*, et enfin sur un court métrage de Jean Rouch ayant pour thème la circoncision en Afrique.

14 — Le texte du *Orson Welles* publié en 1950 est très différent de celui des Editions du Cerf (1972). Il correspond beaucoup plus à ce qu'était la pensée de Bazin en 1950, après ces trois ou quatre années de luttes à propos de Welles.

15 — Depuis l'époque de *L'Ecran Français* il y a toujours eu en France des journaux (qu'ils soient hebdos ou mensuels) se consacrant artistiquement au cinéma. Après la disparition de *La Revue du cinéma* à l'automne 1949, trois mensuels tentèrent leur chance :

— *Raccords* que dirigeait Gilles Jacob (où écrivaient Doniol-Valcroze, Nino Frank).

— *Saint Cinéma des Prés* (Jean Boullet, Astruc, Doniol-Valcroze, Benayoun, Lo Duca, Leenhardt, Rohmer).

— *La Gazette du Cinéma* (conduite par Rohmer, avec Rivette, Doniol-Valcroze, etc.)

Par la suite, *Les Cahiers du cinéma* dirigés par Lo Duca, Doniol-Valcroze et André Bazin, et *Positif* mené par Bernard Chardère, devaient prendre la suite et s'imposer.

TABLE

L'impression de ce livre
a été réalisée sur les presses
de Jean Grou-Radenez - Paris 14e
Photocomposition : Sarga Productions
Photogravure : Haudressy Paris

Achevé d'imprimer le 1er avril 1983
Dépôt légal deuxième trimestre 1983